网约车规制制度的理论与实践问题研究

徐天柱　著

东北师范大学出版社

长　春

图书在版编目（CIP）数据

网约车规制制度的理论与实践问题研究/徐天柱著.
—长春：东北师范大学出版社，2022.6
ISBN 978 - 7 - 5681 - 9095 - 4

Ⅰ.①网… Ⅱ.①徐… Ⅲ.①出租汽车—旅客运
输—交通运输管理—研究—中国 Ⅳ.①F572.7

中国版本图书馆 CIP 数据核字（2022）第 096543 号

□责任编辑：吕秋丹 □封面设计：优盛文化
□责任校对：何兵一 □责任印制：许 冰

东北师范大学出版社出版发行
长春净月经济开发区金宝街 118 号（邮政编码：130117）
电话：0431—84568095
网址：http：// www.nenup.com
东北师范大学音像出版社制版
石家庄汇展印刷有限公司印装
河北省石家庄市栾城区樊家屯村人大路与长安街西行 300 米路南
2022 年 6 月第 1 版 2022 年 6 月第 1 次印刷
幅面尺寸：170mm×240mm 印张：11.75 字数：240 千

定价：78.00 元

2017 年度教育部人文社会科学研究项目规划基金项目"网约车规制制度的政策分析与法律分析"（17YJA820037）资助

前　言

网约车的规制问题，典型地代表了不断发展的创新技术和产业模式对政府规制、公共政策和法律规范体系的挑战，实质上涉及行业领域的政府规制制度如何具有实质合法性的问题。

行业领域的规制制度是政府为克服市场失灵及其产生的社会危害而进行干预、控制的产物。行业领域的政府规制一般借助公共政策与法律规范两种主要形式。在现代市场经济中，几乎难以找到只通过公共政策进行规制的情况，也几乎难以找到只通过法律规范体系进行规制的情形。政府规制的科学化和法治化，既要依靠法律规范体系的作用，又要重视公共政策的作用，要通过公共政策和法律规范体系共同组成规制制度发挥整体性的功能，实现行业领域国家治理的体系化和现代化。由此，对行业领域的规制制度展开法学研究，必须关注规制制度总体是否具有实质合法性，关注规制制度的组成部分，公共政策与法律规范体系之间的互动机制，关注规制制度的具体内容的设计。网约车的规制制度具有鲜明的代表性，构成了行业领域规制制度研究的典型分析样本。

基于共享经济理念，借助移动互联网技术，网约车为市民提供了优质、快捷的出行服务，展现出巨大的优势，也暴露出问题。公众普遍欢迎网约车，因其使出行更加便利，学界普遍肯定网约车技术创新、适应市场需求和提高车辆和道路资源利用效率的特点；巡游出租车公司无法忍受车辆牌照贬值，司机担心收入下降；出租车规制机关担心市场秩序被打破，运输安全无法保障。利益多元，观点不一，网约车行业领域的公共政策和法律规范体系经历了复杂变化的过程。

从公共政策维度来看，2016 年国务院出台了网约车的公共政策即《国务院办公厅关于深化改革推进出租汽车行业健康发展的指导意见》，交通运输部也提出多项网约车的公共政策，地方政府也提出各自的公共政策。从法律规范体系来看，交通运输部等七部委联合颁布了网约车的法律规范，即《网络预约出租汽车经营服务管理暂行办法》，地方政府制定了上述法律规范的细化内容。由此，不同层级公共政策和法律规范体系组成了网约车规制制度。

从规制制度的内容及其实施效果来看，网约车规制制度还存在一些需要解决的问题。主要表现为两个方面：第一，交通运输部颁布的法律规范体系规定了有利于网约车优势发挥的内容，但是也不可避免地规定了一些不适合网约车特征和市场需求的内容，与国家网约车的公共政策的目标和原则还存在一定差距。第二，有些地方制定的网约车法律规范存在不科学、不合理之处，与国家关于网约车的公共政策和法律规范体系均存在较大差距。

网约车规制制度中暴露的一些问题，说明特定的行业领域（如网约车行业领域）要实现良好的规制，既需要出台科学的公共政策，又需要法律规范体系与公共政策之间形成良好的互动关系，还需要具体规制制度内容符合行业发展的规律和特点。

鉴于很多行业规制制度都涉及公共政策、法律规范和政府规制理论的复杂作用，因此，如果在一个比较规范的分析框架内容纳公共政策、法律规范体系和政府规制理论三方面内容，将具有超越网约车规制制度研究的更广泛意义。

为此，本书在规制制度的大视角下纳入公共政策的分析，关注规制制度总体的实质合法性，关注公共政策与法律规范体系之间如何互动，关注如何设计政府规制的具体制度。因此，选择网约车规制制度进行研究，直接目的在于改进网约车规制制度，根本目的在于探析规制制度如何实现实质合法性。

为实现上述规制制度分析框架，追求规制制度的实质合法性，本书提出了宏观、中观和微观的三层次分析框架。一是宏观方面，探析规制制度应当具备何种属性，才能够科学、民主和合法地进行规制；提出了规制制度实质合法性的分析框架，从科学性、民主性和法治化三个维度考察规制制度的实质合法性要求。二是中观方面，分析公共政策与法律规范体系之间如何互动并发挥作用，提出了公共政策与法律规范体系互动关系分析框架，分析行业领域中公共政策和法律规范的作用机制；三是微观方面，行业规制的具体内容应如何确定，才能符合其技术、经济特征，满足社会需求，实现科学规制，符合公共利益，由此，提出行业领域的政府规制分析框架，对行业领域的规制原理和内容进行研究。

借助上述概念和分析框架，本书尝试进行如下理论创新：

一是以网约车为例，提出了行业领域的规制制度的内涵，规制制度应包含公共政策与法律规范两大部分，引入了规制制度实质合法性的分析框架；二是提出规制制度中公共政策与法律规范互动机制分析框架，并运用该分析框架对网约车规制的公共政策与法律规范的互动进行了分析，发现了现行网约车规制制度内容形成和实施效果的必然性；三是提出"规制对象特征—规制对象外部环境和社会需求—规制需求原理—规制目标、原则—规制制度具体内容"微观分析框架，将其运用到网约车分析中，对网约车规制制度的改进提出了建议，如网约车规制的政策目标应当是：发挥优势，为公众个体化出行提供充分运力，遵守公共交通运行秩序，与巡游出租车公平竞争。网约车应分类按照专营车辆、兼职车辆和顺风车进行分别规制，发挥各自优势，以网约车发展为契机，以满足市场需求为目标，对巡游出租车进行市场化改革，突出巡游出租车的优势。

上述理论创新的意图在于通过网约车行业的规制制度理论的探讨，在宏观、中观和微观方面思考部门行政法学如何面向公共行政的改革而具有更强的分析能力，意图改善行政法学难以对行业领域的公共行政问题的解决提供理论解释和实践指导的局面，实现行政法学与行业领域的政府规制问题的结合，实现部门领域的公共行政的良法善治，并能够为改善行政法学的总论提供一点帮助。

目　　录

导　论

一、问题的提出和选题的意义

基于共享经济和网络经济的理念，依托信息技术发展，城市交通领域的互联网平台公司，如 Uber、滴滴、易到、神州、曹操等，借助移动互联网技术、大数据技术、先进算法技术、精准定位技术和移动支付技术等先进技术手段，利用租赁车辆、市民私家车或平台公司自有车辆，向乘客提供快捷舒适的打车服务，发展出了网约车这一城市交通领域的全新行业。网约车行业展现出不同于传统巡游出租车行业的技术、经济特征和经营模式，显示出明显的竞争优势。

网约车先期存在合法性问题，各地监管部门也持续不断对不合规的网约车进行查处，但是因为其充分满足市民的乘车需求而规模急剧扩大，于是蔓延到中小城市。网约车发展暴露出诸多需要解决的问题，如车辆加入不规范、安全保障不足、运营责任主体不明确、垄断与不正当竞争、信息采集和保护缺乏规范等。网约车与巡游出租车产生严重的利益冲突是网约车规制中最突出的问题，出租车罢运事件以及出租车司机与网约车司机发生冲突的群体性事件不断，甚至发生了有组织的冲突事件。

（一）网约车合法化问题的争议

网约车作为满足城市公共出行需求的创新模式和新兴行业，在短时间内迅速发展，牵扯到广泛的主体，关联到多方的利益，存在不同的争论。在网约车合法化问题以及合法化之后如何规制的问题方面，各界曾产生过激烈争论，给城市交通领域的政府规制理论和实践带来巨大的挑战。以下为各方主体提出的网约车规制的公共政策的主要目标：

第一，巡游出租车的牌照持有者（出租车公司和个体出租车车主）坚决反对赋予网约车合法性。他们认为网约车营运缺乏法律依据，也不需要承担巡游出租车的各项费用，缺乏线下公司管理，安全性得不到保证。其利益考量的核心是网约车费用负担轻，网约车数量增加造成巡游出租车牌照价值下降，损害了其经济利益。

第二，巡游出租车司机对网约车的态度比较矛盾：一方面他们反对网约车，认为网约车分流乘客，造成其收入下降；另一方面他们又认可网约车给他们提供了新的就业机会，提高了其与出租车牌照持有者谈判的地位，有助于降低高额的承包费。

第三，网约车平台公司认为网约车与巡游出租车在技术、经济特征方面存在很大差别，网约车适用城市出行的特点，满足市场需求，不存在巡游出租车的数量规制和价格规制的难题，要求对网约车实施完全市场化的规制政策。巡游出租车行业本身由于垄断和经营模式的问题，无法满足社会需求，应该对巡游出租车行业进行市场化改革，而不是限制网约车的发展。

第四，学术界总体肯定网约车在技术、经济特征方面的发展创新，认为网约车尤其是由私家车担任的兼营网约车在顺路带客时，能够有效提高存量车辆和道路资源利用效率，满足城市出行需求，提出不宜套用巡游出租车的规制制度去管理网约车，应该构建适应网约车特点、满足社会需求、符合城市交通环境的规制制度。

第五，地方交通主管部门作为公共交通的地方规制机关，为了保障出租车行业监管秩序，在公共政策态度倾向上，认为网约车不符合巡游出租车的法律规范，禁止私家车加入网约车进行非法营运。但是，有些地方规制机关对网约车秉持开明态度，希望在规制网约车的同时，能够发挥网约车提供城市出行运力的积极作用。

第六，交通运输部作为公共交通的国家规制机关，对网约车的公共政策目标经历过曲折变化：从先期严格规制，转变为要探索建立更适应网约车特点的规制制度。

第七，广大市民对网约车持欢迎态度，因为大多数市民对巡游出租车数量少、服务质量不佳的痼疾深恶痛绝，希望能够发展网约车以实现便捷和舒适的打车出行，同时希望政府规制解决车辆和人员安全保障等问题。

在各方针对网约车展开激烈讨论的背景下，中央政府提出通过市场调节和政府引导新业态创新、共享发展，满足公众出行需求，构建多层次城市出行体系，鼓励互联网技术与传统产业融合的公共政策，构成了有利于网约车行业发展的宏观政策背景，直接影响了交通运输部的公共政策和法律规范的制定。

2016 年 7 月 26 日，中央政府出台了网约车的公共政策，即《国务院办公厅关于深化改革推进出租汽车行业健康发展的指导意见》（国办发〔2016〕58号）（以下简称《网约车指导意见》）。在这个公共政策指导下，2016年7月27日，交通运输部协同工业和信息化部、公安部、商务部、工商总局、质检总局、国家网信办七部委联合颁布了网约车的法律规范，即《网络预约出租汽车经营服务管理暂行办法》（七部委令2016年第60号）[①]（以下简称《网约车暂行办法》）。《网约车暂行办法》确认了网约车的合法性，构建了网约车规制的法律规范体系。[②] 由此，国家层面的网约车公共政策、交通运输部的有关公共政策、法律规范构成的网约车规制制度的主要内容，共同对网约车规制发挥作用。各地政府依据《网约车指导意见》和《网约车暂行办法》，结合本地情况，也出台了网约车规制的地方公共政策和地方的法律规范，与国家层面的网约车公共政策和法律规范构成了总体的网约车规制制度。

由于网约车是新兴事物，虽然网约车的规制制度认可了网约车的合法性，但是网约车具有复杂性和特殊性，不仅交通运输部关于网约车的公共政策经历曲折变化，而且网约车的法律规范体系也在暂行和调整过程中，因此，网约车规制制度在相当程度上起到了鼓励和规范网约车发展的效果，但是也存在与网约车的特征不适应之处，有不适应网约车优势发挥的地方。

（二）网约车规制机关的公共政策变化过程

网约车规制制度主要由公共政策和法律规范体系两个部分构成，公共政策与法律规范体系之间存在着互动机制，主要表现为公共政策内容对网约车的法律规范的形成具有决定性影响，而已有法律规范对公共政策的形成具有约束作用。研究网约车规制制度，既要探析法律规范体系的内容，又要研究其公共政策的内容，以及两者之间的互动机制。在网约车合法化的法律规范体系出台前，交通运输部有关网约车的公共政策经历了曲折变化过程，反映了针对新技术行业进行政府规制的技术专业性和利益复杂性，并对网约车法律规范的形成产生重大影响。

[①]　《网络预约出租汽车经营服务管理暂行办法》（交通运输部 工业和信息化部 公安部 商务部 工商总局 质检总局 国家网信办令2016年第60号），2019年进行了修订，基本内容保持不变。

[②]　交通运输部出台的公共政策还包括：2018年6月《交通运输部办公厅 中央网信办秘书局 工业和信息化部办公厅 公安部办公厅 中国人民银行办公厅 国家税务总局办公厅 国家市场监督管理总局办公厅关于加强网络预约出租汽车行业事中事后联合监管有关工作的通知》（交办运〔2018〕68号）；《交通运输部关于印发〈出租汽车服务质量信誉考核办法〉的通知》（交运发〔2018〕58号）；《交通运输部办公厅 公安部办公厅关于切实做好出租汽车驾驶员背景核查与监管等有关工作的通知》（交办运〔2018〕32号）；《关于加强和规范出租汽车行业失信联合惩戒对象名单管理工作的通知》；2019年10月《交通运输部 国家发展改革委关于深化道路运输价格改革的意见》（交运规〔2019〕17号）。

首先是网约车公共政策形成初期。一方面，网约车快速发展影响了巡游出租车的利益，分流了巡游出租车的乘客，导致巡游出租车牌照的市场价格下降，双方冲突事件集中爆发；另一方面，私家车大量加入网约车，脱离规制机关监管，被认为是超越了《城市出租汽车管理办法》规定的巡游出租车必须获得行政许可的法律规范的底线。网约车也暴露出乘客安全问题，甚至发生过网约车司机杀害乘客的刑事犯罪案件。① 在总体的政策倾向上，出租车规制机关否定网约车的合法性，认定网约车尤其是私家车在没有取得行政许可的情况下加入网约车，提供运输服务属于非法营运，以违法营运为由对网约车进行了严厉的查处。但是，网约车因为能满足市民打车需求，受到市民的欢迎，在缺乏合法性的情况下依然在全国城市中迅速发展。

其次是网约车公共政策调整的中期。交通运输部考虑到巡游出租车行业市场化改革始终难以实质性推进，打车难、打车贵问题难以根治，而网约车确实能够提供便捷运力和优质服务，市民强烈呼吁保留网约车，产业界呼吁支持网约车创新发展，因此开始承认网约车的合理性。但是，规制机关因为对网约车的技术、经济特征认识不够充分，对其发展规律尚缺乏深入的认识，按照出租车规制的思路针对网约车进行严格规制，禁止私家车加入网约车。网约车规制的公共政策被认为不符合网约车技术、经济特征，不符合网约车共享经济的优势，如果实施，将严重限制网约车的发展，因而激发了社会各界的强烈反响，学术界积极参与公共政策讨论，呼吁对其进行包容慎重的政府规制。

再次是网约车公共政策正式形成时期。因为网约车的公共政策涉及重大利益调整、城市公共交通行业的创新发展，涉及与相关部委之间的公共政策协调等问题，网约车的公共政策出台过程艰难。此时，中央政府提出网约车公共政策《网约车指导意见》，体现了鼓励城市交通行业改革、支持互联网与传统行业融合发展的政策态度。中央政府的公共政策对交通运输部等部委的公共政策产生了关键性的影响，交通运输部的公共政策较前期有所调整，在一定程度上符合网约车特征。这种变化集中体现在《网约车暂行办法》（征求意见稿）与《网约车暂行办法》正式颁布实施版本之间的内容差别上。《网约车指导意见》中的公共政策目标和措施通过立法程序转化为后续出台的《网约车暂行办法》的主要内容。由此，网约车公共政策和相关法律规范共同构成了网约车规制制度。

---

① 2018年5月5日晚上，一名空姐在郑州航空港区通过滴滴平台叫车赶往市区，结果惨遭司机杀害。2018年8月24日，浙江省乐清市一名20岁女孩乘坐滴滴顺风车遭强奸杀害。这两个事件暴露出网约车的安全规制的急迫性和重要性。

最后是网约车公共政策的后续调整期。网约车在发展过程中，各地出台的规制政策和法律规范陆续进行了调整，以更科学合理的方式对网约车进行规制。同时，网约车平台暴露出比较明显的互联网平台垄断的问题，如大数据杀熟，对不同乘客在同样情况下收取不同的打车费用，滥用市场支配地位向司机端收取高额的服务费（车费抽成比例过高），未经申报实行经营者集中等，需要对互联网平台公司探索适用反垄断法规制垄断行为。此外，网约车平台公司在提供服务过程中收集了大量的乘客和道路信息，如何在乘客数据与道路数据安全方面进行协调，并充分保护数据安全，也被规制机关提上议事日程，纳入规制政策决策的范围中。除了上述问题，现阶段规制机关的公共政策执行重点在于大力推动网约车的合规化。

总体来看，网约车规制制度认可网约车的合法性，提出网约车与巡游出租车差异化发展的政策目标，适当放宽了网约车的数量规制和价格规制，允许符合条件的私家车加入网约车经营，一定程度上促进了网约车发展。

但是，也需要注意，作为法律规范的《网约车暂行办法》与国家公共政策《网约车指导意见》的目标和原则还存在着一定差距。有些地方政府对国家的公共政策和上位法律规范体系的理解存在偏差。

（三）网约车规制制度的构成及实施效果

从规制制度构成的纵向层面来看，网约车规制制度涵盖国家层面的规制制度和地方政府层面的规制制度，而从规制制度的横向层面来看，网约车规制制度包括公共政策和相关的法律规范体系。国家层面的网约车规制制度，主要由2016年中央政府出台的网约车的公共政策《网约车指导意见》，以及国家网约车规制机关交通运输部等七部委颁布的《网约车暂行办法》组成。地方政府层面的网约车规制制度，由各地的网约车公共政策、法律规范构成，它们依据国家层面的公共政策和法律规范的授权进行了地方化调整。①

公共政策和相关法律规范的制定是一个复杂过程，不仅包含对事物特点和发展规律的把握，而且深受各种利益群体的博弈影响。无论从网约车的规制制度的内容，还是其实施效果来看，现行的网约车规制制度还存在不少问题。网

---

① 有些地方政府制定了网约车的地方政府规章，根据《中华人民共和国立法法》的规定，地方政府规章属于广义的法律，可以称为法律规范。而有些地方政府只是依据《网约车暂行办法》的授权制定了规范性文件，实际上属于对上位法律规范的细化或拓展，此时具有了法律规范和公共政策的双重属性。对于这种通过部门规章再授权地方政府制定或创设新的规则的情况，在行政法上缺乏明确依据，但是在实际效果方面，给地方政府提供了注入公共政策的空间。

约车规制制度中包含了有利于网约车优势发挥的内容，也不可避免地规定了一些不适合网约车特征和市场需求的内容，因而网约车规制制度实施后出现了与制度设计初衷不符的结果。

首先，作为法律规范的《网约车暂行办法》与国家公共政策《网约车指导意见》的指导思想、目标和原则还存在着一定差距。作为国家网约车公共政策的《网约车指导意见》提出了改革发展的理念，即"创新、协调、绿色、开放、共享"的发展理念，核心机制为"充分发挥市场机制作用和政府引导作用"，具体措施即"努力构建多样化、差异化出行服务体系"，政策目标为"促进出租汽车行业持续健康发展，更好地满足人民群众出行需求"，特别提出要"坚持乘客为本""坚持改革创新"的原则，并提出"私人小客车合乘有利于缓解交通拥堵和减少空气污染"的意义，表明了共享合乘的价值。作为法律规范体系的《网约车暂行办法》虽然规定了有利于网约车优势发挥的内容，将网约车定位于专营网约车，沿袭了巡游出租车的公司、车辆和驾驶员三项行政许可的规制逻辑，但忽视了兼营网约车的积极价值，对创新、共享的理念把握不够。

网约车专营化导致由私家车在日常出行过程中充当兼营网约车所体现的共享经济属性消失。从实际发展情况来看，网约车分为三种子类型：专门从事运营的专营网约车、由私家车出行顺路捎带乘客的兼营网约车，还有预先约定长途出行路线的拼车网约车，即顺风车。专营网约车体现的是互联网经济的特点。车辆专营运输，通过网络接受订单，能够提高打车的效率，减少车辆空驶里程。而兼营网约车主要体现的是共享经济的优势。兼营网约车利用存量的私家车，在不增加车辆数量的情况下，可以在私家车顺路出行的过程中捎带乘客，提高道路资源利用效率。兼营网约车符合城市交通的潮汐化特点，在高峰期提供充分运力，发挥共享的优势。拼车网约车（顺风车）主要是提供长途出行的拼车服务。上述三种类型中，专营网约车的实质是营利行为，兼营网约车和拼车网约车的实质是合乘行为（带有一定的补贴收费）。现行的网约车法律规范体系将网约车定位限制在专营网约车，严格限制了兼营网约车体现的共享经济的优势，允许拼车网约车（顺风车）存在，但对车辆和人员安全方面缺乏规制。

其次，有些地方政府对国家的公共政策和上位法的法律规范体系理解存在偏差，没有全面、准确地理解国家关于网约车的公共政策目标和原则，没有准确理解上位的法律规范《网约车暂行办法》的规定。主要表现为忽视市场机制的调节作用，片面理解差异化要求，规定了更为严格的车辆和人员准入条件，忽视了网约车的技术、经济特征和市场需求，尤其是有些地方政府规定的车辆的准入标准过高，合规网约车和合规驾驶员的数量严重下滑。市民普遍反映网约车数量供给难以满足要求，而网约车平台上存在大量不合规车辆，无法实现政策目标即满足公众出行需求。国家层面关于网约车的公共政策，既鼓励网约车发展，又坚持科学规制的基调，但部分地方政府出台的公共政策和法律规范往往侧重执行了严格规制的一面，忽略了鼓励发展的一面，呈现出了严格规制的特征，造成了实施效果与制度目标的背离。

再次，网约车严格准入和专营化模式导致网约车牌照资源稀缺。有些资本力量开始布局该行业，囤积网约车牌照，但往往并不开展实质化经营。此外，网约车规制制度要求在属地设立公司对车辆和司机进行管理。而属地设立的公司基本是加盟性质的公司，他们在办理车辆许可过程中，利用自身所拥有的牌照，或者以租代购或者提供租赁车辆，模仿巡游出租车经营模式，与网约车司机签订承包协议，收取租赁费，网约车司机成为类似巡游出租车司机的打工人。网约车在相当程度上变成网络出租车，承袭了巡游出租车租赁制经营模式所具有的弊端。

最后，规制机关原本借助网约车发展推动巡游出租车改革的目标实现难度加大。网约车规制制度赋予网约车合法化的地位，意图是借助网约车市场化发展倒逼巡游出租车的改革。但是现实情况是，网约车规制制度实施导致网约车行业市场活力减弱，自然难以推动巡游出租车的改革，巡游出租车改革要通过市场竞争的推动，而网约车市场的力量减弱必然影响巡游出租车行业的改革效果。

因此，后续网约车规制制度如何改革才更符合网约车的特征，满足社会需求，符合城市交通环境，符合城市交通的公共利益，需要在规制制度的总体视角下统筹研究公共政策与法律规范体系的改革。

（四）选题的理论意义和现实意义

1. 选题的理论意义

首先，选择网约车规制制度研究，有助于探讨行业领域规制制度的实质合法性，构建多层次分析框架，增加理论解释力。

网约车的规制问题，实质上涉及行业领域的政府规制制度如何具有实质合法性的问题。行业领域的规制制度是政府为克服市场失灵而进行干预的产物，而政府规制一般借助公共政策与法律规范两种主要形式进行，因为在现代市场经济中，几乎难以找到只通过公共政策进行规制的情况，也几乎难以找到只通过法律规范进行规制的情形。政府规制的法治化，既要强调依法规制，又要重视公共政策作用，目的是公共政策和法律规范共同组成规制制度，发挥整体作用。由此，对行业规制领域的规制制度展开法学研究，必须在规制制度的大视角下纳入公共政策的分析，必须关注规制制度总体的实质合法性，关注公共政策与法律规范体系之间如何互动，关注如何设计规制制度的具体内容才能符合科学规律和社会需要。因此，选择网约车规制制度进行研究，直接目的在于改进网约车规制制度，根本目的在于探析包含公共政策和法律规范体系的规制制度如何实现实质合法性，具体的分析途径是建立相应的宏观、中观和微观的三层次分析框架。

三层次分析框架的构成的具体内容为：在宏观层面，构建规制制度实质合法性的分析框架，从科学性、民主性和法治化三个维度考察规制制度的实质合法性要求。在中观层面，建立公共政策与法律规范体系互动关系分析框架，分析行业领域中公共政策和法律规范的作用机制；在微观层面，建立行业领域的政府规制分析框架，对行业领域的规制原理和内容进行研究。

鉴于很多行业的规制制度都涉及公共政策与法律的复杂作用，因此如果在一个比较规范的公共政策和法律规范的分析框架内，通过分析网约车规制制度中的公共政策与法律，探讨网约车规制制度的形成过程和实施效果，并改进公共政策和相关法律，将具有超越网约车规制制度研究的更广泛意义。

微观分析框架是实现科学规制的基础，也是本书关于规制制度合法性的一个重要落脚点，建立规制制度的微观分析框架有利于对行业领域的政府规制展开规范分析。本书尝试提出微观分析框架，包括如下内容：规制对象特征分析，规制对象外部环境和社会需求分析，规制需求原理分析，规制目标、原则分析，规制制度具体内容分析。规制对象特征分析，揭示了规制对象的客观属性，构成了规制制度的基础。规制制度只有依据规制对象的技术、经济特征，才能发挥其优势，克服其缺陷。规制对象的外部环境和社会需求分析，可以判断规制对象与社会需求的符合程度，满足社会正当需求才具有规制正当性。规制对象外部环境还包含约束条件，规制制度不能脱离外部条件约束。规制需求原理分析，解决是否需要规制、为什么要规制、规制核心内容等问题。规制需求主要涉及准入规制、退出规制、价格规制、质量规制、数量规制、安全规制等方面的内容。规制需求原理分析建立在前述两部分的基础上，直接涉及规制核心问题，为确立公共政策的目标和指导原则提供理论依据；规制政策目标和指导原则分析，建立在前述分析的基础上，目的是提出关于政府规制要实现的政策目标以及实现目标的主要原则，体现规制制度的整体思路，为规制制度的具体构建提供方向性指导。规制制度具体内容分析，是根据规制需求原理及规制政策目标和指导原则，提出规制制度的具体内容。规制制度的具体内容形成公共政策的主要内容，往往会通过立法程序转化为法律规范体系，具有法律效力。由此，政府规制的公共政策与法律规范共同构成规制制度的整体。这一分析框架有助于深化部门行政法学针对政府规制问题的研究，具有一定的解释力和普遍适用性。

其次，选择网约车规制制度研究，还有助于拓宽行政法学总论的理论视野。

长期以来，行政法学发展出来一套"行政组织—行政行为—行政监督、救济"的成熟框架，为行政行为的合法性判断提供了理论指导。但是行政法学针对行业领域实现公共行政治理任务一直缺乏深入研究，即行政法学的理论缺乏在部门行政法领域的指导能力，部门行政法成为行政法学中一个严重发展失衡的领域，反映出行政法学内在的理论解释力的不足。部门行政法涉及具体部门的公共行政问题，实际上是行业领域的政府规制问题，部门行政法和行业领域的政府规制是一个事物的两个方面，具有本质的关联性。具体而言，部门行政法强调公共行政的法治保障，行业领域的政府规制强调规制目标的科学有效。为解决公共行政面临的问题，实现政府规制目标，往往需要同时发挥法律规范体系和公共政策的作用。但是在行政法学的视野中，往往只重视法律规范的研究，对解决公共行政的问题、实现政府规制目标的公共政策研究不够重视。目前存在一种错误的认识，即公共政策的研究属于政治学、行政学的研究范围，与以法律规范为对象，以合法性判断为核心的法学研究距离太远。应当重视的是，在实现社会主义国家治理体系和治理能力现代化过程中，法律规范体系和公共政策体系都是国家治理体系的组成部分，彼此之间存在着密切的联系，法律规范体系和公共政策体系作用的发挥直接关系到国家的治理能力水平。因此，迫切需要将法律规范研究和公共政策研究结合起来，而这种结合有助于扩大部门行政法的理论视野和提高其理论解释力。

而要将公共政策研究与法律规范研究结合起来，要完成三个方面的理论工作：（1）必须在宏观层面上，找到能够统合公共政策与法律规范的上位概念，即规制制度，并提出规制制度应具备实质合法性要素；（2）必须在中观层面上，解决公共政策与法律规范体的互动机制问题，考虑公共政策如何转化为法律规范，法律规范如何对公共政策起到约束作用；（3）必须在微观层面上，解决具体行业领域的政府规制的政策目标和政策措施，并通过行政法的法律规范赋予其法律效力，形成政府规制制度。

本书之所以选择网约车的规制问题作为研究的样本，是因为网约车是网络经济和共享经济背景下创新性行业领域，包含着非常强烈的公共政策和法律规范体系的综合作用，符合现代市场经济中很多行业领域的政府规制的特点，因此对网约车规制制度进行研究具有典型性和代表性。

2. 选题的现实意义

网约车蓬勃发展，体现了网络经济①和共享经济②的埋念，是"互联网＋城市交通出行"的模式创新，虽然学界对巡游出租车的规制理论研究充分，但是对网约车的规制理论研究滞后，规制制度难以出台。因此，研究网约车规制理论和制度问题，对研究共享经济背景下互联网＋行业创新领域的规制具有典型意义，利用政府规制微观分析框架，即"规制对象特征分析—规制对象外部环境和社会需求分析—规制需求原理分析—规制目标、原则分析—规制制度具体内容分析"，构建具体的互联网约租车规制制度，提出巡游出租车行业市场化改革制度方案，促进两者良性发展，公平竞争，共同为安全、高效、多元化城市客运服务发挥作用。

现代经济是市场基础上的混合经济，既强调市场对资源配置的决定性作用，又强调更好地发挥政府的作用。就网约车行业的政府规制而言，所谓发挥政府的作用实质上是政府通过制定公共政策和制定法律规范所构成的规制制度对网约车进行科学规制。如何确立科学合理的公共政策，并将其转化为法律，使网约车规制制度满足社会需求，符合市场秩序，发挥网约车优势，克服其不足，形成行业良性竞争、共同发展的局面，不仅是个理论问题，更具有实践意义。虽然巡游出租车的规制原理能够为互联网约租车规制提供一定的理论参考，但是关于具有全新技术、经济特征和经营模式的互联网约租车，学界对规制对象的本质特征分析不够深入，对其规制需求原理把握得比较笼统，没有形成系统的规制理论。

就巡游出租车制度改革而言，面对互联网约租车引发的巨大市场变化，巡游出租车如何改革才能发挥自身优势，才能实现公平竞争，相关部门缺乏关联研究。我们要坚持网约车规制的市场化原则和有效政府规制原则，推动巡游出租车行业的改革真正进行下去，因此需要提出巡游出租车行业市场化改革制度

---

① 网络经济主要是指借助互联网技术开展经营且具有互联网领域的明显特点的经济形式。网络经济具有信息沟通的快捷性、平台的规模性和双边控制性，网络经济中的平台能够聚集大量交易并且对交易的双方具有很强的约束性，因此网络经济能够借助网络信息技术满足供需而获得快速发展，同时网络平台提供交易，制定规则，对交易双方提供帮助并进行控制。

② 共享经济主要是指将存量的物品的使用权提供给其他人使用而提高了物品的利用效率，并且能够获得一定的收益的经济形式，例如：共享单车、共享汽车、共享充电宝等。网约车最早出现就是为了共享私家车出行过程中的剩余空间，顺道载客。共享经济在非互联网时代难以发展，因为缺乏信息沟通和安全验证的手段，而在互联网时代比较容易解决上述问题。共享经济需要借助互联网，但互联网经济交易的项目并非完全符合共享存量资源和共享使用权的本质特点。共享经济和网络经济在范围上是一种交叉关系，两者有重合的部分，但也有独立的部分，即有些网络经济不属于共享经济，有些共享经济不属于网络经济。

方案，促进两者良性发展，公平竞争，共同为安全、高效、多元化城市客运服务发挥作用。

二、国内外研究现状综述

（一）国内研究现状综述

1. 共享经济、网络经济研究现状述评

学界认为分享经济是公众将闲置资源通过社会化平台与他人分享，进而获得收入的经济现象。罗宾·蔡斯（2010）提出共享经济理论要点：利用过剩产能分享资产；科学技术建立共享平台，使分享变得简单易行；个人是具有影响力的合作者。

关于网络经济呈现的特点和挑战：马长山（2019年）深刻论证了网络经济中新业态、新模式的特点，以及政府规制应当采取的理念和思路。在共享经济与信息社会中，网约车、短租平台等智能互联网新业态，呈现出前所未有的制度变革与创新，包括四个方面的特征，植入嫁接的法律变革方式、众创试验的规则生产路径、技术正当性的诉求策略，以及双向构建的秩序结构。作者以网约车为例进行论证，揭示了网约车规制具有普遍性意义。网约车的合法化进程，绝不仅仅是一个对新生事物的简单制度回应，而是展现了当下信息技术革命对法律规制模式的挑战与突破。随着智能互联网的加速发展，这种挑战的速度会更快，数量会更多，可复制性和连锁性会更强，甚至还会出现叠加效应，因此，法律规制所面临的变革压力也就会更大。在宏观治理思路方面，对待新模式、新业态，需要确立"共建共治共享"的治理理念，秉持包容普惠的基本原则，采取增量赋权的制度变革策略。这是互联网时代的经济社会发展的客观要求和基本走向。然而，在微观规则层面，需要政府基于公益立场有效规制，抑制资本垄断和限制私人偏好，促进多元平衡，保障民生权益和维护社会公平。[①]

2. 网约车研究现状述评

学界主要观点：肯定网约车创新、适应社会需求和提高资源利用的特点；网约车应市场化，认可私家车加入网约车的合理性；巡游出租车规制制度不适用于互联网约租车；但是存在如下不足：对规制对象本质特征分析不够深入，对其规制需求原理把握比较笼统，没有形成系统的规制理论，提出制度方案比较笼统。唐清利（2015）分析网约车平台公司内部和外部的法律结构，提出合作监管＋自律监管的规制路径。曹炜（2015）认为解决网约车合法化的思路是

---

① 马长山.智慧社会建设中的"众创"式制度变革：基于"网约车"合法化进程的法理学分析[J].中国社会科学，2019（4）：75-97.

放开汽车租赁公司进行多元化经营，将私家车作为后备运力；彭岳（2016）认为网约车的规制应当减少行政干预。

关于网约车法律制度中的价值冲突和调整原则问题，程琥（2018 年）认为，网约车监管中出现的法律价值冲突是我国互联网时代和新科学技术运用背景下出现的一种必然现象。网约车属于新兴业态，随着网约车的迅猛发展，网约车监管中的法律价值冲突在所难免，主要是自由与秩序、公平与效率、安全与效率之间的法律价值冲突。这些法律价值冲突的成因复杂，既与法律本质特征有关，又与我国现阶段国情和发展阶段密切相关。妥善协调整合网约车监管中的法律价值冲突，应当遵循以人为本、尊重规律、法治监管、包容审慎原则，准确理解和把握涉及网约车监管案件的审理思路和裁判方法，以期协调整合网约车监管中的法律价值冲突，促进网约车在法治轨道上健康发展。①

关于网约车政府规制的整体范式问题，陈东进认为，专车的出现对于传统出租车行业政府管制形成了巨大冲击，出租车公司措手不及，政府也举棋不定。他提出了互联网专车时代，政府对包括专车在内的出租车行业管制的新范式。范式变迁的主要原因在于专车的交易属性已经不同于传统出租车，以及政府对城市交通整体性效率的追求。范式变迁体现在：管制对象上，把出租车嵌入城市整体交通网络；管制主体从单一政府管制到政府与社会的合作；管制方式从原先侧重的微观管理向中观与宏观管理过渡。政府管制要从离散走向融合，微观走向宏观，封闭走向开放。②

关于网约车发展模式带来的问题，程絮森、朱润格、傅诗轩（2015）做了宏观的研究，其认为"分享经济"作为一种新兴的商业模式正在全球范围内引起广泛关注。"互联网约租车"作为移动互联网背景下"分享经济"的代表，在我国发展迅速，具有其典型性和特殊性。他们通过使用 SCP 产业分析框架，分析"互联网约租车"在我国的发展现状，深入理解其发展的战略意义，从政策监管、行业稳定、市场秩序等角度对约租车模式带来的问题进行总结，为政府和企业制定相关规划和决策提供依据。③

关于网约车法律规范的合法性讨论，张效羽（2016）认为《网络预约出租汽车经营服务管理暂行办法（征求意见稿）》存在缺陷：违法增设行政许可，违法增设行政许可条件和没有上位法依据减损公民权利、增加公民义务的内容，不符合《中华人民共和国立法法》《中华人民共和国行政许可法》等法律的规定。针对互联网租约车这类新兴产业，在上位法没有跟进、留有大量法律空白的情况下，通过制定部门规章补位，并不符合我国现行法律秩序的要求。根据我国法律秩序对不同行政法渊源的定位，他认为针对网约车行业的立法应当上升到法规层面，通过行政法规和地方性法规为网约车行政规制奠定较为坚实的法律基础。①

关于地方性网约车的法律制度的合法性问题，有学者从不同角度展开了分析：黄锫（2017）选择上海市的地方规范作为典型进行分析，其认为行政许可设定是对共享经济实施法律规制的重要方式，应当确保行政许可设定本身的合法性。行政许可设定的合法性审查思路分两步：第一步是判断受审查的行政许可设定行为的法律属性；第二步是从行政许可实施主体、条件、程序与期限四个方面判断其合法性。依据这一合法性审查思路，《上海网约车新规》中三个网约车行政许可设定的法律属性均存在含糊之处，且无论如何定性都与上位法存在矛盾之处。并且目前与三个网约车行政许可相关的国务院决定、部门规章与地方性法规的规定存在合法性问题，同时存在相互冲突与矛盾之处，需要通过立法调整来进行弥补。② 徐昕（2017）也认为北京、上海、天津等地出台的网约车管理实施细则对人、车和价格都进行了极为严苛的管制，却忽视了市场和技术手段的内在规律，某些规定明显违反《中华人民共和国宪法》，违反《中华人民共和国行政许可法》等上位法，应采取个案救济、立法的合法性审查等方式进一步完善网约车监管规则。③

关于网约车法律制度建立后效果和反思方面，张效羽、宋心然（2019）认为，当前网约车合规化工作面临难以完全落实的困境。造成困境的根源在于网约车合规化之"规"存在不合法、不合理的内容。如果严格执行当前网约车相关规定，就会导致网约车供给大幅下降、"打车难""打车贵"卷土重来等后果，这也不符合网约车行政立法的目的。因此，走出网约车合规化的困境，关键是端正网约车合法化的目的，纠正不合法、不合理的网约车相关规制细则，只有这样才能将网约车合规化落到实处，更好地实现网约车行政立法目的。④

关于地方政府监管网约车政策的实证研究，针对以网约车为代表的共享经

① 张效羽. 互联网租约车规章立法中若干法律问题分析 [J]. 行政法学研究，2016（2）：60-68.

② 黄锫. 共享经济中行政许可设定的合法性问题研究：以《上海网约车新规》为分析对象 [J]. 政法论丛，2017（4）：60-68.

③ 徐昕. 网约车管理细则的合法性及法律救济 [J]. 山东大学学报（社会科学版），2017（3）：76-81.

④ 张效羽，宋心然. 网约车合规化的困境及其化解 [J]. 苏州大学学报（法学版），2019（1）：1-8.

济的监管问题，地方政府在监管网约车时采用的政策有何特征？为什么各地政府会出台相同或不同的监管政策？马亮、李延伟（2018）通过收集中国近 300 个地级及以上城市的网约车政策文本，并构造基于驾驶员和车辆的监管严格指数，研究各地监管政策的异同。定量分析显示，地方政府在传统巡游出租车、网约车和乘客之间平衡利益，并导致网约车政策的趋同和殊异。定性分析表明，利益博弈和抗争、降低交通拥堵和创造就业的政府动机、民众的出行需求等，可能是影响网约车监管政策的主要因素。[①]

关于对网约车地方规章的成本收益分析，宋心然，张效羽（2017）针对 2016 年北京市的网约车规制地方细则，采用成本收益分析方法分析，认为北京市网约车规制立法成本过高，收益相对有限，即使按照非常保守的测算成本仍高于收益约三成，因此应当调整相关规制立法，探索符合网约车行业特点的规制模式。[②]

3. 巡游出租车研究现状分析

现有文献充分研究了巡游出租车的特点，分析了巡游出租车的规制效果和规制困境，对出租车特许经营权制度导致的垄断进行批判，提出市场化改革的建议。虽然出租车规制原理为网约车规制提供了理论参考，但是面对网约车引发的巨大市场变化，巡游出租车如何改革才能发挥自身优势，才能实现公平竞争，这一方面缺乏研究。帅晓姗（2008）运用产业经济学理论分析出租车市场中的各方主体之间的契约关系，提出协调各方利益的改革意见；胡承华（2013年）从经济法学角度，全面分析了出租车的数量、准入、价格和服务规制原理，提出法律制度改革建议。王军（2009）比较主要发达国家的出租车行业规制制度，提出坚持竞争和市场导向的结论。

（二）国外研究现状综述

1. 国外出租车规制研究

国外的出租车规制的经济学研究起步较早，总体来看，在基础理论研究领域，主要集中在出租车市场是否具有完全市场竞争性，是否需要数量规制，如何设计运价规制模型。Robert D Cairns，Catherine Liston-Heyes（1993）认为出租车行业不符合完全竞争的条件，对出租汽车行业完全取消准入规制并不合适。Teal，Berglund（1987）考察了美国解除价格和进入规制的出租车市场，

---

① 马亮，李延伟. 政府如何监管共享经济：中国城市网约车政策的实证研究 [J]. 电子政务，2018 (4)：9-20.

② 宋心然，张效羽. 网约车地方规制细则成本收益分析：以北京市网约车规制细则为例 [J]. 国家行政学院学报，2017 (5)：123-130.

说明简单化的放松进入与价格规制无法解决市场所出现的问题，应保留价格与进入规制；Toner（1992）对城市各种交通方式占据城市公共资源的数量进行衡量，认为对出租车进行严格的数量规制缺乏依据。

2. 国外网约车规制问题

英国类似网约车的一种车型是 Private Hire Vehicles，该类型车辆是根据 *Private Hire Vehicles（London）Act* 1998（1998 年《私人租赁汽车法案》）运营的，特点是司机驾驶私人租赁车辆提供乘客服务，与巡游出租车不同。美国明尼阿波利斯州认可私家车通过网络约车公司的平台接受订单提供打车服务，被称为 transportation network vehicles，该类型经营根据 *Minneapolis Transportation Network Companies（TNC）Ordinance*（《明尼阿波利斯交通网络公司条例》）运营，其特点是私家车经交通网络公司（Transportation Network companies TNC）认可，通过该公司的网络平台匹配乘客需求信息提供客运服务。美国联邦法院认可网约车采用比出租车、租赁车辆宽松管理立法具有合法性和合理性。施立栋（2017）在《波斯纳法官谈网约车的规制——伊利诺伊州运输贸易协会诉芝加哥市案》一文中提到，芝加哥市 2014 年出台的一部网约车法规，设定了比传统的出租车和汽车租赁行业更为宽松的管理规则。出租车和汽车租赁行业不服该法规，认为这一立法未经补偿就剥夺了其财产权，且有违法律的平等对待原则。判决意见指出：对两类车辆制定不同的管理规则，是考虑到二者在监控机制、运行特点等方面有所不同，是合理差别，并不违背平等保护原则；财产权并不是一项免于竞争的权利，允许网约车进入运输市场有助于推动该市场的竞争，也与规制缓和的趋势相契合。[①]

3. 政府规制理论的研究

西方经济学界对政府规制进行的研究主要集中在微观规制经济学领域。20 世纪 70 年代对公共事业管制研究的集大成者卡恩（1970）就政府对公用事业的规制提出"管制的实质是政府命令对竞争的明显取代，作为基本的制度安排，它企图维护良好的经济绩效"。[②] 丹尼尔·F. 史普博（1989）等对规制进行解释，认为规制是指"由行政机构制定并执行的直接干预市场配置机制或间接改变企业和消费者的供需选择决策的一般规则或特殊行为"。[③] 植草益（1992）根

---

① 施立栋. 波斯纳法官谈网约车的规制：伊利诺伊州运输贸易协会诉芝加哥市案 [J]. 苏州大学学报（法学版），2017（4）：153-157.

② KAHN A E, The economics of regulation: principles and institutions [M]. New York: Wiley, 1970: 1.

③ 丹尼尔·F. 史普博. 管制与市场 [M]. 余晖，何帆，钱家骏，等，译. 上海：格致出版社，上海三联书店，上海人民出版社，2008：45.

据传统规制理论对规制进行分析，认为"规制是社会公共机构依据一定的规则对企业活动进行限制的行为"，[①] 社会公共机构一般被认为是政府。规制是政府针对市场失灵现象，依据法律对经济主体进行管理和规制。同时，他重点研究了自然垄断的管制，对管制的依据、收费水准、激励性管制、放松管制、竞争与管制的关系进行了广泛而深入的探讨。施蒂格勒（1971）发展了规制俘获理论，认为"作为一种法规，管制是产业所需并主要为其利益所设计和操作的"。[②] 在一般管制案例中，被管制的大多是有良好组织的大公司或既得利益集团，结果是得到管制好处的通常是生产者而不是消费者，因此，他主张减少政府管制。史蒂芬·布雷耶（2008）探讨规制的正当化根据，并对经典规制形式和替代规制形式进行阐释，通过实证研究提出规制手段要与规制目标匹配的观点，并提出未来规制改革的方向。[③] 安东尼·奥格斯（2008）阐释了规制的两大理论根基——公共利益理论和私人利益理论，并对社会性规制与经济型规制下八类最主流的规制工具展开了具体的情景化的阐释，力图解释在不同的规制目标下，政府应该如何选择最匹配的规制工具以达成行政目的。[④] 让-雅克·拉丰（2009）在其名著《规制与发展》中集中研究了发展中国家如何进行规制改革，根据发展中国家的现实制约因素，对发达国家规制改革的规制适应的经济学模型进行反思，提出了涉及发展中国家特征的规制方案，并对发展中国家基础设施的民营化条件、接入定价规则、规制机构设立、规制权力分离的条件进行深刻的论述。[⑤]

4. 垄断产业放松规制的研究

大量的西方学者提出自然垄断产业规制的成本高昂，导致效率低下，因而应当放松规制，发挥市场竞争机制的作用。芝加哥学派的施蒂格勒（1971）、德姆塞茨和佩尔兹曼等人通过对政府管制实际效果的实证分析，指出政府管制在很多产业中并未收到预期效果，反而产生了显著的不良影响，从而对政府介入的正当性产生疑问。可竞争市场理论的提出也为主张放松政府规制提供了理论依据。1982 年，美国著名经济学家鲍莫尔、帕恩查和韦利格等人合著的《可竞

---

① 植草益. 微观规制经济学 [M]. 北京：中国发展出版社，1992：1-2.

② STIGLER G J. The theory of economic regulation [J]. Bell Journal of Economics，1971 (2)：3-21.

③ 史蒂芬·布雷耶. 规制及其改革 [M]. 李洪雷，宋华琳，苏苗罕，译. 北京：北京大学出版社，2008：1.

④ 安东尼·奥格斯. 规制：法律形式与经济学理论 [M]. 骆梅英，译. 北京：中国人民大学出版社，2008：2.

⑤ 让-雅克·拉丰. 规制与发展 [M]. 聂辉华，译. 北京：中国人民大学出版社，2009：2.

争市场与产业结构理论》出版，标志着可竞争市场理论的形成。[①] 可竞争市场理论认为，即使市场上只有一家企业，也不意味着该企业就可以采取垄断的行为，因为可能有大量的潜在进入者，因此只要进入障碍低、市场是可竞争的就不会存在垄断行为。垄断地位和垄断行为应当区分对待。政府采取的主要措施应当在于降低市场的进入障碍，而不是直接干预市场结构。虽然在现实中真正符合可竞争市场理论假定条件的产业并不多，但是可竞争市场理论对近 20 年来美、英等发达市场经济国家政府管制政策思路的转换及调整措施产生了重大影响。有效竞争理论的提出为化解"马歇尔困境"（Marshall dilemma）[②] 提供了思路。克拉克（1940）在大量研究的基础上认为，规模经济和竞争机制在一定范围内有效协调，既保证自然垄断产业的规模经济，又具有竞争机制带来的活力，两者形成均衡格局就是有效竞争。[③] 美国经济学家梅森（Mason）和索斯尼克（Sosnick）对有效竞争的标准进行了研究，分别提出了相应的衡量有效竞争的标准，为包括铁路、电信、电力、煤气、自来水等网络型自然垄断产业的放松规制改革如何保障规模经济与竞争机制协调提供了思路。

希勒（2000）从公共政策的角度分析了一个产业放松规制后是否需要规制以及如何判断规制是否适度的问题，认为即使是一个放松规制的行业，仍然需要对其进入或供给的关键领域实行必要的规制，不能认为放松规制就是要取消规制，基本的政策问题是规制的收益是否大于其实施所产生的成本，规制最大的挑战是如何使政府规制适应市场条件、消费者需求以及技术的变化。[④]

国外的研究总体来看，主要从微观经济学角度研究政府规制理论，促使了政府规制理论的发展，同时论证了自然垄断产业和政府严格规制行业的引入竞争机制的可行性，提出了可竞争市场理论和有效竞争理论，为自然垄断产业和政府严格规制行业的放松规制，引入竞争机制提供了理论依据，实践证明铁路等自然垄断产业和出租车等政府严格规制行业具备放松规制，有引入竞争的必要性和可行性。

我们应当看到，政府规制领域的理论内部存在不同的流派，核心观点也存

① BAUMOL W J, PANZAR J C, WILLIG R D. Contestable markets and the theory of industry structure [M]. New York: Harcourt Brace Jovanovich Ltd, 1982: 538.

② "马歇尔困境"是马歇尔在其《经济学原理》中提出的关于规模经济与竞争活力的二难选择命题。在他看来，规模经济是非常必要而且极为有用的，但这又容易导致垄断，反过来就会使经济运行缺乏原动力，企业缺乏竞争活力。参见马歇尔：《经济学原理》（上卷），北京：商务印书馆 1964 年版，第 259-328 页。

③ CLARK J M. Toward a concept of workable competition [M] // 王俊豪. 政府管制经济学导论 [M]. 北京：商务印书馆，2001：157.

④ 布拉德利·希勒. 当代微观经济学 [M]. 北京：人民邮电出版社，2003：217-218.

在差异，如主流的政府规制基于公共利益认为自然垄断行业无法进行竞争，为控制进入行业的数量同时防止在位企业利用垄断地位收取垄断价格，需要对特定行业进行准入规制、价格规制和退出规制。在自然垄断行业因缺乏竞争而导致大量的亏损和低效问题出现时，政府规制理论又开始重视适当引入竞争的作用，并提出了可竞争理论和有效竞争理论。政府规制理论具有阶段性和强烈的应用性，针对一段时期内出现的典型问题提供解决思路和理论论证，必然会随着问题的性质和环境变化而调整。

比如，政府规制理论会随着规制对象特点的变化和社会需求的变化而调整理论侧重点，在严格规制和放松规制、效率和秩序之间呈现出钟摆式的变化。当政府对行业进行严格规制而导致行业供给不足、效率不高时，社会希望改革呼声高涨时，政府规制理论会进行调整，理论重点在于论证放松管制引入竞争以激发产业的活力，满足社会需求；从另一方面而言，政府规制理论会淡化重视秩序维护和防止进入企业过多而导致竞争过度的内容。当行业内竞争加剧、交易秩序混乱、公共产品提供受到影响时，社会需求又呼吁秩序维护、防止过度竞争导致的资源浪费，此时政府规制理论又会开始重视加强行业规制。在这种情况下，希勒关于行业规制的理论观点值得重视，其理论观点虽然没有像施蒂格勒发展了规制俘获理论那样具有强烈的倾向性，但是体现了事物矛盾辩证统一的合理性。放松规制与严格规制之间并非非此即彼，一个放松规制的行业，仍然需要考虑对关键领域是否实行必要的规制。规制问题不是有无的问题，而是适度的问题，而判断规制是否适度，要重视收益是否大于其实施所产生的成本，要重视政府规制适应市场条件、消费者需求以及技术的变化，这是政府规制富有变化和永恒的挑战。这种强调适度和动态的理论也启示我们，公共政策和法律规范所构成的规制制度也要具有契合社会需求和规制对象本身特点的变化性。

三、研究思路、方法与研究内容安排

（一）研究思路和基本方法

1. 研究思路

基本思路：提出问题—分析问题—解决问题

提出问题：概括网约车发生、发展情况以及网约车的技术、经济特征和模式创新特征，描述其与巡游出租车行业发生的矛盾，与现行出租车规制的冲突，证明互联网约租车规制制度研究的理论意义和实践意义；提出规制制度研究中最为重要的三个问题：如何判断网约车规制制度科学合法？如何理解规制制度

中存在大量的公共政策和法律规范体系之间的复杂交织现象？如何在快速变化的行业领域展开专业性和合法性的微观规制问题分析？

分析问题：（1）在宏观方面，提出网约车规制制度的实质合法性分析框架，论证什么是规制制度，以解决为何要将政府规制过程中的公共政策和法律规范放置在规制制度的概念研究的问题。规制制度实质合法性的内涵是什么，判断规制制度的实质合法性的三个维度和内容；（2）在中观方面，提出中观公共政策与法律规范体系互动分析框架，包括公共政策对法律规范的决定性作用，法律规范对公共政策的约束作用，以及公共政策与法律规范共同作用的实施效果和反馈改进；（3）在微观方面，提出行业规制领域的具体分析框架；就网约车规制问题进行微观研究，研究规制对象特征，分析其技术经济特征和经营模式特征；研究规制环境和约束条件，研究规制对象所处的环境匹配问题，探析合理性。

解决问题：研究网约车的规制目标、规制原则和具体规制制度构建，并研究巡游出租车市场化改革问题。（1）互联网约租车的特征分析，探析共享经济理论和互联网＋所决定的规制对象的技术经济特征、经营模式特征，提出其优势和存在的问题，提炼其性质，明确其规制对象特性。（2）互联网约租车分类规制，发挥专营和兼营类别的各自优势。专营网约车面对市场经营风险，立足高品质的服务。兼营的网约车，主要利用私家车顺路搭载乘客，发挥共享优势，提高城市道路资源利用效率，应当采用便捷备案方式。（3）网约车与巡游出租车制度改革具有联动性。在市场化导向的改革思路下，建立适应各自经济技术特征的规制制度，发挥两者的比较优势。（4）互联网约租车行业反垄断问题。滴滴等互联网约租车巨头已经出现，并具备市场支配地位，互联网约租车平台公司之间涉嫌违反《中华人民共和国反垄断法》和《中华人民共和国反不正当竞争法》的行为必须加以规制，但互联网＋行业的企业滥用市场支配地位的法律规制研究存在理论难度。

2. 研究方法

（1）规范分析相结合，建立规范分析框架进行规制制度分析。

（2）实证分析方法，就网约车发展、网约车政策、网约车法律规范内容、网约车规制制度实施效果进行实证分析。

（二）研究主要内容

导论部分：介绍网约车的崛起带来的合法性争论，国家主管机关对于网约车制定公共政策的变化过程，网约车规制制度的构成和实施效果，选题的理论意义和实践意义，并对国内外研究进行文献综述，提出本文的研究方法和研究内容。

第一部分：规制制度实质合法性的理论和分析框架，主要涉及两个方面，一是提出规制制度概念，实质合法性概念及评价维度以及实现规制制度实质合法性所需要的宏观、中观和微观三层次分析框架，作为全书的理论分析工具；二是网约车规制制度形成过程、主要内容和从实质合法性角度对规制制度展开评价。对网约车公共政策形成过程和内容进行分析，分析网约车公共政策对法律规范形成的影响。

第二部分：网约车的特征及性质分析。分析规制对象的特征：（1）互联网约租车的技术、经济特征及类别：技术特征表现为通过移动互联技术高效精确匹配车辆和乘客需求，同时能够增加车辆的供给；网约车的类别分为专营网约车和兼营网约车；（2）网约车的经营模式特征：归纳网约车的典型经营模式特征，包括滴滴模式、神州专车模式等。论证互联网平台经营模式具有多种属性：信息平台属性负责连接车辆供应和打车需求；管理平台属性负责管理人员、车辆和运营服务；支付平台属性负责管理运价和支付、结算、收取司机的佣金。互联网约租车的性质是基于网络经济和共享经济的城市公共交通运输的创新模式。

第三部分：网约车外部环境和社会需求分析。描述规制对象所处的外部环境和约束条件，探讨规制对象发展的合理性。（1）规制对象环境特点以及约束条件：城市车辆大量增长、道路扩充速度落后于车辆增长、交通出行潮汐化的特点客观存在。城市交通环境中的约束条件就是城市道路资源的稀缺性，任何交通工具的存在和发展必须符合道路资源稀缺性的限制。（2）社会需求表现为城市公众出行数量激增，出行的便捷性和舒适度需求增加；大容量快速公共交通虽然在大力发展，但依然无法满足公共交通中的个体化出行需求，巡游出租车垄断经营的体制，长期以来难以满足市场需求。

第四部分：网约车的规制需求原理分析。结合网约车的特征、外界环境，为发挥其优势，克服其弊端，探讨网约车规制原理，实现科学规制：（1）根据网约车规制对象特征、外部环境和约束条件，网约车的准入规制、数量规制、价格规制方面应当以市场化为导向，满足社会需求；（2）反垄断规制、安全规制、服务质量规制方面应当加强，保证安全和公平竞争秩序，满足运行秩序需求；（3）现行的巡游出租车规制制度，以特许经营权规制为核心，实施严格数量规制、准入规制和价格规制，不适应互联网约租车的规制需求。

第五部分：网约车规制制度的目标和原则分析。根据上述研究，在公共政策方面提出互联网约租车规制目标、原则，为规制制度的具体内容确定目标和方向。（1）网约车规制的政策目标是提供城市公共交通的运力和正常运行秩序，实现公共利益；（2）规制原则：包括市场化原则、安全和责任保障原则、发展创新原则、差异化原则、分类规制原则、企业自我规制和政府规制相结合原则、法治原则。

第六部分：互联网约租车规制制度构建。规制制度的具体内容包括三个方面：一是放开经济性规制，主要是准入、数量和价格规制，二是重视社会性规制，主要是安全、服务、责任承担和保险规制；三是加强反垄断和不正当竞争规制。

第七部分：巡游出租车市场化规制改革研究。互联网约租车与巡游出租车规制制度具有关联性和复杂性。两者共处一个市场，制度构建具有联动性。应以网约车发展为契机，以满足市场需求为目标，对巡游出租车进行市场化改革。原则是以发挥巡游出租车的比较竞争优势，建立适应各自经济、技术特征的规制制度，形成与互联网约租车共同发展、公平竞争的格局，共同为城市公共交通运输服务。

第八部分：巡游出租车牌照租赁经营模式的市场化研究。出租车牌照租赁经营模式，主要特征是出租车牌照持有者将牌照租赁给司机并收取司机高额租赁费，业内称为份子钱。这种经营模式根植于出租车特许经营权制度。经营模式市场化改革的思路分为直接方案和根本性方案。直接方案是依法授权规制部门对出租车"份子钱"进行监管和调整，根本性方案是通过出租车市场化改革，出租车经营主体多元化，实现出租车司机的供求关系实现市场化调节，倒逼经营模式转型，使公司和司机之间的利益分配合理化。

第一章 规制制度实质合法性的理论和分析框架

规制制度，是指政府对存在市场失灵的行业领域进行规制，解决该行业领域的市场失灵引发的公共问题，实现规制目标而采取的包括公共政策和法律规范在内的制度。规制制度的实质合法性，是指行业领域的规制制度除了要符合形式合法性之外，还需要具备满足其他属性，从而符合公共利益，产生良好治理效果。本书认为行业领域的规制制度的实质合法性应以解决市场失灵、满足社会需求、实现公共利益为根本价值追求，因而应具备科学性、民主性和形式合法性三个基本性质。科学性要求政府规制能够满足事物的特点从而具有合规律性，民主性要求政府规制能够满足大众的需求从而具有可接受性，形式合法性要求政府规制符合现有法律体系的要求从而具有法律效力。

鉴于规制制度涉及公共政策与法律规范的复杂过程，涉及符合行业领域的科学规律，因此，规制制度实质合法性理论，要解析规制制度的概念内涵，分析实质合法性的构成，并需要建立多层次的分析框架。

一、规制制度的概念内涵

规制制度的核心是政府规制，而政府规制的概念被广泛使用，甚至存在滥用的情形，因此有必要对政府规制概念的内涵和本质进行阐述。

中外学界对政府规制含义的理解虽然存在一定差异，但在核心要义上存在若干共识，能够揭示其本质。一般把政府规制简称为规制，规制（Regulation）含有基于规则进行控制之意，强调的是政府通过实施法律和规章制度来约束和规范经济主体的行为。[①]《新帕尔格雷夫经济学大辞典》对规制的一种解释是，政府为控制企业的价格、销售和生产决策而采取的各种行动，政府公开宣布这

---

① 肖竹. 竞争政策与政府规制：关系、协调及竞争法的制度构建 [M]. 北京：中国法制出版社，2009：3.

些行动是要努力制止不充分重视社会利益的私人决策。[①] 美国学者卡恩作为早期研究政府规制的集大成者，他从政府对公用事业的规制提出规制的定义。政府规制是政府命令对竞争的明显取代，作为基本的制度安排，它企图维护良好的经济绩效，如进入控制、价格决定、服务条件及其质量的规定以及在合理条件下服务所有客户时应尽义务的规定。[②] 美国学者丹尼尔·F. 史普博对规制进行解释，认为规制是指"由行政机构制定并执行的直接干预市场配置机制或间接改变企业和消费者的供需选择决策的一般规则或特殊行为。"[③] 日本学者植草益根据传统规制理论对规制进行分析，认为"规制是社会公共机构依据一定的规则对企业活动进行限制的行为"，[④] 而社会公共机构一般被认为是政府。我国学者王俊豪对政府规制进行了深入系统的研究，具有相当的权威性，他认为政府规制是具有法律地位的、相对独立的政府管制者，依照一定的法规对被管制者（主要是企业）所采取的一系列行政管理与监督行为。[⑤]

通过上述学者的观点和著作中的阐述，结合政府规制原理，我们可以提炼政府规制的本质特点和适用范围。提炼政府规制的本质特点首先要理解政府规制在何种情形下发挥作用。在现代经济中，市场和政府是两大起作用的核心，市场调节机制和政府规制是两种对立的经济调节和资源配置方式。其基本作用原理在于，在市场经济中市场调节机制是配置资源的核心机制，而市场调节机制是自发调节机制，能够利用供求关系决定价格信号，对市场主体提供充分的行为激励，调整资源的配置。于是，在现代市场经济中，通过市场调节机制这一看不见的手使得市场中的投资、生产、交换、消费等行为都自发且蓬勃进行，经济得到快速发展。但是，市场调节机制有优点也有弊端，其弊端表现为市场主体具有趋利性、盲目性和滞后性，而市场调节机制对此难以解决，由此产生了现代市场中不可避免的市场失灵现象。市场主体的趋利性会带来垄断和不正当竞争，以及公共产品无人愿意提供；市场的盲目性和滞后性会带来宏观经济的波动。由此，需要政府依法干预控制市场主体的行为，以矫正市场失灵，实现经济社会目标，此种情形就是政府规制。

① 伊特韦尔. 新帕尔格雷夫经济学大辞典 [M]. 北京：经济科学出版社，1996：131.

② KAHN A E, The economics of regulation：principles and institutions [M]. New York：Wiley，1970：2.

③ 丹尼尔·F. 史普博. 管制与市场 [M]. 余晖，何帆，钱家骏，等，译. 上海：格致出版社，上海三联书店，上海人民出版社，2008：45.

④ 植草益. 微观规制经济学 [M]. 北京：中国发展出版社，1992：1-2.

⑤ 王俊豪. 政府管制经济学导论：基本理论及其在政府管制实践中的应用 [M]. 北京：商务印书馆，2001：1.

从政府规制发生作用的原理来看，政府规制的本质是不同于市场自发配置资源机制的，在市场机制失灵的情况下，利用政府行为帮助恢复市场机制，[①]以及在市场机制不存在的领域，越过市场机制，直接控制市场主体行为，实现经济社会良好目标。[②] 这一本质属性的提炼基本上能够涵盖上述不同学者对政府规制所给出的定义。

政府规制本质特点体现为如下几个方面：（1）在市场经济中，如果市场调节机制能正常发挥作用，就让市场在资源配置中起决定性作用。而当市场失灵时，政府直接对市场主体进行干预、控制。（2）政府规制直接限制市场主体的权利或者规定其义务，属于微观领域，不同于宏观调控。如反垄断规制是政府直接规定市场主体不得实施滥用市场支配地位的行为；准入规制是政府直接规定市场主体是否具有准入的权利以及准入的数量控制；价格规制是政府直接规定市场主体应当执行什么样的价格标准；产品质量规制是政府直接规定市场主体要完成产品质量义务。（3）政府规制的依据包括法律、法规、规章等法律规范，也包括规范性文件、行政决定等公共政策。（4）政府规制是为了实现一定的经济和社会目标。直接目标是克服市场微观失灵，更为重要的目标是实现自由竞争、公平竞争，保护消费者权利，提高特定行业的效率、产品质量、健康安全等。

鉴于政府规制的本质特点和实践状况，政府规制一般包括三个领域：（1）竞争规制，针对所有市场领域可能出现的限制竞争（垄断）、不公平竞争而直接限制市场主体的权利或规定其义务，以实现自由竞争、公平竞争；（2）经济性规制，针对自然垄断行业（电力、电信、铁路、天然气、自来水、出租车），信息不对称行业（期货、证券、保险、房地产）以及特殊行业（烟草、国防）而直接限制市场主体的权利或增加其义务，如准入规制、价格规制、退出规制、互联互通规制、普遍服务规制等。政府规制一般分为经济性规制、社会性规制和反垄断规制。[③]（3）社会性规制，为了实现健康、安全、产品质量等社会目标而直接限制市场主体的权利或者规定其义务，如安全规制、质量规制、

---

① 政府行为帮助恢复市场机制的领域主要集中在市场主体垄断、不正当竞争等妨碍竞争的情形，这被称为竞争规制。

② 政府行为越过市场机制直接控制市场主体行为，一是针对特定行业如自然垄断行业，如电力行业、铁路行业；严重信息不对称行业，如保险行业、证券行业、出租车行业等进行准入规制、价格规制、质量规制等，这被称为经济性规制；二是针对需要包含公众安全的行业，如食品药品、环境保护、特种设备、矿山安全进行的安全规制、健康规制和环境规制，这被称为社会性规制。

③ W. 基普·维斯库斯，小约瑟夫·E. 哈林顿，约翰·M. 弗农. 反垄断与管制经济学（第四版）[M]. 陈甫军，覃副晓，等，译. 北京：中国人民大学出版社，2010：5.

健康标准规制、环保规制等。我们可以看出这三个领域的政府规制均符合政府规制的本质属性，即与市场自发调节相对的，政府进行干预控制而直接限制市场主体的权利或增加其义务，实现经济社会的良好目标。由此可见，现代市场经济均是混合经济，既坚持市场调节经济优先，又重视政府规制干预、控制，两种调节手段缺一不可。

众所周知，某一行业领域的政府规制的对象是同一的，所欲解决的市场失灵问题和完成公共行政的任务也是明确的，但是不同学科研究的专业分界，导致不同学科利用不同的范畴和理论框架，对某一行业领域的问题进行研究。这种情形虽然能够深化特定学科研究，但是可能会割裂客观事物的整体，影响解决问题的效果，此种现象在行业领域的政府规制过程中普遍存在。比如针对城市公共交通领域的出租车和网约车，要解决的问题和要实现的公共行政任务是同样的，但经济学、行政学和法学的研究局限在自己的研究框架内，往往难以形成研究合力，其中的一个重要原因在于缺乏能够沟通各个学科之间的基础概念和分析框架。

随之而来的问题就是，什么样的概念能够作为沟通上述学科之间的基础概念呢？如果有这样的基础概念，又应当建立什么样的分析框架才能沟通不同学科研究以实现政府规制任务呢？本书认为，规制制度是一个能够跨越上述学科的基础性概念。鉴于规制制度的概念尚未得到普遍认可，因而本书首先论证规制制度概念的必要性和内涵，再论证规制制度的分析框架。

首先，对行业领域的政府规制问题研究往往会涉及经济学、行政学和法学等学科，虽然各个学科研究视角不同，但存在关联。经济学尤其是规制经济学研究，主要考虑到行业领域存在市场失灵，因而需要研究行业领域市场失灵产生的原因，依据经济理论和行业领域的具体技术、经济特点，探索克服市场失灵的政府规制方案，主要包括经济性规制、社会性规制和竞争性规制三个部分的内容。行政学研究主要是提炼出需要解决的公共行政问题，进而提出高质量的公共政策，有效解决公共行政问题，实现公共行政的合法性、有效性等，其中公共政策研究必不可少。法学研究主要涉及行业领域的政府规制的具体法律规范设计（包括法律化的经济手段和行政手段），以及将政府规制机关、职权、程序纳入法治化轨道，实现依法行政。

由此可见，不同学科的研究对象和要解决的问题具有内在联系。首先，政府规制与公共行政具有紧密联系，因为政府规制所要解决的市场失灵问题也属于公共行政问题；其次，政府规制与行政法具有密切联系，因为政府规制需要通过法律规范明确规制机关的法律地位、法律权力、法律义务和法定程序，明确法律效力和法律责任；再次，行政法学与经济学具有内在联系，因为法律规范的形成需要建立在经济学理论研究的成果上。由此，经济学、行政学和法学形成了内在的关联。

以网约车、巡游出租车的政府规制问题为例，不同学科的研究对象具有同一性，针对的问题具有同一性，实现的目的具有同一性，即基于网约车、巡游出租车这两个特定事物引发的问题，根据事物的属性和特征进行政府规制（既是公共行政，又是依法行政），以满足社会运力需求并保持秩序，以实现城市公共交通领域的公共利益。为此，规制经济学就网约车、巡游出租车的准入规制、价格规制、数量规制原理和手段展开研究。行政学针对网约车、巡游出租车的公共行政问题，提出有针对性的公共政策目标和政策措施。法学尤其是行政法学以合法性为核心，对制定和执行网约车、巡游出租车法律规范体系进行研究。网约车、巡游出租车的公共政策目标会转化为行政立法目的，公共政策措施需要获得法律规范授权，而政府规制中的准入规制、数量规制、价格规制等表现为相应的法律规范体系。

行业领域是一个经济社会发展中客观存在的特定经济领域，为了实现行业领域的良好治理，有必要找到一个基础性的上位概念，并在这个概念统领下，综合考虑政府规制，包含公共政策和法律规范的整体性规范体系。换言之，对类似于网约车、巡游出租车的行业领域的政府规制，有必要提出一个在宏观上统领全局的基础性上位概念和分析框架，并在其基础上提出便于分析的中观分析框架和微观分析框架。一个可行的思路是，在保持各个学科特点的基础上，寻找到具有统领作用的基础性上位概念和分析框架。

本书认为规制制度的概念能够满足这种要求。规制制度属于制度的下属概念，而制度概念在社会科学中被广泛应用。从提供行为规则的角度定义制度的方式被广泛接受，此种定义方式被广泛接受的原因在于，定义着眼制度和制度中行动的主体的关系，揭示了制度最核心的功能——作为规则体系的制度为各方主体提供了行为激励和约束，影响各方主体的行为，调整各方主体的相互关系，安排政治、经济与社会交往，并建立一定的秩序。"广义的制度包括正式的和非正式的规则，这些规则约束人的行为，决定人的激励，影响资源配置的效率，从而与经济发展相关。"① "制度是一个社会的博弈规则，它们是一些人为设计的、形塑人们活动关系的约束，基本上由三个基本部分构成，正式规则、非正式规则以及它们的实施特征。"② "制度是一系列被制定出来的规则、守法

---

① 钱颖一. 政府与法治 [N]. 中国经济时报，2003-03-28（4）.

② 道格拉斯·C. 诺思. 制度、制度变迁与经济绩效 [M]. 杭行，译. 上海：格致出版社，上海三联书店，上海人民出版社，2008：6.

程序和行为的道德伦理规范，它旨在约束追求主体福利或效用最大化利益的个人行为。""制度提供了人类相互影响的框架，它们建立了构成一个社会，或更确切地说，构成一种经济秩序的合作与竞争关系。"① "制度意味着社会的某种结构化因素，解释社会现象时有必要将焦点放在这些结构化因素上。制度约束个体行为，在制度背景下产生的个体行为具有一定的规律性。"② 政治学学者概括了制度的三种内涵，也认可制度是规则构成的体系。③ "制度乃是组织中的行为规则、常规和全部程序。政治制度是相互联系的规则和常规的集合，它们决定着与角色和处境相适应的适当行动。"④ "规则是个人在决定谁或什么包括在决策环境中，信息是如何处理的，采取什么行动，以及按什么顺序采取行动，个人行动如何转换为集体决策的过程。"⑤ 因此，从规则及其功能的角度，能够对制度本质进行比较合理的说明，从而也说明凡是具有这个特性的规则，都可以被看作制度的组成部分。

经济学、政治学、法学等学科都经常使用制度的概念来进行理论分析，探析制度如何影响人的行为。会出现这种情形是因为制度概念和相关理论涉及社会科学的经典问题，即规范、组织、文化习俗是怎样塑造个人的决策过程和结果，如何在行动者之间分配权力和利益。

制度经济学将制度看作经济运行的变量，不同性质的制度对经济运行和绩效具有巨大的影响。"我将一种制度定义为一种行为的规则，这些规则涉及社会、政治及经济行为。例如，它们包括管束结婚与离婚的规则，支配政治权力的配置与使用的宪法中所包含的规则，以及确立由市场资本主义或政府来分配资源与收入的规则。"⑥ 制度经济学者还从历史角度分析了制度对经济发展的影

① 道格拉斯·C. 诺思. 经济史中的结构与变迁 [M]. 陈郁，罗华平，等，译. 上海：上海三联书店，上海人民出版社，1994：225-226.

② 河连燮. 制度分析：理论与争议（第二版）[M]. 李秀峰，柴宝勇，译. 北京：中国人民大学出版社，2014.

③ 休·E. S. 克劳福德（Sue E. S. Crawford）和埃里诺·奥斯特罗姆（Elior Ostrom）认为，制度包括三种基本内涵：首先，制度是一种均衡，制度是理性个人在相互理解偏好和选择行为的基础上的一种结果，呈现出稳定状态，稳定的行为方式就是制度。其次，制度是一种规范，它认为许多观察到的互动方式是建立在特定的形势下一组个体对"适宜"和"不适宜"共同认识基础上的。这种认识往往超出当下手段—目的的分析，很大程度上来自一种规范性的义务。最后，制度是一种规则，它认为互动是建立在共同理解的基础之上的，如果不遵守这些制度，将会受到惩处或带来低效率。

④ 凯尔布尔. 政治学和社会学中的"新制度学派" [J]. 现代外国哲学社会科学文摘，1996（3）.

⑤ 黄新华. 政治科学中的新制度主义：当代西方新制度主义政治学述评 [J]. 厦门大学学报（哲学社会科学版），2005（3）：31.

⑥ R. 科斯，A. 阿尔钦，D. 诺斯，等. 财产权利与制度变迁 [M]. 上海：上海三联书店，上海人民出版社，1994：253.

响，认为保护产权和契约执行的制度有利于为社会提供稳定预期，有利于经济的发展。规制经济学家认为不同的规制制度给市场行为带来了不同的效果，为了提高规制对市场配置资源的效果，应当重视规制制度的研究。"通过研究市场得以运行于其中的制度框架，我们也许能更好地描述特殊的管制制度的效果。更进一步，我们也许可以对管制是否能促进市场配置做出估价，并且决定应该采用何种形式的规制。"① 可见，制度经济学和规制经济学都把制度（规制制度）作为核心范畴和重点研究。

制度一直是政治学的主要研究对象。政治制度包括国家制度、政府制度、司法制度、选举制度、政党制度等内容。从 20 世纪 80 年代开始，政治学反思了行为主义分析范式的局限，开始重视制度分析在解释现实问题中的作用，形成了新制度主义分析范式，其中主要包括理性选择制度主义、历史制度主义和社会学制度主义。② 理性选择制度主义认为要对政治现象提供充分的解释，就必须对制度进行分析，因为所有的政治行为都发生在一定的制度背景下。制度就是某种规则，该规则界定、约束了政治行为者在追求自身效用最大化时所采用的策略；遵守制度不是道德原因，符合行为主体的利益；制度是可以设计的，其结果主要取决于所设计制度内含的激励与约束。历史制度主义注重以国家、政治制度为核心来考察历史，重视制度发展过程中的路径依赖。社会学制度主义"倾向于在更为广泛的意义上来界定制度，不仅包括正式规则、程序、规范，而且包括为人的行动提供意义框架的象征系统、认知模式和道德模板等。"③

法学把法律概念、法律原则和法律规则作为法律的构成要素，虽然法学研究中人们经常提到法律制度这一概念，但是并没有对法律制度给出确切的定义，人们往往将具有内在逻辑的法律规范集合作为法律制度，比如合同法律制度是合同法律规范的集合，侵权法律制度是侵权法律规范的集合，行政处罚法律制度是行政处罚的法律规范的集合。此外，在法学研究中，人们往往也不深入辨析法律制度和制度之间的关系。在法律人的视野中，似乎制度就只是法律制度，制度的范畴内并不涉及公共政策等具有约束效力的规范。而这种理解实质上缩小了制度的范围，也导致公共政策等无法作为制度的组成部分进入法学研究的视野。一些目光敏锐的行政法学者发现了这个问题，提出了软法的概念并加以

---

① 丹尼尔·F. 史普博. 管制与市场 [M]. 余晖，何凯，钱家骏，等，译. 上海：格致出版社，上海三联书店，上海人民出版社，2008：45.

② 黄新华. 政治科学中的新制度主义：当代西方制度主义政治学述评 [J]. 厦门大学学报（哲学社会科学版），2005（3）：28.

③ 彼得·豪尔，罗斯玛丽·泰勒. 政治科学与三个新制度主义 [J]. 何俊智，译. 经济社会体制比较，2003（5）：20-29.

研究。他们注意到在具有强制效力的法律规范之外，存在着诸如公共政策、规范性文件、技术标准等不具备强制性特点但又发挥着激励和约束作用的规范体系。他们从功能角度重视这些规范实际发挥的作用，并将其纳入法学的视野。因为这些规范不具有法律的国家强制性，所以将其命名为软法。这种重大概念体系的调整没有得到法学界的广泛认可，很多学者花费很多学术精力解决这一概念争议也没有取得共识。因为增加了软法的概念，事实上将通说的法律概念缩小为硬法，导致法律概念之下硬法和软法两个子概念并存。抛开软法、硬法的概念争议，软法概念的提出启示我们，在法律规范之外还存在公共政策等规范体系发挥作用。为了更好地研究法律规范发生的作用，必须重视在法律规范之外公共政策的作用，以及公共政策与法律规范之间的互动机制。

　　鉴于以上的分析，本书认为如果要将法律规范和公共政策纳入综合视野进行研究，制度概念是一个更为合理的上位概念。理由在于，制度概念在社会科学领域如经济学、政治学、法学中得到了广泛的认可，法律规范和公共政策是制度的核心内容也得到普遍的认可。理由还在于，虽然制度概念在不同学科研究的侧重点不同，但是制度的核心特征在于通过规则为主体提供行为激励和约束，通过影响主体决策和行为来进行利益调整。制度的功能为主体提供行为激励和约束，实质是分配、调整利益，表现形式是各类规则，形成秩序，实现预设的目的。综上，将制度作为法律规范和公共政策的上位概念是一个合理的选择。

　　以巡游出租车规制为例进行分析，可以看到各个学科提出的巡游出租车规制规范都具有为特定主体提供行为激励与约束的功能，这些规范都属于制度的范畴。具体而言，为了实现科学有效的规制，规制经济学[①]认为城市交通具有潮汐化的特点，因而不能放开车辆准入，否则将导致交通高峰期车辆供给平衡，但在交通非高峰期车辆空驶情况严重的局面。巡游出租车数量供大于求，不仅产生沉没成本，而且导致司机抢夺客源和服务质量下降等问题，因此巡游出租车行业需要实行准入规制、价格规制和服务质量规制。设立准入规制是对巡游出租车进入行业的行为进行约束。设立价格规制是对司机向乘客索要打车费的行为进行约束。而设立服务标准规制是对巡游出租车的服务质量进行约束。有些国家会无偿延续服务质量好的巡游出租车牌照的使用期限，或者是为长期服务质量好的司机发放个人牌照，这个规制规范属于行为激励。公共政策学提出

---

　　① 于立认为规制经济学是产业经济学或产业组织理论的自然延伸，他认为规制经济学是以经济学的原理来系统研究政府规制活动的过程及其结果的一门新兴经济学科，由经济性规制、社会性规制和反垄断规制三部分组成。于立.规制经济学学科定位中的几个问题［J］.产业经济研究，2004（4）：1-5.

城市巡游出租车的公共政策，认为巡游出租车应定位为城市公共交通的重要辅助形式。其理由在于城市公共交通工具的作用不同，应当以人容量公交车和轨道交通为主服务市民的日常出行，而巡游出租车应当作为补充，服务高端和应急人群。在巡游出租车的数量方面，需要平衡公共交通的道路容量和市民出行需要之间的利益，巡游出租车数量应当进行动态合理调整，同时加强服务质量管理，因此赋予巡游出租车管理机关对巡游出租车的管理职权。在行为激励方面，巡游出租车运营牌照（运输许可证）的特许方式有先到先得，拍卖牌照价高者得，或者服务质量考核良好无偿获得并延续运营牌照期限。在行为约束方面，服务质量不合格的将被处罚。在行政法学方面，巡游出租车的部门规章《出租车经营服务管理规定》规定了巡游出租车的行政管理机关及其法律地位和法定职权，对巡游出租车的车辆取得运输许可证的条件和延期条件进行规定，对巡游出租车的经营服务行为提出明确的要求，并明确禁止性行为和必须履行的义务，对违反法律义务的行为规定了相应的法律责任，这些法律规范构成了对巡游出租车牌照持有人和司机的行为激励和约束。在对巡游出租车进行规制的过程中，并非只有《出租车经营服务管理规定》规定的法律规范在起作用，关于巡游出租车的公共政策文件也在发挥着激励和约束作用。比如，《出租车经营服务管理规定》中只规定了出租车运输许可证的条件，但是没有明确规制机关准许车辆进入的宽严尺度如何，什么情况下能够发放新的运输许可证。而这些是由规制机关运用公共政策的结果。一般而言，因为公共政策要求大力发展公共交通，巡游出租车作为辅助形式，很多地方的巡游出租车规制机关严格控制准许新的运输许可证，甚至有些地方很长时间不增加新的运输许可证。可见，巡游出租车的准入制度的内容应当包括《出租车经营服务管理规定》等法律规范，同时包括出租车经营牌照投放的公共政策。综上，在人类社会中，公共政策和法律规范都针对特定的对象为特定主体提供行为约束和激励，它们都属于制度的范畴，应当在制度的范畴下进行分析。

在论证完应当引入制度概念后，针对市场中的行业领域的政府规制问题，还需要引入规制制度的概念。在行业领域内，政府为弥补市场失灵，基于特定经济社会政策，依据法律规范和公共政策，对市场主体采取的准入、退出、价格、质量、互联互通、普遍服务等方面的直接干预行为，被称为政府规制。因此，针对特定行业的政府规制所制定的公共政策和法律规范所构成的制度，可以称之为规制制度。① 行业领域的规制制度应包含两类重要的规则体系：一类

---

① 制度范围具有广泛性，为避免出现理论边界的随意扩大而产生错误，本书将集中对规制制度的概念、性质和分析框架展开分析。

规则是重视问题导向和实际效果的公共政策，一类规则是稳定性和规则性更强的法律规范。公共政策与法律规范在制定主体、强制力和表现形式、调整方式和范围方面存在较大区别，但是公共政策和法律规范都作用于公共行政领域，就约束力而言，都具有明显的行为规则特征，并共同发挥激励和约束作用。[①]

更进一步来看，规制制度范畴内的公共政策与法律规范之间存在着密切关系和互动机制。从公共政策角度来看，两者的关联包括两个环节：（1）公共政策决策往往决定了法律规范内容的形成；（2）公共政策在法律规范的实施过程中继续发挥影响。从法律规范角度来看，两者的关联包括两个环节：（1）法律规范的存在对公共政策的决策和实施产生明显的约束作用；（2）法律规范的实施效果反馈会影响公共政策的后续调整。因此，法律规范和公共政策应纳入规制制度整体进行分析研究。换言之，为了解决行业领域的市场失灵，实现经济社会目标而进行的政府规制，法律规范和公共政策作为公共机关正式颁布的规则体系共同发挥调整作用，将规制制度作为两者的上位概念，有利于在整体上考察全部规则体系的实施效果。综上，针对行业领域的规制问题的解决而产生的包含公共政策与法律规范体系的制度，本书称之为规制制度。

在规制制度概念下对网约车的公共政策和法律规范进行分析研究，具有重要的方法论意义和实践意义。在方法论意义上，关注行业领域政府规制制度中的公共政策和法律规范，能够结合规制经济学、公共政策学和行政法学原理，跨越单一学科研究视野；在实践意义上，能够避免将行业领域内作为整体的规制制度分割，增强对行业领域实际存在的整体制度的解释力，实现规制制度的科学性、正当性和合法性，进而促进行业领域的发展，满足经济社会需求，实现公共治理的现代化。

二、规制制度的实质合法性属性及分析框架

在规制制度概念中联结起法律规范和公共政策之后，就有必要探析规制制度应具备何种属性才能够实现行业领域政府规制的良好目的，以及从何种维度来实现这种属性。不同学科的范畴不同，方法论不同，规制制度的属性的探析面临重大困难，具体来说：规制经济学探析政府规制是否符合规制对象的技术、经济特征，是否符合经济规律；政治学中的公共政策学探析如何调整特定行业领域中不同利益主体之间的利益，如何制定公共政策目标和手段才能解决公共问题，进而实现公共利益；行政法学强调行政机关运用行政权进行管理公共事务时，在行政组织、行政行为和行政程序等方面如何实现合法性以达到法治化

[①]　张国庆. 公共政策分析 [M]. 上海：复旦大学出版社，2005：2.

的目标。由此，我们可以看到，行业领域的政府规制往往更多强调其专业性的一面，一般不会考虑行政法治的要求。行政法学重视合法性，但是面对行业领域的政府规制过程中的专业性问题，难以完成行业领域的政府规制的复杂任务。公共政策着眼于解决所面对的公共行政的实际问题，核心在于识别、衡量、协调多重主体的利益，与政府规制的专业性、行政合法性之间既存在着一致性，又会出现抵牾之处。

关于规制制度的属性问题，我们必须考虑具有综合性的规制制度的属性应当能够涵盖其多维度的属性，本书将涵盖多维度的规制制度的属性称为实质合法性。具体而言，第一，从规制经济学角度考虑，政府规制要针对行业领域的专业问题进行规制，因而必须符合该行业领域的科学规律和经济规律才能产生规制的合规律性和合目的性，因此科学性应当作为规制制度的实质合法性的一个首要部分。第二，行业领域的政府规制的公共政策出台涉及不同利益主体之间的取舍和协调，涉及公共事务的治理，因此必须贯彻民主原则，符合民主程序，通过符合民主原则的程序而产生正当性，因此，民主性应当是规制制度实质合法性的一个必要部分。第三，在法治国家背景下，涉及行业领域不同主体的利益调整的措施，必须具备法律依据才能产生权威性和强制性。法律依据主要是现有法律制度中的法律原则和法律规则：法律原则的作用具有概括性和指导性，法律规则的作用是提供明确具体的标准。规制制度中的公共政策和法律规范都必须符合法律原则，尤其不能违反上位法的规定，因此，合法性应当是规制制度实质合法性的一个基础部分，形式合法性的要求更是底线要求。在对现有规制制度的合法性进行分析时，人们常常重视其具有刚性的不能违反上位法规定的形式合法性分析，缺乏规制制度的科学性和民主性分析，这样，规制制度往往难以取得规制治理的良好效果。因此，本书认为规制制度的实质合法性应当涵盖上述三个维度。

需要指出的是，合法性概念是多学科共用概念，具有很强的包容性和复杂性。[①] 合法性是政治学关注的核心问题，"合法性是一个包含了合法律性、有效性、人民性和正义性的概念体系，而且有效性是所有合法性理论流派的最大公约数。"[②] 对合法性的研究对理解规制制度的实质合法性具有启示。

关于实质合法性，学界从正当性、可接受性等不同角度展开研究，在一定

---

① 把合法性当作一个核心概念，是现代政治学的一个贡献。马克斯·韦伯的著述不仅是关于合法性研究的经典文献，而且主导了现代政治学和社会学领域的合法性。在当代政治社会学中，明显存在着合法性的经验理论与规范理论二元化的张力。胡伟. 在经验与规范之间：合法性理论的二元取向及意义 [J]. 学术月刊，1999（12）：77-88，8.

② 杨光斌. 合法性概念的滥用与重述 [J]. 政治学研究，2016（2）：2-19.

程度上证成了实质合法性。例如，有学者从实质正当与形式合法对比角度，揭示探索实质性问题的重要性。"通过制定法律规范建立的仅仅是形式合法性，是飘浮于表层的东西，真正强而有力的、稳定的社会秩序的形成必须依赖于实质正当性的追问。实质正当性才是形式合法性的根基，离开对实质性问题的探索，形式合法性下的社会秩序就犹如水中浮萍，随波逐流。"① 有学者从法律实践需要的正当性理由的角度论证了法律应当具有的内在属性。人们在法实践过程中产生了相对独立的需要，可被描述为"正当性需要"。它意味着立法、执法、司法、守法每个环节都必须指向正当性，法实践主体的每一个行为、决定、裁判都必须被认为是或宣称是"正当的"，法实践前进的每一步都需要正当性理由。② 有学者从可接受性角度论证实质合法性，沈岿教授提出通过可接受性判断政府行为的合法性，并提出了开放反思型的法治主张以解决可接受性的问题。③ 还有学者从哲学角度提出了制度评价标准，与本书提出的实质合法性属性具有相通性。"哲学视野中的制度评价需要确立三个标准：合理性标准、合法性标准和现实性标准。制度的合理性标准是指制度的内容是否符合制度的内在规律，着眼于制度效率；制度的合法性标准是指制度是否具有存在的法理基础，制度的价值选择与目标定位是否与社会发展要求相适应，着眼于制度公正；制度的现实性标准则是指制度是否具有可实现性和可操作性，制度实施成本的高与低，着眼于制度的实现能力。"④ 上述关于制度属性的研究对于规制制度的实质合法性的界定，具有重要的启示意义，其核心要素被吸引进实质合法性的考量范围。

关于规制制度的实质合法性分析框架问题，王锡锌教授通过经典论文首先提出公共行政的实质合法性的分析框架，这对本文的规制制度的实质合法性概念和分析框架具有重要启示。王锡锌教授认为公共行政的实质合法性是指在形式合法性分析之外，加入民主参与的程序理性维度，以实现民主正当性。⑤ 行政的民主化和科学化，正是探求现实情境中新的合法化资源的努力。⑥ 朱新力、梁亮认为需要一种面向公共行政实务、关注合法性与最佳性二维面向、关注行

① 郑春燕. 当合法性遭遇正当性：以施米特宪法思想中的对抗论为背景 [J]. 浙江学刊，2004 (4)：121-126.

② 郭晔. 法理：法实践的正当性理由 [J]. 中国法学，2020 (2)：129-148.

③ 沈岿. 因开放、反思而合法：探索中国公法变迁的规范性基础 [J]. 中国社会科学，2004 (4)：102-114.

④ 辛鸣. 制度评价的标准选择及其哲学分析 [J]. 中国人民大学学报，2005 (5)：95-102.

⑤ 王锡锌. 行政正当性需求的回归：中国新行政法概念的提出、逻辑与制度框架 [J]. 清华法学，2009 (2)：100-114.

⑥ 王锡锌. 行政法治的逻辑及其当代命题 [J]. 法学论坛，2011 (2)：54-58.

政全流域的新行政法，以弥补传统行政法的不足。① 湛中乐、高俊杰提出现代行政决策过程必须是"民主决策、科学决策和依法决策"的有机结合。民主决策指向行政决策的民意基础，科学决策指向行政决策的技术理性，而依法决策则包含形式合法性和实质合法性两重含义，其中形式合法性是民主决策和科学决策的保障，而实质合法性则是科学决策和民主决策的最终目标。② 宋华琳提出随着行政法学的发展和时代的变迁，在恪守行政合法性的前提下，应以宪法为依归，去追求"正确性"的目标，探究如何改革行政行为形式，依法有效实现行政任务。③ 这些研究面向公共行政变迁和公共政策决策，呼吁行政法学研究应当更为关注实质合法性问题，行政法学应当从科学性、民主性和形式合法性三个维度加强对公共行政的实质合法性的问题的研究。

在王锡锌教授的公共行政的实质合法性分析框架中，公共政策与法律规范并没有明确区分，因此实质合法性的分析更多的是针对公共行政的宏观探析。本书借鉴了这一分析框架，并将之引入规制制度，提出规制制度的实质合法性属性和分析框架。与王锡锌教授的分析框架不同的是，本书的规制制度实质合法性的分析框架，以规制制度的概念为依托，规制制度涵盖公共政策和法律规范体系，因此，这种宏观规制制度的分析框架有助于关联中观层次的分析，即在中观层次探究公共政策与法律规范的互动关系；也有助于关联指导微观层次的分析，即在微观层次对规制制度的具体规则体系展开比较细致的分析。这种制度框架不仅能够分析公共政策，而且能够深入法律规范体系进行分析，具有良好的包容性和层次性。

鉴于本书提出的规制制度的实质合法性包括科学性、民主性和合法性三种属性，规制制度的实质合法性的分析框架应当包含三个维度：科学性、民主性和法治化。这三个分析维度具备不同的功能：（1）科学性的要求指向规制制度形成的技术合理性，具有合规律性和有效性；有学者将法律的科学性归入合理性的要求，实质上也是强调其合规律性。"与合法性和道德性相区别的合理性的基本含义是合乎规律性、合乎真理和科学。"④ 黑格尔认为"合理性按其形式就

---

① 朱新力，梁亮. 公共行政变迁与新行政法的兴起［J］. 国家检察官学院学报，2013（3）：113-120.

② 湛中乐，高俊杰. 作为"过程"的行政决策及其正当性逻辑［J］. 苏州大学学报（哲学社会科学版），2013（5）：80-86.

③ 宋华琳. 宪法引导下的行政行为形式改革［N］. 中国社会科学报，2019-05-08（5）.

④ 严存生. 合法性、合道德性、合理性：对实在法的三种评价及其关系［J］. 法律科学，1999（4）：14-20，38.

是根据被思考的即普遍的规律和原则而规定自己的行动。"① 裴洪辉通过对自然科学、社会科学、一般实践活动的考察，提炼出了两种科学意涵：第一种是建立在"事实性"基础上的"合规律性"，第二种是建立在"有效性"基础上的"合目的性"，目的是解决如下两个问题：是否对事实的背后的规律达到清晰的认知，以及在事实基础上采取的手段是否能有效地实现目的。② 裴洪辉针对社会科学领域的科学性问题提出的见解给予本书重要启示，本书中将科学性主要定义为合规律性和有效性。(2) 民主性的要求指向规制制度的民意基础，具有正当性；实质合法性中的民主性具有重要意义，哈贝马斯的法律合法性思想在西方合法性思想中独树一帜。它并不是以伦理道德或者法律文本来论证法律的合法性，而是将商谈民主作为法律获得认同和尊重的终极理由。③ "法律必须是合法制定的才能有效支撑政治系统的合法性，而合法制定就意味着民众在商谈的程序中达成观点的一致，从而形成作为法律存在的普遍性规范。"④ (3) 法治化的要求指向规制制度符合法律原则和法制统一性。法治化为科学性、民主性提供基础，而实质合法性则是规制制度的最终目标。⑤

有学者在制度合法性分析框架上加上了正义性的要求，提出了"合法性之四维，合法律性、有效性、人民性和正义性。正义性制度不但可以框定人民性，也是衡量合法律性和有效性的标准。"⑥ 正义性对于社会政治制度具有极端重要意义，"正义是社会制度的首要价值，正像真理是思想体系的首要价值一样。某些法律和制度，不管它们如何有效率和有条理，只要它们不正义，就必须加以改造或废除。"⑦ 但是正义性更多着眼于整体性政治社会制度，对于行业领域的政府规制而言过于宏观。如果能够实现包括科学性、民主性和法治化的实质合法性，其制度本身的实质合法性也不排除正义与正当的属性，因此本书没有采用正义性的属性。

引入规制制度实质合法性分析框架，目的是呼吁行政法学应当从科学性、民主性和法治化三个维度整体研究规制制度的属性和要求，在恪守行政合法性

---

① 黑格尔. 法哲学原理 [M]. 范扬，张企泰，译. 北京：商务印书馆，1979：254.

② 裴洪辉. 合规律性与合目的性：科学立法原则的法理基础 [J]. 政治与法律，2018 (10).

③ 闫斌. 哈贝马斯法律合法性思想研究 [J]. 政法论丛，2015 (4).

④ 哈贝马斯. 在事实与规范之间：关于法律和民主法治国的商谈理论 [M]. 童世骏，译. 生活·读书·新知三联书店，2003：168.

⑤ 郭晔指出，形式合法性虽然具有规范性和程序性的优点，但也存在问题。"如果把法治局限于形式主义的程序性法治，就可能把人和社会沦为手段。而当人的尊严被虚掷，法治的尊严也便荡然无存了。"郭晔. 法理：法实践的正当性理由 [J]. 中国法学，2020 (3)：129-148.

⑥ 杨光斌. 合法性概念的滥用与重述 [J]. 政治学研究，2016 (2)：2-19.

⑦ 约翰·罗尔斯. 正义论 [M]. 何怀宏，译. 北京：中国社会科学出版社，1998：3.

的前提下，实现行政任务的合规律性和有效性，形成过程的正当性，以应对当代公共行政转型，提高公共治理水平的需要，弥补传统行政法的制度解释力缺乏的问题。规制制度的实质合法性的分析框架的价值体现在如下两个方面：首先，这一分析框架全面反映了规制制度涉及的内容及范围。规制制度包含行业领域规制的专业内容，涉及法律规范和公共政策两种规范，避免了仅仅关注法律规范，忽略行业领域政府规制的理论以及公共政策。其次，实质合法性分析框架的最大贡献在于：（1）规制制度分析的宏观层面的实质合法性包含科学性、民主性和法治化三个维度；（2）规制制度分析的中观层面包含公共政策和法律规范体系互动机制分析；（3）规制制度分析的微观层面包含行业领域政府规制的专业原理和内容。总体来看，微观层面的行业领域的专业原理和知识能够提供科学性，能够被公共政策和法律规范体系所吸收，加上民主性和法治化，最终能够实现规制制度的实质合法性。最后，规制制度的实质合法性分析框架引入行业领域政府规制的科学性要求，与行政法的合理原则具有本质相关性。行政法中合理性原则在行政立法和行政决策中具有特别重要的意义，而所谓的合理性就包含科学性的基本要求，例如《中华人民共和国立法法》中要求制定的法律具有合理性就被表述为科学合理。[1] 而行政决策制定的规范性文件的内容合乎理性，即规范性文件除了合乎上位法之外，还应当具备其他的正确性标准，[2] 其他的正确性标准就应当包括科学标准。

　　综上，规制制度的实质合法性的三个分析维度，构成了宏观的分析框架，为对规制制度的属性分析提供了宏观指导。而如何实现公共政策内容的科学性、程序的民主性和法律规范的法治化，需要着眼公共政策与法律规范互动机制，需要提出中观分析框架，并进一步提出微观方面政府规制的分析框架，将宏观实质合法性落实。

三、中观分析框架：公共政策与法律规范互动机制分析框架

　　在具体行业领域内，规制制度由公共政策与法律规范体系共同构成。[3] 公共政策与法律规范体系均发挥作用，同时两者之间存在着复杂的互动关系。不同行业领域的规制制度中的公共政策与法律规范之间的具体内容差异较大，但

---

　　① 《中华人民共和国立法法》第六条提及："立法应当从实际出发，适应经济社会发展和全面深化改革的要求，科学合理地规定公民、法人和其他组织的权利与义务、国家机关的权力与责任。"

　　② 王锴. 合宪性、合法性、适当性审查的区别与联系 [J]. 中国法学, 2019 (1): 5-24.

　　③ 在行业领域出台公共政策必须建立在政府规制原理和行业专门理论基础上，行业领域的政府规制涉及的规制理论和行业专门理论属于基础层次，要在微观层次分析行业领域的政府规制专业原理。公共政策和法律规范属于建立在其上的层次，本书首先在中观层次集中探析公共政策与法律规范的关系。

是总体而言，其中核心的互动关系呈现出一定的规律性，通过其实际发生作用的过程来看，可以描述为如下分析框架。

首先，公共政策决定了法律规范体系的基本内容。公共政策的目标和主要措施在很多情况下通过立法程序转化为法律规范体系，并由法律规范体系直接规制对象，这种法律规范体系的目标和主要内容与公共政策具有本质上的一致性，只不过法律规范体系的主要内容需要细化为法律条文的形式；纵观我国的行业领域的重大的法律制度，其法律规范的制定和修改往往都体现了相关公共政策的目标和主要措施。如我国《中华人民共和国土地管理法》的修改在农村土地承包制度中引入土地"三权分置"，即形成农村土地的所有权、土地承包经营权和土地经营权的格局，而这一重大法律规范体系的修改直接体现了中央土地政策的目标和主要措施。此外，如税收领域的《中华人民共和国营业税暂行条例》的停止使用乃至废止，直接来源于中央政府的营业税改为增值税的"营改增"的政策。此种情况在经济领域非常普遍，因此经济法学的教材中在概括经济法特点时明确其具有很强的政策性。

其次，公共政策在法律规范的实施过程中发挥作用。公共政策不仅影响着法律规范体系的制定，而且在法律规范实施过程中，已经出台的公共政策和后续出台的公共政策会增强、减弱和改变部分法律规范的作用。在行业领域内，不仅法律规范体系在发挥作用，公共政策也在发挥作用，而且法律规范体系发挥作用时还考虑公共政策的要求；例如《中华人民共和国道路交通安全法》中的法律规范对驾驶人酒驾和醉驾做出了明确规定，但是 2009 年公安部在全国开展的严厉整治酒驾交通违法行为专项行动的"四个一律"的公共政策强化了《中华人民共和国道路交通安全法》的执行，所有处罚均不考虑裁量，直接按照罚则的最高限处罚。"该类执法政策作为一种行政裁量基准，在行政中司空见惯且反映着行政生态，与传统行政法治共同构成面向公共行政的规则体系，与法律法规有着形式上的离散性和功能上的互补性。"[①]

再次，已经生效的法律规范对公共政策的形成具有约束性。公共政策的决策必须符合法制统一性，不违反上位法的规定，而不违反上位法的规定只是消极的依法行政，除此之外，公共政策还必须符合法律规范中蕴含法律价值的法律原则，如比例原则、正当程序原则、信赖保护原则等。在法治国家的背景下，任何公共政策的决策都需要符合已有法律规范体系的约束。自 2019 年 9 月 1 日起施行的《重大行政决策程序暂行条例》（中华人民共和国国务院令第 713 号）

---

① 冯威. 行政法治视野中的执法政策：以公安部治理酒驾的"四个一律"为例［J］. 山东大学学报（哲学社会科学版），2011（6）：100-104.

明确提出："做出重大行政决策应当遵循依法决策原则，严格遵守法定权限，依法履行法定程序，保证决策内容符合法律、法规和规章等规定。" 鉴于不少规制机关在公共政策制定过程中存在不符合依法决策原则的情况，如何实现依法决策是一个重大的问题。

最后，法律规范的实施效果反馈促进公共政策的优化、调整。法律规范体系实现的效果会反馈给行业领域的政府规制机关，如果法律规范体系实施效果不佳，而根据上文分析，很多法律规范内容是被公共政策决定的，那么必然说明公共政策的目标和措施存在问题，为此，应当优化或调整公共政策，并再次调整法律规范体系。

经过调整的法律规范进行新一轮的执行过程，上述四个互动环节又开始了新的循环，周而复始，形成了规制制度中的公共政策与法律规范体系的互动。这种规制制度中的互动具有规律性，且具有自动实施的特点，因而形成了一种机制，本书称之为公共政策与法律规范体系的互动机制。

根据上述公共政策与法律规范互动机制的分析框架，我们以网约车规制制度为例展开论述。就第一环节公共政策决定了法律规范的基本内容而言，网约车的公共政策决定了网约车法律规范的主要内容和内在逻辑。公共政策学已经发展出多种公共政策分析模型，一般而言，公认的公共行政的分析模型有"制度主义分析模型、过程分析模型、理性主义分析模型、渐进主义分析模型、团体理论分析模型、精英分析模型、公共选择分析模型、博弈论分析模型这八个广泛应用的分析模型"。[①] 我们选择若干公共政策分析模型来分析。

在网约车政府规制问题上，各个群体的利益冲突特别明显，如何调整利益成为网约车公共政策和法律规范体系的重点，[②] 而公共政策分析模型中的"团体理论分析模型"主要着眼团体利益的分配，所以我们选择团体理论分析模型分析网约车公共政策如何进行利益调整。网约车公共政策涉及五个重要团体的利益需求调整：网约车与巡游出租车团体的利益冲突，社会群体普遍对乘车安全的利益需求，网约车执法机关维护秩序的利益需求，城市打车群体对打车便捷的利益需求，以及网约车平台公司发展的利益需求。这五个利益需求难以兼顾，而前三个利益冲突代表的群体影响巨大，利益需求关联的社会稳定性最为迫切，因此公共政策决策者只能优先解决了前三个团体的利益需求，即优先关

---

① 托马斯·R. 戴伊. 理解公共政策（第十二版）[M]. 谢明，译. 北京：中国人民大学出版社，2011：11-24.

② 在本质上，公共政策和法律规范主要确定利益分配的规范，因此公共政策分析模型中对利益分配的理论模型，如团体理论分析模型具有基础性地位和普遍的分析力。法律规范的制定往往会具有路径依赖的特性，公共政策分析模型中的渐进主义分析模型，在分析相似制度时具有很强的解释力。

注网约车与巡游出租车群体的利益、社会公众对乘车安全的利益、网约车执法机关维护秩序的利益，而要优先照顾这些利益，必然不能对网约车实施宽松的市场化规制，因此网约车公共政策决策必然会严格控制网约车的发展。而基于公共政策分析模型中的"渐进主义分析模型"，可以分析公共政策决策者沿用现有出租车制度设计网约车法律规范的原因。因为现有的巡游出租车法律规范能够很好地起到秩序规制作用，相对稳妥和便捷，虽然巡游出租车行业存在一些服务和质量问题，但总体而言，巡游出租车行业运行稳定，规制机关正常执法监管。因此，网约车规制的法律规范基本沿用巡游出租车规制的法律规范，也主要采用事前许可制度，分别设立平台公司经营许可、车辆运营许可、驾驶员许可制度。

行政法学者需要学习掌握公共政策的分析模型，理解公共政策的形成过程和核心内容，预见公共政策实施效果，目的是在公共政策转化为法律规范的过程中符合法律原则和上位法规范。公共政策的形成和决策主要是一个政治过程，行政法学者的本职是以法律专家的身份提出法律建议，之所以行政法学者需要具备一定的公共政策研究的能力，是因为行政法学者不能只谈法律和形式合法性，而成为不懂行业领域政府规制所涉及的公共政策和专门知识的门外汉。需要注意的是，公共政策分析时不能忽视对法律规范本身的分析。虽然公共政策决策对法律规范的形成起决定性作用，但是法律规范才是规制网约车的法律依据，具有法律效力，因此应当运用法教义学方法，对法律规范内容进行分析，准确理解其逻辑结构和法律含义。如果只关注公共政策研究，忽略对法律规范的法教义学分析，不仅法律研究将偏离法学的学科属性，而且公共政策对法律规范的影响分析也难以准确。

四、微观分析框架：行业领域的政府规制具体制度分析框架

行政法学者为行业领域的政府规制进行法治化制度建构，必须掌握行业领域政府规制的理论和分析框架。行业领域中政府规制的微观分析框架是实现科学规制的基础，建立政府规制制度的微观分析框架有利于对行业领域的政府规制展开规范分析，有利于提出行业领域的政府规制目标和规制措施，有利于制定行业领域政府规制的公共政策和部门行政法的法律规范，进而建构具有实质合法性的政府规制制度。

根据政府规制理论，结合行业领域所具有的专门知识，行业领域的政府规制制度的分析框架应当包括如下环节：（1）规制对象特征分析；（2）规制对象外部环境和社会需求分析；（3）规制需求原理分析；（4）规制目标、规制原则分析；（5）具体规制措施分析。具体理由如下：第一，规制对象是政府规制的

直接对象和出发点，规制制度必须结合其技术、经济特征，才能准确把握其性质，以便发现其优势，了解其缺陷，因此这是分析框架的第一部分；第二，规制对象的外部环境是规制对象存在的社会环境，社会环境是市场主体的活动空间，规制对象的特性是否符合经济规律，需要从对象和环境之间的关系来判断。外部环境中包含着社会需求，市场经济中的行业领域的基本规律离不开供给和需求关系的把握，分析目的之一是考察在这个环境中的社会需求。如果规制对象不符合社会需求，将难以获得认可，规制制度难以具备民主性；外部环境中包含着约束条件，如果不顾及外部约束条件，针对规制对象的规制目标和原则将难以实现，规制制度缺乏可行性，因此规制对象的外部环境是分析框架的第二部分；第三，规制需求原理分析为政府规制政策提供理论依据，解决是否需要规制，为什么要规制，以及如何规制等问题。① 政府规制的核心内容包括准入规制、退出规制、价格规制、质量规制、数量规制、安全规制等。网约车规制需求原理分析也需要回答上述问题，比如是否需要数量规制，理由是什么。规制需求原理分析是整个分析框架的关键，建立在规制对象特征分析和规制对象外部环境分析的基础上，为规制政策目标、原则的形成提供理论依据，因此规制需求原理分析是第三部分；第四，规制目标、规制原则分析，是指公共政策决策者制定规制政策的目标和实现目标的原则，为构建具体规制制度提供方向性的指导，因此规制规制目标、规制原则分析是第四部分；第五是具体规制措施分析，应根据规制目标、结合规制需求原理提出规制制度的具体规制措施，这部分内容将通过立法程序转化为法律规范，因此具体规制措施分析是最后一部分，并构成规制制度的主要内容。

为进一步说明该微观分析框架的内容，我们运用这一微观分析框架，初步对网约车的政府规制展开分析。

首先是规制对象特征分析，规制对象的特征主要涉及网约车的技术和经济方面的特征。各个行业领域的政府规制制度之所以不同，主要原因在于规制对象的技术、经济特征的不同。从根本上而言，规制对象的技术、经济特征是规制制度的基本起点。网约车内部存在着专营网约车、兼营网约车和拼车网约车（顺风车）三种类别，专营网约车、兼营网约车和拼车网约车在技术、经济特征方面具有相同点，所以被归为网约车。但专营网约车、兼营网约车和拼车网约

---

① 规制需求分析重在探讨对行业领域进行政府规制的原理。规制需求分析首先要回答为什么进行政府规制，即规制原因分析。规制公共利益理论作为一种规范分析被普遍接受，说明规制存在的目的是解决市场经济中广泛存在的外部效应问题和信息失灵问题，并纠正市场失灵和不公平行为，满足公众需求和公共利益。

车在技术、经济特征方面又具有明显的不同点，所以政府规制的具体制度会存在着较大的差别。具体而言，（1）专营网约车的车辆专门用于网约车运营，司机以开网约车为职业，借助网络平台交易，接受网络平台的管理，具备很多不同于巡游出租车的特征，属于互联网经济范围，但不属于共享经济的范围。对专营网约车而言，其技术特征表现为，通过互联网技术精确匹配车辆供需，车辆供给的数量能够根据市场需求动态调整；其经济特征表现为，使用专营车辆职业化经营，车辆和司机工作成本较高，车辆和司机准入条件较高，背景安全和运营安全受到严格安全规制，受到网约车平台严格管理。（2）兼营网约车主要在私家车日常出行过程中顺道捎带乘客，司机主要不从事运营，体现共享经济的属性。兼营网约车在技术方面的特征与专营网约车相同，也是通过互联网技术精确匹配车辆供需，车辆供给数量能够根据市场打车需求动态调整；在经济方面特征方面，兼营网约车在正常出行过程中顺道搭载乘客，通过共享车辆提高了城市道路资源和车辆的利用效率，要能够保证车辆及人员安全，其他方面要求不需太高，受到网约车平台的管理较宽松；（3）拼车网约车是私家车主预先发布路线和时间，与路线基本相同的乘客协商一致后再出行。拼车网约车在技术方面也是通过互联网技术精确匹配车辆供需，车辆供给和拼车需求具有相关性和动态性；在经济特征方面，拼车网约车是私家车，在较长出行路线尤其是长途路线中提供运力，共享车辆和道路资源。拼车网约车需要提前固定路线、出行时间，因而适用条件比较苛刻，可提供运力较少，市场中存在数量较少。拼车网约车在较长路线的行驶过程中，需要车辆和司机安全条件保障。数量和价格无须规制，可以进行私家车主提供拼车的次数规制。

其次是规制对象的外部环境和社会需求分析。外部环境的需求因素是，城市公共交通由多种方式构成，大容量公交和地铁等公共交通的需求量巨大，对作为公共交通的辅助形式的巡游出租车和网约车的需求也非常巨大。城市公共交通的巨大的需求既要求政府提供充分的大容量公交和轨道交通，又需要合理增加巡游出租车和网约车的数量，同时需要维持一定的运行秩序。外部环境的约束条件是，城市道路资源增长速度低于需求速度，道路资源紧张，城市交通具有潮汐化特点，私家车数量不断上升，巡游出租车行业建立起严格的规制制度，出租车数量受到严格控制，数量和服务质量难以适应社会需求。网约车的规制制度目标和主要措施必须考虑社会需求和城市交通的外部环境约束条件。此部分分析意图在于，通过准确描述约束条件和需求因素，为下一步规制需求原理分析提供客观依据。

第三是规制需求原理分析。网约车的规制需求原理分析目的在于探析网约车科学规制的原理。提炼网约车行业领域的规制需求原理，既要立足网约车的技术、经济特征，又要不脱离网约车外部环境的约束条件。创新并非决定性的，有些创新利弊共有。就网约车而言，不能因为网约车是创新事物，就要无条件满足网约车的发展，因此必须坚持客观具体分析，探寻符合其规律性的规制之道。具体而言，网约车的技术、经济特征不同于巡游出租车的技术、经济特征。网约车通过互联网平台，借助信息技术精准匹配乘客和车辆之间的信息，加上存在数量可以调节的专营网约车、众多兼营网约车和少量的拼车网约车，因此在巡游出租车行业内普遍存在的数量规制和价格规制的难题对于网约车而言不再存在。专营网约车快捷、精确接收打车信息，如果城市中运力缺乏，专营网约车就投入运营。如果打车需求下降，专营网约车就暂时停止运营。因此专营网约车能够完全接受市场调节，不需进行数量规制。专营网约车只能进行网络打车，无法巡游揽客，车辆投入成本和司机成本均需要接受市场调节，因此价格可以接受市场调节。高峰期打车需求高，市场上供需发生变化，打车价格会通过网约车平台进行增加，价格上涨会抑制一部分不是必须打车的乘客；低谷期打车需求低，市场上供需发生变化，打车价格也会通过网约车平台降低，价格恢复原来水平又会吸引一批乘客；因此专营网约车的价格一般无需规制。专营网约车需要重视安全规制，对专营网约车的司机的安全背景必须提出较高要求，对行车过程中保护乘客安全提出必要的要求，如视频和录音记录和便捷的报警方式，同时要对车龄和里程提出较高要求。兼营网约车利用其正常出行过程中顺道搭载乘客，高峰期私家车大量出行，能够增加运力，低谷期出行较少，运力自然减少，因此，兼营网约车的运力提供符合城市交通潮汐化特点，不需要进行数量规制。兼营网约车的价格一般用于分担油费等必要成本，愿意提供顺路带人的私家车并非以运营为职业，价格方面以适当弥补为核心，不以追求利润为核心，因此兼营私家车通过网约车平台自行规定合理的价格即可，不需政府规制机关进行价格规制。兼营网约车需要进行接单数量规制，目的是防止私家车变成专营网约车，因此需要控制私家车每日接单的次数。兼营网约车应当重视安全规制，兼营网约车的司机来源多元化，背景复杂，为保护乘客安全，打消乘客乘车的顾虑，需要对兼营网约车的司机进行安全背景审查，防止有故意犯罪记录、严重违反交通法规、严重扰乱社会治安受到行政处罚的人员从事兼营网约车运营。拼车网约车数量较少，主要是私家车主长途或较长路线出行时，提前发布路线和时间，为预期出行的同路人提供出行服务。拼车网约车长途出行需要强调司机安全规制和车辆安全规制，而价格、数量和准入均无须特别规制。

第四，网约车规制目标应当是为城市公共交通提供运力，满足社会需求，维持城市公共交通的正常秩序，保证有序运行。网约车的规制原则包括市场化原则、安全和责任保障原则、分类规制原则、差异化原则、政府规制与企业自我规制相结合原则、公平竞争原则。市场化原则是指网约车和巡游出租车的发展在根本上都属于市场经济范围，首先要尊重市场规律、满足市场需求。市场发展过程中，创新事物不断涌现，如果能较好满足市场正当需求，就予以肯定和支持。网约车是网络经济和共享经济的产物，符合社会需求，应当鼓励支持。安全和责任保障原则是指要重视司机、车辆安全规制，保护乘客合法权益，要明确网约车事故责任主体，防止出现责任真空，保护乘客合法权益。分类规制原则是指网约车内部存在专营网约车、兼营网约车和拼车网约车等技术、经济特征不同的三大类别，特征方面存在重大差别，政府规制应当体现分类性，以发挥各自的优势。差异化原则是指网约车（尤其是专营网约车）和巡游出租车具有不同的技术、经济特征，应当根据其特点进行差异化规制，以发展各自的优势。政府规制与企业自我规制结合原则是指充分利用政府规制和企业自主规制的优势，保障秩序，提高效率。公平竞争原则是指为了维护市场秩序，防止网约车平台公司利用资本优势和技术优势获得市场支配地位，违反《中华人民共和国反垄断法》，抢占市场，采用价格战进行掠夺性定价，利用数据技术对消费者进行价格歧视（大数据杀熟），利用平台优势对网约车司机高额抽成，以及违法进行经营者集中。

第五是具体规制制度分析，政府规制分为经济性规制、社会性规制、反垄断规制：基本思路是放开经济性规制，包括准入、数量和价格规制；重视社会性规制，包括乘客安全规制、个人信息保护规制、运输责任规制、保险规制；重视反垄断规制。应对专营网约车、兼营网约车分别制定准入、安全、价格、公平竞争方面的具体规制措施。对拼车网约车而言，需要像兼营网约车那样进行车辆安全和司机安全规制，而在其他方面较为宽松。

对网约车行业领域的政府规制微观分析的作用是，依据规制原理提出符合科学性的规制目标和任务，在公共政策出台过程中应当将上述规制构想吸收，作为制定公共政策的科学依据，并在符合法治化要求下转化为网约车的法律规范体系。

上述三个分析框架的逻辑顺序排列是从宏观到中观再到微观，而实际分析顺序是从微观到中观再到宏观：先从微观上分析政府规制网约车的原理和内容，追求政府规制的科学性；再把政府规制网约车的内容吸纳进网约车的公共政策，在此过程中要体现公共政策制定的民主性，以便更好地协调各方利益，满足正当性；最后在公共政策决策基本形成后，要通过立法程序形成法律规范体系，此过程要符合法治化的要求，接受法律原则和法律统一性的约束，完成法律主体的权利义务的规定。公共政策在转化为法律规范体系时要符合法治化的要求，因此法律规范体系形成并非完全照搬公共政策，其中存在着优化、取舍和变更。

需要说明的是，行政法学者运用行业领域的政府规制制度的分析框架需要掌握政府规制理论和所涉及规制行业的专业知识。上述理论和知识对行政法学者构成重大的知识挑战。如果缺乏这些理论知识，行政法学者为公共行政提供法律分析时将会隔靴搔痒或瞎子摸象。规制"是指依据一定的规则，对构成特定社会的个人和经济主体的活动进行限制的行为"。① 规制以解决市场失灵、维持市场经济秩序为目的，基于规则对市场及相应经济活动加以干预和控制。② "政府规制理论为现代行政法学提供了一个强有力的分析工具，有助于革新传统行政法的概念架构和理论体系，建立起对真实世界行政过程有解释力的现代行政法学体系。"③ 行政法，尤其是部门行政法需要重视政府规制理论。行业领域的政府规制有三个要点："政府规制更关注事前的行政过程，关注规制政策的形成和实施，关注行政任务的实现"，"政府规制更为关注实体行政领域，关注法律实施的合理性，关注在法治框架下政府如何更为有效地规制市场和社会，如何形成更为理想的公共政策"，"政府规制要考察正式的法律要求与实际的法律运作之间的关联，关注规制法律和政策的实施。"④ 可见，对行政法学者而言，在完成行政任务的公共行政改革背景下，政府规制理论必然要与行政法结合，而行政法学必然要吸纳政府规制理论。

需要注意的是，行政法学引入公共政策分析和政府规制分析具有较大的学术风险，同时行政法学必须坚守本学科的属性，在参与公共政策分析和政府规制专业性研究后，要能够回归法学的规范属性。首先，要注意行政法学引入公共政策分析和政府规制分析要面临的风险和困难。行政法学参与公共政策活动，目标是实现行业领域的行政法的合法性和良好的治理效果，但是在政府规制和公共政策领域穿行，行政法学者现有的法律知识储备和技术，极易陷入尴尬的境地，主要体现为缺乏专业知识、信息欠缺、分析技能落后。此外，行政法学必须意识到参与公共政策分析真正的目标在于完善部门行政法，实现良好的治理，必须回归法律的专业角度，尤其是规范法学的立场。

法律是分配社会主体的权利、义务和责任的规范，人们制定法律时不具备专业领域的知识就难以深刻认识所调整的对象并进行有效的规范。随着政府规制的专业领域知识越来越深入，行政法学者专业知识的落后问题越来越明显，

---

① 植草益. 微观规制经济学 [M]. 北京：中国发展出版社，1992：1.

② 英娟. 政府监管机构研究 [M]. 北京：北京大学出版社，2007：22.

③ 朱新力，宋华琳. 现代行政法学的建构与政府规制研究的兴起 [J]. 法律科学，2005（5）：39-42.

④ 宋华琳. 论政府规制中的合作治理 [J]. 政治与法律，2016（8）：14-23.

这是逆流而上参与公共政策的行政法学者的最大的困难。这种困难将导致其参与政府规制、公共政策时的力所不及甚至幼稚，因此，一方面要重视专业领域的基本原理和发展动态，另一方面要借助科学专家顾问的力量。可供借鉴的是，美国行政法学者或者法官往往具有政府规制所需要的专业领域知识，布雷耶大法官专长风险和能源规制，皮尔斯教授专长电力和天然气市场规制，夏皮罗教授以职业安全和卫生规制见长。"如果不对特定技术、技术的效用、技术的风险等有所了解，是很难应对这些问题的，更不能给出一个适度实现技术有效性的规范框架。试想，信息、网络、数据、人工智能正在声势浩大、铺天盖地地迎面走来，以很难预测的速度改变着周围一切，我们是不是还认为，行政法学仍然只需在合法性维度上拓展和深入？"此外，进行公共政策参与，获得相关信息也是重要问题。公共政策决策往往建立在数据信息分析的基础上，而行政法学者更多的是规范分析，缺乏实证研究和数据分析能力，因此，要提高数据分析能力。可行的方法是借助政府部门和公共数据咨询机构的研究报告，必要时联合数据分析专家参与研究，比如网约车规制制度的政策分析需要借助权威机构的调研报告，申请政府主管部门公开政府信息。

行政法学者在政府规制领域的公共政策分析方面肯定会出现水平较低的问题，而公共政策分析具有多种模型，分析具有极强的政治性和技术性。行政法学的公共政策分析目的，不是给出完美的公共政策的分析研究，而是能够发现公共政策目的和措施的明显不妥之处。其主要目的是结合行政法总论中的公法原则和合法性规范，在公共政策转化为法律规范环节，实现形式合法性和实质合法性的统一，而非陷入专业原理和知识中迷失法学的自我。"寻求社会治理之良策是部门行政法学的初级使命，推动行政法制之创新是部门行政法学的次级使命，而反哺总论体系之更新则是部门行政法学的终极使命。行政法学者的学术目光始终往返于部门行政法与行政法学总论之间，真正实现合法行政时代向良好行政时代的嬗变。"[①] 行政法学完成与公共政策的沟通工作，将为实现行政任务以及行政法总论理论革新贡献新的思考维度和分析框架。

行政法学坚守法学学科规范属性的要求。法学之所以是法学，而不是其他任何学科的婢女，就在于它保有规范实证这一立命之本。倘若丢弃了这一方法，法学还能否称之为法学？[②] 任何法学的研究方法都必须以法律体系（尤其是法律规范）为出发点，并回到法律体系（尤其是法律规范），否则是无的放矢，甚

① 章志远. 部门行政法学历史使命的三重维度 [J]. 浙江学刊，2017（4）：61-67.
② 谢晖. 论规范分析方法 [J]. 中国法学，2009（2）：36-44.

至是在做文章游戏。① 法律有自己的规则体系和知识传统，所有其他学科的知识必须放在这个特定的语境中进行理解，至少必须与它兼容。② 对于行业领域的政府规制，需要在考量政治、经济、社会等方面的因素后确定公共政策，进而构建科学合理的法律制度，通过法律制度中特有的法律规范体系，明确相关主体的权利义务结构、法律关系、法律程序、构成要件、法律效果等要素。如果是需要改革现存的公共政策，则必须考虑法律规范体系在实践中的运行效果，分析制度的结构功能，探析因果关系，通过公共政策调整改革原法律制度。宋华琳提出要把握"行政任务—行政行为形式—行政组织—行政程序"逻辑，发展出由行政认为、行为形式、组织、程序所组成的整体规制模式，促成公共政策任务目标和措施向行政法的转化。③ 此种模式实质上是从公共政策任务向法律规范方式的转化，强调了法律规范中重要的法律行为、法律主体和法律程序。

　　对于网约车规制制度而言，可以在分析网约车的技术经济特点、规制环境、规制需求原理后，提出规制政策目标和工具，在行政法总论的指导下，在遵守行政法基本原则和不违反上位法的情况下，明确网约车法律规范的具体内容。主要内容包括：明确网约车的法律性质，网约车的种类（如专营网约车、兼营网约车、顺风车等），规制目的和规制原则，政府规制机关职权，不同种类网约车的行政许可，网约车平台和网约车司机、乘客之间的权利义务结构，安全监管规范和法律责任等。需要注意的是，公共政策与行政法之间的关联是必然的，但是两者毕竟不是同一事物，行政法有着自身理论体系，公共政策重视解决实际问题，两者存在理论鸿沟。"为了更好地实现行政任务而出现了许多相对新颖的行政行为形式，如何把握行政法基本原理在此间的适用和变化是亟待直面的课题。"④ 但是我们坚信在公共行政时代，为实现制度的实质合法性，行政法学应当重视公共政策分析和法律规范研究，借助宏观、中观和微观分析框架，实现法律与公共政策、政府规制的良好互动，实现规制制度的最优化，坚守法学的规范性学科属性，在行政法学总论的指导下完善相关的法律规范。

五、网约车规制制度的内容及实质合法性评价

　　为了更好地对网约车行业进行政府规制，应当改革完善现有的网约车规制制度，因此需要在总体上介绍我国网约车规制制度的主要内容、规制制度的形

---

① 程金华. 当代中国的法律实证研究 [J]. 高等学校文科学术文摘，2016 (1)：54-56.
② 应松年. 中国行政法之回顾与展望 [M]. 北京：中国政法大学出版社，2006：392.
③ 宋华琳. 宪法引导下的行政行为形式改革 [N]. 中国社会科学报，2019-05-08 (5).
④ 宋华琳. 宪法引导下的行政行为形式改革 [N]. 中国社会科学报，2019-05-08 (5).

成过程，并利用上述分析框架评析我国网约车规制制度的实质合法性。

（一）我国网约车规制制度的主要内容

行业领域的规制制度包括公共政策和法律规范体系，我国网约车规制制度也是由网约车的公共政策和法律规范体系构成的，又由于国家层面授权地方出台网约车的相关细化规定，因此，从纵向来看，网约车规制制度包含着国家和地方两个层面的内容。从横向来看，每个层面的规制制度均包含公共政策和法律规范体系。国家层面的网约车规制制度具有重要地位，此处先介绍国家层面的网约车的公共政策和法律规范体系，然后选择介绍地方层面的网约车的公共政策和法律规范体系。

1. 国家层面的网约车公共政策的内容

国家层面的网约车公共政策主要表现为 2016 年 7 月 26 日国务院办公厅发布的《国务院办公厅关于深化改革推进出租汽车行业健康发展的指导意见》（国办发〔2016〕58 号），国务院办公厅代表中央政府国务院提出了比较系统完整的网约车公共政策总体框架。在这个公共政策文件中，国务院将网约车作为出租车的组成部分，提出了出租车包括巡游出租车和网络预约出租车，提出了推进巡游出租车和网约车发展的公共政策，同时提出了私人合乘小客车（即本文所言的拼车网约车，俗称顺风车）的公共政策。

这一公共政策规定了三个政策目标：一是鼓励创新、促进转型、满足市民出行需求；二是适度发展出租汽车行业；三是巡游出租车和网约车差异化发展。所谓满足市民出行需求是指"为社会公众提供安全、便捷、舒适、经济的个性化出行服务"；所谓适度发展是指"出租汽车是城市公共交通的补充，为社会公众提供个性化运输服务。城市人民政府要优先发展公共交通"，"要根据大中小城市特点、社会公众多样化出行需求和出租汽车发展定位，综合考虑人口数量、经济发展水平、城市交通拥堵状况、出租汽车里程利用率等因素，合理把握出租汽车运力规模"；所谓差异化发展是指"要统筹发展巡游出租汽车和网络预约出租汽车，实行错位发展和差异化经营，为社会公众提供品质化、多样化的运输服务"。

（1）分析第一个政策目标："鼓励创新"意味着不仅要承认网约车的合法地位，而且要建立适合网约车发展的规制之道，否则就无法起到鼓励的作用；"促进转型"意味着长期垄断经营问题比较严重的巡游出租车行业不适应市场经济和社会发展需要，需要推进出租汽车行业结构改革；"满足市民的出行需求"意味着巡游出租车和网约车的规制核心目标是满足市场需求，规制是否科学合理，需要通过市民出行需求的满足程度来检验。（2）分析第二个政策目标："适度发展"，就意味着出租车行业发展不能成为城市公共交通的主要形式，而只能作为辅助形式，作为出租车的组成部分的网约车的发展也应当是适度的。（3）分析第三个政策目标："差异化"就意味着出租车行业内部巡游出租车和网约车的定位不同，应通过一定政府规制实现差异化。综上所述，政策目标的核心在于：网约车和巡游出租车共同满足市民出行需要，鼓励网约车创新，同时予以规范，出租车行业要进行改革和升级；共同保障市场秩序良好，要通过法律规制和差异化定位来实现。

公共政策的原则分为以下几个方面：

第一，坚持乘客为本原则。"保障乘客安全出行和维护人民群众合法权益，提供安全、便捷、舒适、经济的个性化出行服务。"该原则的核心要义是要保证乘客的安全和权利，其中安全性又是第一位的要求。以乘客为本就是要满足出行需求。原有巡游出租车打车难、打车贵、服务差的情况必须改革，因为其无法满足出行需求，而网约车之所以被公共政策认可，最为关键的一点是其提供了充分运力和比较优质的服务，因此网约车的自身内在属性符合国家政策的要求。

第二，坚持改革创新原则。"抓住实施互联网＋行动的有利时机，坚持问题导向，促进巡游出租汽车转型升级，规范网络预约出租汽车经营。"该原则的核心要义是创新发展：针对网约车，要承认整体的模式创新意义，还要侧重规范其经营，不能承认网约车平台的各种形式的规定都是具有正面意义的创新。而改革原则更多针对巡游出租车行业，巡游出租车行业长期存在的数量少、服务差、行业利益严重失衡的问题难以解决，市场化改革一直难以推进，也难以满足城市市民的出行需求。

第三，坚持统筹兼顾。"统筹创新发展与安全稳定，统筹新老业态发展，统筹乘客、驾驶员和企业的利益，循序渐进、积极审慎地推动改革。"该原则的核心要义是多方主体的利益协调：第一层利益平衡是既要支持网约车的规范发展，又要促进巡游出租车改革，谋求发展，要平衡网约车创新发展与巡游出租车行业稳定之间的关系。网约车与巡游出租车不能严重失衡，不能将巡游出租车冲击到退出市场；第二层利益平衡，强调乘客利益、驾驶员利益与企业利益失衡问题也要纠偏调整。巡游出租车行业长期存在两种困难局面：一是打车难长期存在，拒载宰客现象屡见不鲜，因此，要照顾到网约车乘客打车的便捷需求；二是公司长期靠高额的"份子钱"（车辆和牌照租赁费）坐收暴利，出租车司机超负荷工作所得收入大部分交份子钱。[①]这种利益格局的失衡，在巡游出租车行业长期存在，成为顽疾，核心在于不合理的特许经营制度下扭曲的牌照租赁经营模式。因此，不仅要改革巡游出租车行业的问题，而且在网约车规制政策和制度设计过程中，要防止类似牌照租赁模式的再度发生，即防止线下的网约车租赁公司依靠牌照和车辆租赁向司机收取高额的租赁费，导致网约车司机超负荷劳动而大部分收入都交给了线下网约车租赁公司。

第四，坚持依法规范。"正确处理政府和市场关系，强化法治思维，完善出租汽车行业法规体系，依法推进行业改革，维护公平竞争的市场秩序，保护各方合法权益。"该原则的核心要义是依法规制，意味着要求制定法律规范，要在公共政策确定的目标、原则指导下制定法律规范，通过执行网约车法律规范来落实公共政策的主要措施；意味着网约车平台公司的活动必须符合立法部门制定的法律规范，网约车平台公司不能以创新为由脱离政府规制；还意味着要依法规制不正当竞争，如网约车平台烧钱补贴进行不正当的价格竞争，也要依法规制网约车平台滥用市场支配地位。

第五，坚持属地管理。"城市人民政府是出租汽车管理的责任主体，要充分发挥自主权和创造性，探索符合本地出租汽车行业发展实际的管理模式。"该原则的核心是自主管理，即地方政府应根据当地情况出台网约车规制的具体制度。这意味着授权地方政府探索符合本地实际的管理模式，鼓励地方进行在国家层面的法律规范授权的范围内再补充规定，但是属地管理要防止地方政府为了秩序控制更倾向严格控制网约车的准入条件，违反上述以乘客为本、鼓励创新、统筹兼顾的原则。

第六，"坚持适度发展原则、差异化定位原则"，该原则的核心是出租车行业的定位，即无论是巡游出租车还是网约车，都不是城市公共交通的重点，只能是城市公共交通的补充，因此不能完全放开巡游出租车的发展，也不能完全放开网约车的发展；出租车行业内部对网约车与巡游出租车的定位不同，通过市场需求和法律规范的不同规定造成差异化，两者不应当在一个消费层次上竞争。巡游出租车更多面向普通打车乘客，而网约车要提供高品质的服务，因此立法部门制定法律规范要实现其差异化。需要注意的是，促成差异化要以市场机制的力量为主，法律规范提供行为底线，不能抛弃市场机制的调节作用而一味通过法律规范提高网约车和驾驶员的准入门槛。有些地方政府对实现差异化发展理解得不够科学全面，过分重视通过制度规定提高准入门槛，如过高规定

---

① 徐天柱，徐湘明，郑大军. 出租车行业规制制度改革刍议：从承包费失当问题产生和治理的角度 [J]. 淮北师范大学学报（哲学社会科学版），2019（2）：55-59.

了车辆的排量、轴距和价格，规定驾驶员的本地户籍，导致合规车辆大幅减少，乘客打车需求、创新发展和统筹兼顾的原则难以实现。网约车和巡游出租车的差异化应当依据网约车的技术、经济特点和市场客观需求情况，主要通过市场机制来实现，法律规范体系对网约车的基本要求进行合理规定。网约车是市场经济的产物，网约车的服务品质要接受市场的评价，如果网约车的车况和服务品质不高于巡游出租车将难以吸引乘客，且专营网约车不能巡游导致其运行成本较高。因此，巡游出租车和网约车的差异化发展的实现需要结合当地情况，在科学调研的基础上进行民主程序，征求主要利益群体意见。有些地方政府提出了新增加的网约车应为新能源汽车，该项规定既符合环保需求，又降低了网约车油耗成本，且有利于提高乘客乘坐体验，此种规定在多方面实现了网约车与巡游出租车的差异化发展，实现了科学合理的政府规制。

2. 国家层面网约车法律规范体系内容的调整和形成

国家层面网约车法律规范体系主要表现为主管部委作为网约车规制机关出台的部门规章，该规章经历了征求意见稿以及社会群体和专家学者的公共政策参与表达，公共政策决策机关进行重大调整，积极听取社会呼声和专家学者建议，并正式出台了法律规范——《网络预约出租汽车经营服务管理暂行办法》。

为了体现公共政策的调整，本书先介绍 2015 年 10 月交通运输部出台的《网络预约出租汽车经营服务管理暂行办法（征求意见稿）》（以下简称《征求意见稿》）以及社会各界对《征求意见稿》的反映及规制机关的公共政策改变。

首先，在平台准入规制方面，《征求意见稿》采用严格的审批制，要求互联网专车经营者需要取得市县级道路运输管理机构的行政许可决定。其次，在车辆准入方面，实施严格数量规制，规定车辆必须登记为出租客运，所有车辆都必须 8 年报废。再次，在分类规制方面，将所有的网约车都纳入专营网约车类别，对车辆标准、车辆标识、计价器严格要求。为网络拼车（顺风车）预留了制度出口，没有兼营网约车类别。最后，在价格规制方面，授权各地规制机关对网络预约出租汽车运价实行政府指导价或市场调节价。为协调网约车和出租车的关系，《征求意见稿》规定网约车在服务所在地不应具有市场支配地位。《征求意见稿》在社会性规制方面规定具有比较强的针对性和合理性，明确网约车平台的承运人责任，对车辆安全和驾驶员信息的真实完整性提出要求，要求购买相关保险，还特别规定了乘客信息安全保护内容。

总体来看，《征求意见稿》的整体思路基本上延续了巡游出租车的严格规制思路，忽视了网约车的经济、技术特征，如果实施，网约车的优势将被极大削弱。该《征求意见稿》出台后受到包括学界和政府人士广泛的批评，在十二届全国人大四次会议新闻发布会上，交通部部长杨传堂也表示"现有的管理的制度，更多是针对传统巡游的出租汽车。如果完全按照原有的管理制度来进行简单的套用，是不利于网约车健康可持续发展的。需要按照网约车的特点，量体裁衣来设计新的管理制度。"

经历了重大的公共政策调整而制定的法律规范体系，具体表现形式为2016年7月交通运输部会同其他六部委共同出台了《网络预约出租汽车经营服务管理暂行办法》（以下简称《网约车暂行办法》），标志着我国成为世界上在国家层面将网约车合法化的国家，具有重要意义，《网约车暂行办法》与《征求意见稿》相比较，更多听取了社会公众和专家学者的建议，体现了良好的民主性。

《网约车暂行办法》在很多重大内容上具有重大的进步性：如简化了网约车平台公司取得许可的程序，允许符合条件的私家车加入网约车，取得车辆许可合法经营，网约车不再登记为出租汽车，而是单独序列的网约车，网约车的数量和价格以市场调节为原则，但也存在不足。网约车规制制度将网约车分为两种大的类别，即专营网约车和私人小客车合乘（顺风车），并将顺风车的规制权授予地方政府。[①]《网约车暂行办法》的重点在于专营网约车，下文将围绕其重点分析。

首先，对网约车平台公司、网约车和网约车司机实施三项行政许可制度。

就网约车平台公司而言，要取得"网络预约出租汽车经营许可证"。《网约车暂行办法》第六条中提及："申请从事网约车经营的，应当根据经营区域向相应的出租汽车行政主管部门提出申请，并提交以下材料（略）"[②]；第八条为："出租汽车行政主管部门对于网约车经营申请作出行政许可决定的，应当明确经营范围、经营区域、经营期限等，并发放《网络预约出租汽车经营许可证》。"

需要注意的是，在网约车平台取得许可的规定中，包含了网约车平台公司的线上线下结合的经营模式的特别规制。《网约车暂行办法》第五条中规定，申请从事网约车经营的平台许可证的，应当"在服务所在地有相应服务机构及服

[①] 《网约车暂行办法》第三十八条：私人小客车合乘，也称为拼车、顺风车，按城市人民政府有关规定执行。

[②] 《网约车暂行办法》第六条：申请从事网约车经营的，应当根据经营区域向相应的出租汽车行政主管部门提出申请，并提交以下材料：（一）网络预约出租汽车经营申请表（见附件）；（二）投资人、负责人身份、资信证明及其复印件，经办人的身份证明及其复印件和委托书；（三）企业法人营业执照，属于分支机构的还应当提交营业执照，外商投资企业还应当提供外商投资企业批准证书；（四）服务所在地办公场所、负责人员和管理人员等信息；（五）具备互联网平台和信息数据交互及处理能力的证明材料，具备供交通、通信、公安、税务、网信等相关监管部门依法调取查询相关网络数据信息条件的证明材料，数据库接入情况说明，服务器设置在中国内地的情况说明，依法建立并落实网络安全管理制度和安全保护技术措施的证明材料；（六）使用电子支付的，应当提供与银行、非银行支付机构签订的支付结算服务协议；（七）经营管理制度、安全生产管理制度和服务质量保障制度文本；（八）法律法规要求提供的其他材料。

务能力"；即要求网约车平台公司在开展业务的县级以上的城市，具有线下服务机构和服务能力。该规定是为了提高网约车规制机关属地管理的有效性，具有针对性和积极意义，但是"相应的服务机构和服务能力"的法律规定比较模糊，尤其是服务机构的性质，以及服务机构与网约车平台之间的关系缺乏明确性。结果出现了这种普遍性的情况，即在网约车法律规范实施过程中，各个城市注册成立私营网约车租赁公司，网约车平台公司主要与他们合作，将其作为相应的服务机构。这一方面满足网约车法律规范要求的条件，一方面可以由网约车租赁公司提供合规车源，加速办理车辆许可证和驾驶员许可证。而网约车平台公司与各个城市的线下网约车租赁公司一般不存在资金和人事管理关系，而是基于双方利益需求的合作关系。线下网约车租赁公司大力招揽网约车驾驶员，将租赁公司具备车辆许可证的合规网约车租赁给网约车驾驶员运营，并由网约车驾驶员向网约车租赁公司交付车辆保证金，车辆和牌照租金。有些租赁公司还要求网约车驾驶员每月交付管理费。如果网约车驾驶员自己出资购车，线下网约车租赁公司则引导网约车驾驶员将车辆挂靠在网约车租赁公司名下，一方面能够抵押贷款购车，一方面可以尽快取得网约车的许可证。在此过程中，线下公司可以收取保证金、服务费，还可以以比较高的价格出售车辆。在线下租赁公司统一购买车辆保险时候，线下租赁公司还可以从中拿到保险回扣。

就网约车而言，要取得《网络预约出租汽车运输证》。《网约车暂行办法》第十二条："拟从事网约车经营的车辆，应当符合以下条件（略）"①。第十三条第一款："服务所在地出租汽车行政主管部门依车辆所有人或者网约车平台公司申请，按第十二条规定的条件审核后，对符合条件并登记为预约出租客运的车辆，发放《网络预约出租汽车运输证》。"第十三条第二款："城市人民政府对网约车发放《网络预约出租汽车运输证》另有规定的，从其规定。"该规定授权地方政府对网约车的准入条件可以另行规定，有的地方政府提高了车辆的准入标准，而有的地方政府设定的车辆准入标准就比较合理。

就网约车司机而言，要取得《网络预约出租汽车驾驶员证》。《网约车暂行

---

① 《网约车暂行办法》第十二条：拟从事网约车经营的车辆，应当符合以下条件：（一）7座及以下乘用车；（二）安装具有行驶记录功能的车辆卫星定位装置、应急报警装置；（三）车辆技术性能符合运营安全相关标准要求。

办法》第十四条："从事网约车服务的驾驶员，应当符合以下条件（略）。"① 第十五条："服务所在地设区的市级出租汽车行政主管部门依驾驶员或者网约车平台公司申请，按第十四条规定的条件核查并按规定考核后，为符合条件且考核合格的驾驶员，发放《网络预约出租汽车驾驶员证》。其中，第十四条第四项"城市人民政府规定的其他条件"授权地方政府对网约车驾驶员的准入条件可以另行规定。有的地方政府提高了网约车驾驶员的准入条件，要求必须是本地户籍，而有的地方政府规定网约车驾驶员具有本地户籍和居住证均可。由此可见，《网约车暂行办法》将车辆准入标准和司机准入标准附加规定的权力都下放给了地方政府。

其次，在车辆数量和价格规制方面，不进行数量规制，价格规制实行市场调节原则，政府指导价为例外。《网约车暂行办法》不再进行网约车的数量规制，网约车的数量由市场调节，符合条件的车辆均可获得车辆许可证。《网约车暂行办法》第三条第二款："网约车运价实行市场调节价，城市人民政府认为有必要实行政府指导价的除外。"

第三，网约车的车辆性质规定不同，车辆来源和使用年限的规定合理。关于车辆性质，网约车单独设立序列登记为"网络预约出租汽车"，② 不要求登记为出租汽车即巡游出租汽车。③ 网约车与巡游出租车的技术、经济特征不同，法律规范体系也不同，网约车由《网络预约出租汽车经营服务管理暂行办法》调整，巡游出租车由《出租汽车经营服务管理规定》调整。网约车不要求按照巡游出租车统一标识、安装计价器，而是要求车辆安装卫星定位装置和应急报警装置。④ 关于车辆来源，网约车的来源可以是存量的私家车，也可以是专门购买用于网约车经营的车辆。关于车辆使用年限，网约车不要求按照巡游出租车8年强制报废，而是规定车辆运营8年但未达到60万千米的退出运营，可以

---

① 《网约车暂行办法》第十四条：从事网约车服务的驾驶员，应当符合以下条件：（一）取得相应准驾车型机动车驾驶证并具有3年以上驾驶经历；（二）无交通肇事犯罪、危险驾驶犯罪记录，无吸毒记录，无饮酒后驾驶记录，最近连续3个记分周期内没有记满12分记录；（三）无暴力犯罪记录；（四）城市人民政府规定的其他条件。

② 根据《网约车暂行办法》第二条第二款：本办法所称网约车经营服务，是指以互联网技术为依托构建服务平台，整合供需信息，使用符合条件的车辆和驾驶员，提供非巡游的预约出租汽车服务的经营活动。这个定义特别强调网约车的互联网技术、平台整合信息和非巡游三个特征。

③ 《出租汽车经营服务管理规定》（中华人民共和国交通运输部令2014年第16号，于2014年9月26日经第9次部务会议通过，自2015年1月1日起施行）第五十三条规定："出租汽车经营服务"，是指可在道路上巡游揽客、喷涂、安装出租汽车标识，以七座及以下乘用车和驾驶劳务为乘客提供出行服务，并按照乘客意愿行驶，根据行驶里程和时间计费的经营活动。"

④ 《网约车暂行办法》第十二条第一款第二项：安装具有行驶记录功能的车辆卫星定位装置、应急报警装置。

继续作为私家车使用。①

第四，在承运人责任、保险规制方面，关于承运人责任，《网约车暂行办法》规定网约车平台公司的安全保障义务和承运人责任。《网约车暂行办法》第十六条规定，网约车平台公司承担承运人责任，应当保证运营安全，保障乘客的合法权益。关于保险规制：网约车要购买营运性质的车辆保险，《网约车暂行办法》第十七条规定，网约车平台公司应当保证加入平台的网约车具有营运车辆相关保险。《网约车暂行办法》第二十三条规定，网约车平台公司应当为乘客购买承运人责任险等相关保险，充分保障乘客权益。

第五，在网约车平台公司的个人信息保护方面：

（1）关于个人信息收集和处理，《网约车暂行办法》规定了乘客个人信息的告知和同意规则，即网约车平台公司应当通过其服务平台以显著方式将驾驶员、约车人和乘客等个人信息的采集和使用的目的、方式和范围进行告知。关于个人信息收集的范围，规定了目的规则，即网约车平台公司采集驾驶员、约车人和乘客的个人信息，不得超越提供网约车业务所必需的范围。（2）关于个人信息的使用规定了同意规则，即未经信息主体明示同意，网约车平台公司不得使用前述个人信息用于开展其他业务。（3）关于个人信息转让提供规定了严格禁止规则，即除配合国家机关依法行使监督检查权或者刑事侦查权外，网约车平台公司不得向任何第三方提供个人信息。（4）关于个人信息的安全，规定了个人信息安全国内存放的规则。网约车平台公司应当遵守国家网络和信息安全有关规定，所采集的个人信息和生成的业务数据，应当在中国内地存储和使用，保存期限不少于2年，除法律法规另有规定外，上述信息和数据不得外流。（5）关于国家敏感信息安全方面，规定了敏感信息的特别规制规则，即网约车平台公司不得泄露地理坐标、地理标志物等涉及国家安全的敏感信息。

第六，在不正当竞争和反垄断规制方面，网约车不得滥用市场支配地位，不得进行价格等不正当竞争。在反垄断法方面，规定网约车平台公司不得为排挤竞争对手或者独占市场，以低于成本的价格运营扰乱正常市场秩序，这是反垄断法规定的掠夺定价。在反不正当竞争法方面，规定网约车平台公司不得有损害其他经营者合法权益等不正当行为，不得有价格违法行为。

第七，在网约车规制机关方面，《网约车暂行办法》首先规定了网约车的行业主管机关是出租汽车行政主管部门（具体而言，出租汽车行政主管部门或者是县级以上交通主管部门，即市、县交通局，或者由人民政府指定一个单独机

___
① 《网约车暂行办法》第三十九条：网约车行驶里程达到60万千米时强制报废。行驶里程未达到60万千米但使用年限达到8年时，退出网约车经营。

构如城市出租汽车管理办公室）以及其他相关领域的规制机关（主要有四大规制机关，即负责网络规制的电信主管机关、负责安全规制的公安机关、负责信息规制的网信部门、负责税务规制的税务机关等），[①] 规定了规制机关的职权和网约车平台的义务，其次规定了网约车平台对网约车和网约车司机的企业自我审查义务。[②]

（二）国家层面网约车规制制度的实质合法性分析

总体来看，网约车规制制度中包含的公共政策和法律规范体系（即《网约车暂行办法》）突显了尊重市场调节和鼓励创新发展的理念，重视把握网约车规律以实现规制的科学性，重视政策决策和法律规范制定的民主性，同时符合形式合法性，网约车规制制度具备实质的合法性。但是在其中也有值得探究反思的地方，以便进一步改进网约车的规制制度。

1. 网约车规制制度具备总体上的科学性。《网约车暂行办法》为增加运力，比较科学地规定了网约车的平台公司、车辆和驾驶员所涉及的各种问题，尤其是在社会性规制方面进行了全面准确的规定，涵盖网约车平台公司的承运人责任，车辆保险、乘客安全保障和保险，乘客的个人信息保护等，同时注意发挥网约车平台公司自身对车辆和驾驶员的企业自我规制，规定了网约车平台公司与政府规制机关的信息共享等协作规制，有利于提高规制效果，对促进网约车发展，规范网约车运营，保护乘客合法权益，平衡网约车与巡游出租车之间的良性公平竞争具有合理性，总体来看，是一部非常先进科学的规制制度。

但是也需要看到，《网约车暂行办法》与国家层面的网约车公共政策之间存在一定的差距，对国家政策所提出的创新、共享精神，以及所要实现的提高城市公共交通水平、满足出行需求的理解不够深刻。集中表现为《网约车暂行办法》中通过网约车车辆和驾驶员的许可规定，将网约车定位于专营车辆，没有区分兼营网约车的类别，即没有考虑到兼营网约车基于其技术、经济特征，以及其更加符合城市环境和出行需求的共享价值。具体而言，兼营网约车在技术上利用互联网技术能精确匹配供需信息，提高打车效率，在经济上利用存量的

---

① 《网约车暂行办法》第四条第三款：直辖市、设区的市级或者县级交通运输主管部门或人民政府指定的其他出租汽车行政主管部门（以下称出租汽车行政主管部门）在本级人民政府领导下，负责具体实施网约车管理。其他有关部门依据法定职责，对网约车实施相关监督管理。

② 《网约车暂行办法》第十七条：网约车平台公司应当保证提供服务车辆具备合法营运资质，技术状况良好，安全性能可靠，具有营运车辆相关保险，保证线上提供服务的车辆与线下实际提供服务的车辆一致，并将车辆相关信息向服务所在地出租汽车行政主管部门报备。第十八条：网约车平台公司应当保证提供服务的驾驶员具有合法从业资格……开展有关法律法规、职业道德、服务规范、安全运营等方面的岗前培训和日常教育，保证线上提供服务的驾驶员与线下实际提供服务的驾驶员一致（略）。

私家车，而非为经营而新购的车辆，在不增加城市车辆的情况下，利用了大量的存量车辆的空余空间运力，更共享了城市稀缺的道路资源，并且存量私家车在日常出行过程中，高度契合城市潮汐化的高峰期和低谷期，非常符合城市交通环境特点和化解城市出行的道路紧张与需求高涨之间的矛盾，能够在提供充分运力的情况下控制城市私家车车辆过快增长，有利于环境保护。

需要看到的是，《网约车暂行办法》虽然规定了顺风车即拼车网约车，但是其技术、经济特征与兼营网约车存在重大区别，典型体现为顺风车需要提前协商好时间和路线，往往在长途出行计划性较强的场景中运用，难以充分满足大量顺道出行、随机动态匹配供需的打车需求。因此虽然部分城市如合肥市对网络拼车（即本文所指的拼车网约车）制定了单独的规制制度，但是网络拼车的制度不适合兼营网约车。《网约车暂行办法》的规定，可能更多考虑如何平衡专营网约车和出租车之间的利益，如何实现网约车与巡游出租车之间的差异化发展，但兼营网约车作为共享经济的积极作用的确被忽略。

此外，专营网约车需要比较严格的许可制度，以及配套的线上线下经营模式。但是《网约车暂行办法》对线下服务机构的规定比较模糊，导致线下网约车租赁公司利用制度漏洞，模仿巡游出租汽车行业对驾驶员提供车辆租赁获得牌照租赁费和管理费，容易再次出现巡游出租车领域的牌照租赁制的弊端。

综上，《网约车暂行办法》已经具有创新性并将符合规制条件的车辆纳入合法性轨道，对网约车行业发展具有重要意义。依据公共政策与法律规范体系的互动机制分析框架，法律规范体系实施效果将反馈给公共政策决策，后续公共政策将进行调整优化，将更全面准确把握网约车的经济、技术特征及其内部分类，重视兼营网约车对城市出行环境和出行需求的积极作用。对于线下网约车租赁公司开始出现的牌照租赁制的问题也会在后续公共政策调整中予以克服。

2. 网约车公共政策和法律规范体系的民主性值得肯定和赞许。在《网约车暂行办法》的制定过程中，"坚持开门立法、集思广益、广泛凝聚共识，交通运输部会同国务院有关部门，包括一些专家学者，先后到21个不同类型的城市开展调研"，"我们召开了百余次不同类型、不同层次的座谈会、研讨会、咨询会，邀请参加的有经济专家、法律专家、交通专家，也有不同利益群体，比如出租汽车司机、网约车司机、乘客，也包括网约车平台企业、传统出租汽车企业。我们广泛听取了社会各界的意见，而且多次进行文字的修改工作"。网约车作为互联网经济和共享经济的新生事物，在其规律性没有被充分掌握的情况下，为了公共利益和社会民生，国家规制机关不断听取民众意见和专家分析，坚持改革创新的原则，坚持包容审慎的态度，不断调整网约车的公共政策，使之越来越尊重市场经济规律，越来越符合公共利益的需求。正如交通运输部副部长刘小明所说："这次改革我们根本的目的是人民群众高兴不高兴、满意不满意、方便不方便，这是我们评价的标准。"

3. 网约车规制制度总体上符合形式合法性。形式合法性主要集中在《网约车暂行办法》所规定行政许可的设定权及其依据问题。总体来看，《网约车暂行办法》具有上位法的依据，符合形式合法性。具体而言，行政许可法授权国务院就特定事项进行临时许可，而城市出租汽车的公司、车辆和驾驶员三项许可均明确包含在其中，[①] 网约车被定性为出租汽车，因此《网约车暂行办法》有权对平台公司、车辆和驾驶员设定行政许可。但也有学者对《网约车暂行办法》设定行政许可的形式合法性提出建议。[②] 第一，国务院部门规章没有行政许可设定权，《网约车暂行办法》中网约车的行政许可是对国务院决定所设定的行政许可所做的具体规定。第二，依照《中华人民共和国行政许可法》，国务院决定所设定的行政许可为临时性行政许可，《网约车暂行办法》根据临时性行政许可规定网络预约出租车经营服务方面的市场准入，存在法律缺陷，因为临时性许可需要继续实施，应及时提请全国人大及常委会制定法律或者制定行政法规。第三，《网约车暂行办法》应在总结经验基础上制定行政法规，不再依靠临时性许可。隐患在于，《网约车暂行办法》为使网约车适应各地发展的具体情况，将部分核心权力下放给地方进行具体规定，这部分权力非常可能被地方政府扭曲使用，应出台严格的控制政策。此外，《网约车暂行办法》授权地方政府进行车辆和驾驶员的准入规定，是为了让地方政府更好地结合具体情况，实现网约车公共政策和《网约车暂行办法》的立法目的，但是有些地方政府依据这一授权性条款，过分提高车辆和司机的准入门槛，实质上严格控制数量和价格。[③] 除了地方政府对公共政策的理解存在偏差，从《网约车暂行办法》的角度而言，上位法的授权条款不仅要授权，而且要在实体上、程序上进行限制，防止网约车公共政策和《网约车暂行办法》所要实现的目的落空。

---

① 2004 年 6 月 29 日公布的国务院令第 412 号《国务院对确需保留的行政审批项目设定行政许可的决定》（以下简称《国务院行政许可决定》），以及附件《国务院决定对确需保留的行政审批项目设定行政许可的目录》第 112 项"出租汽车经营资格证、车辆运营证和驾驶员客运资格证核发"，其实施机关为"县级以上地方人民政府出租汽车行政主管部门"。

② 沈福俊. 网络预约出租车经营服务行政许可设定权分析：以国务院令第 412 号附件第 112 项为分析视角 [J]. 上海财经大学学报，2016（6）：105-114，127.

③ "地方政府一方面要执行中央的决策，另一方面有可能借用中央影响力根据其局部地方发展目标选择性地执行政策。"邓晰隆，陈娟. "公共政策选择性执行"问题及其对策研究 [J]. 甘肃行政学院学报，2006（4）：55-57.

（三）地方规制制度的内容及实质合法性分析

1. 地方网约车规制制度的主要内容

截至 2016 年年底，42 个地方政府正式颁布了网约车的规制制度，截至 2021 年 9 月，据不完全统计，全国共有 287 个城市的网约车地方细则。

从准入标准的规制宽严程度来看，可以分为三大类：一类对网约车发展控制较严格，一类是适度鼓励网约车的发展；一类是规定准入条件比较合理。《网约车暂行办法》第十二条规定的车辆准入最基本的三个条件，即（一）7 座及以下乘用车；（二）安装具有行驶记录功能的车辆卫星定位装置、应急报警装置；（三）车辆技术性能符合运营安全相关标准要求。车辆的具体标准由相应地方政府的出租汽车行政主管部门，结合本地实际情况确定。各地准入细则设定的标准一般均从五个方面进行规定：车牌牌照属地、轴距（燃油车、新能源车）、车价、排量和年限。如果当地政府的标准明显超过当地普通巡游出租车的标准，[①] 就属于比较严格的控制准入的类型；如果地方政府的标准明显低于当地普通巡游出租车的标准，就属于宽松鼓励准入的类型；如果为了差异化适当稍高于普通巡游出租车的标准，就属于合理适中的准入类型。

对网约车发展控制较严格的类型往往集中在特大城市，如北京、深圳等，这些城市人口多，机动车众多，道路资源特别紧张，城市道路拥堵情况比较严重。北京市总体要求比较严格，也具有一定的变化。早期北京市网约车准入标准为轴距不小于 2700 毫米，现在的标准为 2650 毫米；早期五座车的排量为 2.0 升以上或 1.8T 以上，现在为 1.8 升以上，对车价和车龄不做要求。但也有些城市如青岛等对网约车的准入条件也比较严格。青岛要求车价不低于礼宾型出租车，车龄不高于一年。

适当鼓励网约车发展的城市，如绍兴只要车辆轴距大于 2600 毫米，车价超过 10 万元，车龄小于 4 年即可，基本上与巡游出租车差不多。贵阳市要求车辆购置价高于本市出租车，车龄低于 5 年即可，而大庆市则只规定车龄小于 4 年即可，其余不做要求。

有些城市的规定比较合理。如杭州市将规定放宽到车辆购置的计税价格在 12 万元以上，车辆轴距大于 2700 毫米，车龄低于 5 年，比普通巡游出租车的标准稍微高一些；宁波则要求燃油车车辆轴距达到 2600 毫米以上即可；合肥要求网约车车型标准略高于市区主流巡游出租车，燃油车辆轴距达到 2650 毫米以上，排量达到 1.6L 或 1.4T 以上。这样的标准使得很多经济型轿车加入运营，

---

① 各地普通巡游出租车一般都是普通紧凑型车辆，如桑塔纳等合资车型，奇瑞、吉利等国产车型，一般排量为 1.6 升，轴距通常不超过 2600 毫米。

但车辆条件比巡游出租车较好一些，网约车的价格比较合理，有利于形成合理的差异化，可以与出租车展开公平的竞争。有些城市为了环境保护，要求网约车为新能源汽车，这种规定具有正当性。如深圳规定的准入标准是车辆为新能源汽车，轴距大于2650毫米，车龄低于2年。

关于网约车驾驶员的准入规定也可以分为严格型、宽松型和合理型。严格型的城市要求网约车驾驶员必须是本地户籍，宽松型的城市对网约车驾驶员户籍和居住证不做要求，合理型的城市要求网约车驾驶员有本地户籍、居住证均可。如果车辆准入标准比较严格的城市，再加上驾驶员准入标准也比较严格，就会导致车辆和驾驶员合规比例大幅下降。有网友形象地说，在北京开网约车必须是北京户籍的中产阶级，开着北京牌照的帕萨特才符合规定。这种严格的规制，有利于特大城市保障交通运输秩序，但是将导致网约车满足市场需求的基本功能无法发挥，网约车创新发展所展现出来的优势将被抑制。

综合上述各地的车辆准入标准和驾驶员准入标准，宽严程度的分歧是法律规范的外在形式，法律规范背后体现了各地政府的公共政策的分歧：这种分歧在于地方政府在中央的网约车规制制度的授权空间内，如何根据本地具体情况来全面、准确地理解国家层面的网约车规制公共政策的目标和原则。因为《网约车暂行办法》没有对网约车的数量和价格进行规制，但是地方政府对网约车和网约车驾驶员的准入进行具体规定，就会在实质上影响网约车的数量和价格。对于比较严格控制网约车发展的城市，在车辆和司机准入方面大幅提高门槛，必然导致合规的网约车数量大幅减少，乘客打车非常困难。而鼓励网约车发展的城市，在车辆和司机准入方面的规定合理开明，必然导致网约车的数量能够满足市民的打车需求。事实证明，如果地方政府对网约车的车辆准入和驾驶员准入标准制定得不合理，加上准入流程规定不合理将会导致网约车合规难度增加，导致平台要不为了保持车辆供给留存大量不合规车辆，要不导致网约车平台严格合规而致使车辆供给短缺严重。2018年7月27日，在《网约车暂行办法》实施2周年之际，在中国信息通信研究院政策与经济研究所举办的专题研讨会上，安徽省芜湖市交通运输局局长徐晓明说："芜湖《实施细则》发布实施近一年的时间里，效果非常不好，高品质服务、差异化经营发展定位很难落地。""之后我们不再要求车辆为市区注册登记，改为本市牌照；不再要求驾驶员取得市区居住证，改为本市居住证；降低车辆轴距和排量要求等。"

2. 地方政府网约车规制制度的实质合法性分析

规制制度的实质合法性由科学性、民主性和形式合法性构成。就科学性而言，需要地方政府根据地方实际情况，针对网约车的技术、经济特征，以满足公共政策的目标，即满足市场需求、保障运输秩序和促进行业良性竞争来进行规制，以达到科学性所要求的合规律性和合目的性；从科学性角度分析，主要集中在地方政府如何科学合理地设定网约车的准入标准和驾驶员的准入标准问题上。国家网约车规制制度《网约车暂行办法》虽然对网约车的数量和价格坚持市场化原则，但授权地方政府根据各地实际情况出台车辆准入和驾驶员准入的条件，就会产生数量和价格规制的效果。法律规范中的两种相辅相成的规定实际上是辩证统一的关系，只有全面、准确地把握国家关于网约车的公共政策的目标和指导原则，才能科学合理地进行细化规定，否则就会在各项目标之间顾此失彼。地方政府应根据各地情况，科学合理地制定公共政策，出台细化的法律规范，同时满足市民出行的需求，规范城市交通运输的秩序，协调网约车和巡游出租车之间的良性竞争发展三个目标。综观各地政府所区分出来的严格控制型、宽松促进型和合理适度型政策，就科学性而言，严格控制型虽然重视了所在城市的具体情况，但是实际呈现出来的市场需求得不到满足的情形，恰恰说明了严格控制的标准需要进行科学调整。当然，从更深层次而言，网约车内部存在着三种类型，专营网约车、兼营网约车和拼车网约车，就科学性而言，充分利用城市存量车辆资源和稀缺道路资源的兼营网约车更符合城市公共交通的发展规律，能够有效缓解出行需求与运力、道路资源供给之间的矛盾。但这一点无法苛责地方政府，因为《网约车暂行办法》构成的法律规范体系主要针对专营网约车进行规制。

就民主性而言，地方政府在进行公共政策决策过程中，往往开放性和透明度不够充分，但是在制定法律规范的实施细则时，一般严格遵守重大行政决策的法定程序，召开各种形式的座谈会、论证会，并就实施细则草案公开征求民众意见。

就形式合法性而言，一般认为其规范具有上位法的依据。网约车属于出租汽车的范畴，而《中华人民共和国行政许可法》授权国务院制定临时许可，出租汽车的三项许可均属于临时许可的范围，因此，《网约车暂行办法》有权合法对网约车的平台公司、车辆和驾驶员设定行政许可，而《网约车暂行办法》授权各地政府根据具体情况就其中的一些重要事项进行规定，并制定整体性实施细则，从形式合法性来看，均有明确的依据，从形式合法性角度而言，没有明显的问题。但是也有学者提出不同意见，该学者选择上海市的地方规范作为典型进行分析，其认为行政许可设定是对共享经济实施法律规制的重要方式，应当确保行政许可设定本身的合法性。行政许可设定的合法性审查思路分两步：第一步是判断受审查的行政许可设定行为的法律属性；第二步是从行政许可实施主体、条件、程序与期限四个方面判断其合法性。依据这一合法性审查思路，《上海网约车新规》中三个网约车行政许可设定的法律属性存在含糊之处，且无论如何定性都与上位法存在矛盾之处。[①] 此种意见具有一定的合理性，值得重视。

综上，就各地网约车规制制度的实质合法性分析而言，科学性、民主性、形式合法性的三个属性中，科学性对网约车规制制度的实施效果具有关键作用，也最为考验地方政府准确理解国家网约车公共政策目标和原则，合理有效实现规制制度良好效果的能力。各地政府在对待网约车发展的公共政策决策和规制理念方面具有较大的区别，直接原因在于城市管理者如何科学把握网约车的经济、技术特征，以及城市出行环境和出行需求，出台有针对性的规制政策；根本原因在于城市管理者如何进行市场需求、市场创新与规制秩序之间的取舍与协调。有学者指出，在处理市场与政府的关系时，尤其是在"互联网＋"的时代，需要在竞争的市场与聪明的监管中达致平衡，创新政府监管的理念与方式。[①]

---

① 黄锫. 共享经济中行政许可设定的合法性问题研究：以《上海网约车新规》为分析对象 [J]. 政法论丛，2017（4）60-68.

第二章 网约车的特征及性质分析

网约车的特征和性质分析是规制制度的微观分析框架的基础前提，规制制度的科学性建立在规制对象的特征、行业属性基础上。根据本书提出的政府规制的微观分析框架，即"规制对象特征分析—规制对象外部环境和社会需求分析—规制需求原理分析—规制目标、原则分析—规制制度具体内容分析"，以及规制对象的技术、经济特征，结合规制对象的外部环境，才能科学提出规制需求原理，指导规制制度的建构。

这一部分重点介绍网约车的技术、经济特征以及经营模式特征。经过分析认为，网约车的技术特征在于，基于移动互联网技术和大数据算法精确高效匹配车辆和乘客信息；网约车的经济特征在于能够较好利用私家车等社会车辆为城市出行提供充分运力，且具有供给弹性。网约车平台经营模式具有多平台集合属性，具有网络效应属性，具有对外竞争性和对内的强制性。

一、网约车的技术、经济特征分析

(一) 网约车的技术特征分析

就技术特征而言，网约车通过移动网络的信息优势实现载客。高速的互联网网络，移动客户端应用程序，精确的地图及导航技术，大数据和先进高效的算法等技术手段能够精准高效匹配车辆和乘客的信息，提高了打车的效率和车辆的运行效率。这种高科技手段极大克服了城市公共交通领域长期制约运力提供和效率提高的信息瓶颈，而这种信息瓶颈在巡游出租车上典型存在，为了获得车辆和乘客信息，巡游出租车需要通过不断巡游发现乘客，而乘客需要通过路边等待获得打车机会。

首先，精确高效匹配车辆和乘客信息是网约车的核心技术特征，是网约车区别于巡游出租车的根本特点。

对此，早期网约车平台采用的方法不一：如滴滴平台公司早期采用由乘客发出打车信息，由网约车平台在线司机自主决定是否接受订单的方式；而 Uber

平台公司则采用由网约车平台根据车辆位置、距离等因素，借助大数据算法由系统安排车辆；滴滴出行后期也采用由平台基于算法安排车辆接受打车订单的方式。由系统安排车辆总体的好处是可以整体调度车辆供给，保持运力布局均衡，防止城市中处于偏僻地区的乘客难以打到网约车。

在网约车行业的核心技术中，为了更好匹配供需信息，网约车平台公司需要通过算法来进行派单，这种算法被称为派单算法。所谓算法有广义和狭义的理解，此处采用一种比较适中的理解，即算法是"人类和机器交互的决策，人类通过代码设置、数据运算与机器自动化判断进行决策的一套机制。"①派单算法的目的是解决订单分配问题，即在派单系统中将乘客发出的订单分配给在线司机。派单算法是以网约车为代表的出行行业的重要技术，派单算法系统的优劣决定了整个平台的效率。大多数网约车平台的派单算法原则是就近分配，如滴滴平台公司的派单算法最基本的原则就是就近分配。据行业内人士介绍，滴滴平台公司约有 70%～80% 的订单分配给了最近的司机，Uber 平台公司等其他公司也是基于这个原则分单的。但是，网约车平台每天要处理超过百万甚至千万的打车订单，大中城市在交通高峰时段每分钟要处理几万份打车订单，仅仅是就近派单原则难以满足市场需求和保证效率。由此，网约车平台公司派单算法的核心原则是：站在全局视角尽量去满足尽可能多的出行需求，保证乘客的每一个叫车需求都可以更快更确定地被满足，并同时尽力去提升每一个司机的接单效率，让总的接驾距离和时间最短。根据这一派单算法原则，我们可以得知并非每个车辆都会被派给最近的打车乘客，派单算法系统将在尽可能保障乘客公平感知的情况下进行统筹，追求总体的效率。在这一派单算法原则下产生了"批量匹配的派单方式""基于供需预测的派单方式""连环派单方式"等具体方式。由此可见，派单算法实际上在城市交通的超大的搜索空间中，在对车辆动态性和乘客打车行为存在不确定性的情况下，获得一个近似最优的解。为了获得这个近似最优解需要借助大数据、高效算法、机器学习和人工智能等高科技手段完成。

网约车平台的技术是基于信息时代高科技带来的创新结果，是科学技术迭代带来的进步，而这种进步有利于解决传统巡游车行业依靠巡游出租车司机的个人经验和沿途巡游的方式获得打车乘客的弊端。由此可见，网约车与巡游出租车在提供运力服务方面具有技术方面的本质区别。

其次，网约车的第二个技术特征是基于移动互联网技术的计算运用。网约车创新模式和其采用的派单算法必须依托更为基础的移动互联网技术。移动互

---

① 丁晓东. 论算法的法律规制 [J]. 高等学校文科学术文摘，2021 (2)：69-70.

联网发展技术背景主要体现在四个方面： （1）移动终端设备技术改进；（2）WEB APP 发展需要的 HTML5 技术和云计算能力等条件成熟，（3）传统互联网服务商对于 4G 及 5G 的推进；（4）大量开发针对手机的 WAP 网站，移动互联网平台吸引大量的 App 应用。具体而言，就第一个方面，移动终端设备主要包括智能手机和平板电脑，其技术进步主要表现在更强的处理能力、更加友好的用户界面、更快速的上网体验、更加准确的地理位置定位等。就第二个方面，HTML5 技术本身已经比较成熟，各种各样的浏览器都支持 HTML5。[①]云计算帮助移动终端提升运算能力，不同档次的手机借助云计算获得同样的运算能力。就第三个方面，传统互联网公司进军移动互联网，网络成熟，用户总数暴增。就第四个方面，WAP 网站努力提升网站的使用体验，产生了越来越多的互联网平台，App 应用下载安装便捷。总之，移动互联网给人们带来了便捷、快捷上网，基于移动终端的各种应用包括游戏、娱乐、社交、购物、支付、办公、搜索、金融、教学等给人们带来了各种方便。

2012 年 1 月 16 日，中国互联网络信息中心（CNNIC）发布《第 29 次中国互联网络发展状况统计报告》，该报告显示，截至 2011 年 12 月底，中国手机网民规模已经达到 3.56 亿，占总体网民的比例达到 69.4%。电子商务类应用继续稳步发展；网民的互联网沟通交流方式发生明显变化。而不到十年时间，移动互联网获得巨大发展。2021 年 7 月 14 日人民网正式发布《中国移动互联网发展报告（2020）》。截至 2020 年 3 月，中国手机网民规模达 8.97 亿，我国 4G 用户总数达到 12.8 亿，远高于全球的平均水平，5G 用户规模超过 5000 万，国内市场上监测到的 App 数量为 367 万款。中国移动互联网发展呈现三大特点：人工智能、5G 等技术应用广度和深度持续拓展；移动互联网新业态成为经济发展新引擎；政策法规不断完善，推动移动治理优化升级。

综上分析，网约车技术的两大核心是计算机技术提供的先进的派单算法，移动互联网应用的高速快捷应用，计算机技术和网络计算两者结合所体现的信息技术优势为城市公共交通出行诞生新行业和新模式提供了先进的技术条件。因此，信息技术支持下产生的网约车具有技术发展的必然性。这种技术发展趋势越来越明显，可以预见，随着中国移动互联网技术的快速发展，以及计算机人工智能算法的快速发展，信息技术将极大促进经济领域的发展和创新，并深

---

① THLM5 是 HTML 的最新标准。HTML 是英文 Hyper Text Markup Language 的缩写，HTML 意为超文本标记语言，它通过标记符号来标记要显示的网页中的各个部分。通俗的理解就是，网页的文本中包含了链接点（超文本标记语言），通过点击它可使浏览器方便地获取新的网页。网页的本质就是 HTML，缺乏它，就无法结合其他 Web 技术创造出功能强大的网页。

刻影响公众生活。网约车之外的新型信息技术的创新模式和创新行业将不断被创造出来，以满足市场需求，推动社会进步。

（二）网约车的经济特征分析

从经济特征考虑，网约车的最明显的经济特征在于网约车能够较好地提供城市公共交通个体化出行的运力。互联网约租车重视利用租赁车辆和私家车等存量车辆参与运营，在没有明显增加车辆数量的情况下，实现了运营车辆数量的增加。而这种特点在存量私家车上表现得尤为明显，存量私家车数量众多，往往在高峰期大量出行，如果开放其运力，可供运营的车辆数量大大增加；此外，对于城市新区、开发区等公共交通和巡游出租车较少地区，调动社会车辆也将增加有效运力，方便公众出行。

互联网约租车的经济特征还体现为价格透明且能够随供需变化进行调整。以滴滴快车为例，其没有起步价，而是按照里程加上运输时间收费，所以同样的路段，交通拥堵状况不同，价格就会不同，乘客可以选择是否乘坐，而且打车价格上涨时，会引导更多平时不愿分享车辆空间的私家车主参与运行，增加运力。这一经济特征能够缓解巡游出租车的数量规制难题和价格规制难题。巡游出租车不能按照城市交通高峰的数量投放牌照，否则在交通低谷期就会造成车辆过剩，造成资源浪费，影响司机收入，因此必须进行数量规制，而一旦进行数量规制，在一定程度上就会造成巡游出租车行业的垄断状态，在车辆供给紧张的高峰期、雨雪天气和节假日，巡游出租车司机就可能随意提高车价，造成消费者福利损失。为了防止这种情况发生，规制机关必须在对巡游出租车进行数量规制后再进行价格规制。但是要进行科学的规制需要规制机关充分掌握城市交通运行的各种动态信息，掌握车辆运行状态的各种动态信息，掌握乘客打车需求的各种动态信息，这对规制能力的要求与规制机关的实际能力必然存在差异，因此，各个城市中的巡游出租车的数量规制和价格规制必然存在，又必然难以达到较好的效果。如果规制机关为缓解运力紧张而大幅投放车辆牌照，将引起巡游出租车行业的反对甚至是停运，而规制机关长期不能保证出租车运力又引发市民的强烈不满。由此构成了城市巡游出租车的数量规制和价格规制的经典难题。

网约车的经济特征来源于共享经济理念和网络经济。网约车尤其是网约车中的兼营网约车体现了典型的共享经济的理念。共享经济是指为了提高个人所有财物的使用价值，可以将其使用权在一定时间段和一定范围内提供给其他人共同利用，并获得一定收入的新经济理念。共享经济理念有助于提高资源利用效率，提高收入，减轻资源环境压力。而网络经济的核心实质体现为网络效应、规模经济。网络效应是指连接到一个网络的价值，取决于已经连接到该网络的其他人的数量。通俗地说就是网络平台越大，加入该网络的人员越多，每个用户得到的效用就越高，就越吸引人员加入。因此很多互联网经济平台都具有双边市场效应。规模经济意味着规模越大，提供产品服务数量越多，其成本就越低。互联网平台具有典型的规模经济属性，其提供的产品往往是数据和信息，在达到一定规模后增加服务数量而消耗的边际成本几乎为零；互联网平台经济是新的生产力组织方式，网络平台成为网络经济的集合体，创造了多元而动态的市场价值。①

网约车的第三个经济特征在于，网约车的运力提供能够在一定程度上缓解私家车出行的频率。网约车的运行实现了一台车辆供不同乘客分段使用，减少车辆对道路资源的占用和对城市停车空间的需求，形成了对私家车出行的替代效应。一个通过经验观察的反面证据是，在城市公共交通运力提供不够充分的情况下，很多家庭纷纷购买私家车甚至购买第二台私家车解决个体化出行问题，而由此造成道路资源的紧张。早先巡游出租车难打的时候很多市民是站在路边等车，而现在很多市民购买私家车出行又被堵在路上。因此，网约车的运力提供在经济上可以形成对私家车出行的替代。当然，城市公共交通的理想状态是大容量快速公交系统和轨道交通占主导地位，公共单车或共享单车起到短距离补充作用，个体化的巡游出租车和网约车提供适当补充，私家车出行应当作为最后手段，不应大力提倡。但现在的实际情况是私家车数量爆炸，城市道路拥堵的时段明显延长。

网约车技术、经济特征结合产生了新特征。网约车通过网络技术高效、精准、动态匹配车辆供给和打车需求的特点，结合网约车的经济特征，综合演化出网约车的另一个特征，即网约车能够使车辆供应具有弹性，适应城市出行的潮汐化特点。所谓城市交通的潮汐化是指城市交通拥堵状况随着上下班的高峰期和低谷期而变化。高峰期出行车辆增多，城市交通拥堵，类似于大海涨潮，此时需要更多的运力并提高运输效率；而低谷期出行车辆减少，城市交通顺畅，类似于大海退潮，不需要那么多的运力和车辆占用道路资源。网约车通过互联网匹配车辆和乘车的供需信息，不需要通过巡游提供运力，在运力需求高峰期可以加大接单数量，而在低谷期可以减少接单或暂停运行。专营网约车具有动态调整的弹性，而兼营网约车在供给弹性之外还具有自然契合、高效利用资源的优势。具体而言，不少私家车在上下班出行途中，如果愿意顺带提供运力，

① 杨东. 论反垄断法的重构：应对数字经济的挑战 [J]. 高等学校文科学术文摘，2020（5）：69-70.

将成为兼营网约车。私家车在高峰期顺道出行的途中，很多情况下是一人一车，存在大量的车内空间，如果向出行方向大致相同的乘客提供空闲的运力，就会极大提高运输效率；而在低谷期城市出行的运力需求减弱，兼营网约车一般正处于车主的工作场所，自然退出运行，不影响城市运输效率，也没有造成资源的浪费。因此网约车具有的供给弹性，符合城市出行的潮汐化特点，其中兼营网约车顺道带客更能够自然而然地提高车辆资源和城市稀缺道路资源的利用效率。从经济特征角度考虑，网约车中还存在一种利用频次不高，但能大量节约资源的类型，即拼车网约车。拼车网约车也是共享了私家车的车内空间和道路资源向其他乘客提供运力，但是其特点在于需要在出发前事先商量好路线和出行时间，因此其使用的场景主要是长途出行，不太具备城市出行打车的灵活性和随机性。但是拼车网约车在网络经济和共享经济的基础上产生，也符合网约车的经济特征，具有弹性并可以替代私家车出行。当然，拼车网约车在上述经济特征方面与专营网约车、兼营网约车在程度上略有区别，更突出其公益性。

　　一个需要回答的问题是，如果增加巡游出租车的数量能够比较理想地解决上述问题吗？不可否认的是，严格规制数量的巡游出租车的数量严重滞后于市场需求，需要适当增加，但是，因为巡游出租车的供给缺乏弹性，加之城市道路日趋拥堵，增加出租车的数量可以在一定程度上缓解高峰期打车需求，低谷期的空驶率必然增加，进入市场过多容易造成恶性竞争，投资效益降低，且巡游出租车必然占据大量道路资源，因此，只放开巡游出租车的数量难以满足城市快捷的出行需求。巡游出租车在技术、经济上的问题可由网约车的优势来弥补。

二、网约车的经营模式分析

(一) 网约车经营模式类型

　　网约车在其共享技术、经济特征的基础上，形成了不同类别的经营模式。因此，网约车规制制度的建立不仅应该考虑网约车本身的技术、经济特征，还需要研究网约车经营模式的特征，才能根据网约车的特殊性进行政府规制。经营管理学一般认为经营模式是指企业根据企业的经营宗旨，为实现企业所确认的价值定位所采取某一类方式方法的总称。其中包括企业为实现价值定位所规定的业务范围，企业在产业链的位置，以及在这样的定位下实现价值的方式和方法。实现网约车平台公司的价值的方式和方法是网约车经营模式的重点，因此本文的分析主要从这个角度着眼，根据现在市场上主要的网约车平台公司的经营模式类型来展开介绍。

考察现行网约车个体化出行市场，可将网约车经营模式分为两大类型。一种类型是以滴滴平台公司、Uber 网约车平台公司、快的平台公司、易到平台公司为代表的通过非自有车辆加入网约车平台来开展运营服务。另一种类型是以神州专车平台公司、首汽约车平台公司、曹操出行平台公司为代表的，完全拥有自己的车辆，通过互联网约车来提供运营服务。但神州专车和首汽约车发展后期除了自有车辆外，也允许非自有车辆加入平台开展经营。

1. 非自有车辆的经营模式（以滴滴平台公司为代表）

非自有车辆的经营模式以滴滴平台公司为代表，其核心特征在于网约车平台公司主要提供供需双方的匹配信息，对车辆和司机的加入进行审核及运行过程的管理，负责车价的支付和服务质量投诉等事项，而不投入巨额资金购车，不招募自有公司的网约车驾驶员，也不承担网约车的运行费用、车辆保险。在早期这类非自有的经营模式的公司也不愿意承认自己在车辆运行中的承运人的法律地位，拒绝承担承运人的法律责任。在《网约车暂行办法》颁布之前，网约车的合法性没有得到承认，很多地方政府的出租汽车规制机关根据《中华人民共和国道路运输条例》或者《城市出租汽车管理办法》或者地方《出租车汽车管理条例》的规定，对私家车（无论是私家车开展兼营还是专营）加入网约车开展的运营行为进行处罚。① 规制机关根据《汽车租赁业管理暂行规定》（交通部、国家计划委员会令 1998 年第 4 号）（现已废止）对加入网约车运营的租赁车辆予以处罚。

在这种背景下，网约车平台公司开始大量采用四方协议的形式规避《中华人民共和国道路运输条例》《城市出租汽车管理办法》或地方《出租车汽车管理条例》的行政许可规定，开展经营活动。具体而言，第一个协议是私家车主利用自己的原有车辆或者新购买的车辆与汽车租赁公司签订一个汽车租赁协议，将自己的私家车挂靠到汽车租赁公司，在性质上变为租赁车辆；第二个协议是私家车主与劳务派遣公司签订一个劳务派遣协议，约定劳务派遣公司派出私家车主作为网约车驾驶员驾驶自己的车辆；第三个协议由网约车平台和租赁公司签订协议，租赁公司将车辆加入网约车平台公司进行网约车运营；第四个协议是网约车平台公司与劳务派遣公司签订协议，接受劳务派遣公司派遣的私家车主作为驾驶员来驾驶租赁车辆。在这一系列复杂协议中，出现了网约车平台公司、私家车主、租赁公司、劳务派遣公司等四方主体，主要内容就是将私家车约定变为租赁车辆，私家车主约定变成劳务人员。有学者提出是四方主体共同

---

① 《城市出租汽车管理办法》第三十三条：对未经批准非法从事出租汽车经营活动的单位和个人，由城市客运管理机构责令停止违法行为，并处以 5000 元以上 30000 元以下罚款。

签订了一个四方协议完成上述约定的内容。[①] 因为网约车平台公司不同，可能存在不同的操作形式，但是其核心都是为了在形式上满足车辆许可和驾驶员许可的出租车规制制度要求。

在非自有车辆经营模式下，网约车平台公司自认属于信息撮合，不愿意承担承运人责任，同时将车辆的经营费用和经营风险都归结于加入网约车平台的网约车，力图采用轻资产经营模式。在这种经营模式中，网约车平台公司制定交易规则和处罚规则，制定价格，进行车价款支付结算，并以服务费的形式对网约车司机的收入进行抽成。

2. 专营模式（以首汽约车和曹操专车为例）

专营模式是网约车平台公司采用自用车辆，招聘网约车驾驶员进行的经营模式。在网约车规制制度出台前，网约车平台车辆往往都获得了租赁车辆资格，因此可以进行合法经营；在网约车规制制度颁布后，拥有自有车辆的网约车平台就为其自有车辆办理车辆许可证，要求驾驶员取得驾驶员许可证，因而在车辆和驾驶员方面均符合法律规范要求。

在费用方面，车辆购置费用、车辆保险、车辆维修保养费、折旧费均由平台公司承担，网约车驾驶员与平台是劳动合同关系，驾驶员获得固定底薪收入，完成定额工作后将获得额外工资奖励。为了体现专有车辆平台的优势，首汽约车等平台往往提高车辆档次，提供服务也更为专有和贴心，车价费用也相对较高。一般而言，其车辆档次均为中级轿车，驾驶员统一着装，打车价格往往为普通巡游出租车的一倍。曹操出行系吉利集团为主投资，采用吉利集团的新能源车辆，车辆统一购置、统一管理，试图在新能源出行领域做出创新。自有车辆的网约车平台公司承担承运人责任，类似于传统企业自我经营与互联网技术的结合。如果以天猫和京东的经营模式做大致的类比，非自有车辆的网约车平台公司的经营模式类似于天猫模式（C2C），而自有车辆的网约车平台公司的经营模式类似于京东自营模式（B2C）。

需要注意的是，市场是富有变化性的。企业采取的经营模式会随着市场需求和市场主体的利益判断而调整，如首汽约车原为自有车辆经营，采用比较高档的车辆，但后期也通过合同形式允许私家车加入。

（二）网约车经营模式的特征

上述网约车经营模式具有一些非常典型的特征。第一，多平台特性结合。网约车平台无论采取何种经营模式都具有多种特性，网约车平台公司首先是一

---

① 唐清利."专车"类共享经济的规制路径 ［J］. 中国法学，2015（4）：286-302.

个信息平台，主要负责高效精准地完成车辆供给和乘客打车信息匹配；网约车平台公司还是一个规则制定和严格管理的主体，其主要负责审核车辆和驾驶员的准入条件和安全性质，对车辆派单、车辆订单、运行过程、服务质量进行管理，保证打车订单的顺利完成。网约车平台公司还是一个价格确定和资金管理主体，其负责制定车辆运价，以及对车辆高峰期的价格进行调整，还负责收取车费。

第二，平台经济效益。网约车平台的经营模式之所以成立并不断取得成功，在于网约车平台经营模式不同于传统产业的经济模式。传统产业的经济模式是生产销售服务逐渐积累，而网约车平台具有互联网经济平台的属性，可以利用网络效应和规模经济等特性快速成长。网络平台效应的特性也决定了在每一个特定行业存在严重两极分化、赢者通吃的现象，一旦一个网络平台公司不能利用平台经济效应快速获得市场份额，增强客户黏性，往往就会在激烈的市场竞争中被并购或被淘汰。因此这种经营模式内含的平台经济效应要求网约车平台公司在业务扩张方面必须有大量的资金支持，必须采用快速和激进的经营方式扩大市场份额。由此，政府规制机关需要针对其经营模式的特点发挥其优势，克制其冲动性的弊端。

第三，对外竞争性和对内强制性。互联网创新行业往往是针对现存行业的弊端和消费痛点进行创新的新行业或新模式，因此互联网行业对已有的行业构成极大的竞争关系。在竞争关系中有市场经济技术创新的产生符合社会经济发展趋势，符合社会公共利益，能够增加社会福利的良性竞争，如网约车行业的合规车辆加入竞争，不仅增加了车辆供给，而且维护了市场秩序。但是也要看到互联网行业的经营模式内在的特点，也存在利用不正当竞争和限制竞争方式进行的恶性竞争。在这种情况下，需要规制机关科学识别，利用公共政策和法律规范进行审慎包容的规制。网约车平台公司为了更好地管理平台的车辆、驾驶员，安排运营，提升服务质量，会利用自身的地位制定各种规则，并执行这些规则。如果网约车司机违反规则将会受到不同程度的处罚，如网约车平台认定网约车司机违规接单、虚假接单，将直接将其剔除出系统；如认定网约车司机不符合运行规则要求，将直接进行罚款等处罚；如认定网约车司机被乘客投诉成立，即使网约车司机提出有利于自身的事实的辩护也将无济于事。而网约车乘客一般会比较好地享受网约车平台提供的服务，但是在打车过程中发生纠纷，往往由网约车平台给出处理方案，乘客难以有效维权。因此，在现代互联网经济中，平台公司往往具有事实上的权力属性，成为国家政府公权力之外的具有强大影响力的企业权力主体。

（三）网约车经营模式涉及的法律关系

1. 外部的法律关系分析

外部法律关系涉及网约车平台公司与乘客之间的出行服务利益关系，包括由于网约车司机引起的与乘客之间的服务纠纷，还涉及网约车行业与巡游出租车行业之间的利益调整和良性竞争、共同发展的关系，也涉及网约车行业之间的关系，如滴滴公司与快的公司、滴滴公司与优步公司为抢夺市场展开的补贴大战，以及滴滴公司为扩大市场份额，获得市场支配地位而对快的公司和优步公司的经营者集中。

首先，网约车平台与乘客之间的法律关系，涉及乘客合法权利的保护，是网约车平台法律关系中最重要的对外关系。主要内容涉及网约车平台公司是否应当定性为承运人。如果网约车平台公司定性为承运人，就应当对运输过程中发生的交通事故和人身损害事故承担承运人的法律责任；在保险问题上，就应当由网约车平台公司为乘客运输安全购买承运人责任险。根据《中华人民共和国个人信息保护法》，网约车平台公司与网约车乘客之间存在个人信息保护的法律关系，网约车平台公司属于个人信息处理者，对乘客的个人信息收集应当遵守国家法律法规的规定。根据《中华人民共和国消费者权益保护法》，网约车平台公司与乘客之间涉及消费权利保护的法律关系。网约车平台公司属于经营者，应当充分保护消费者的合法权益，不得出现大数据杀熟等侵害消费者权利的行为。

其次，网约车行业与巡游出租车行业之间的关系，涉及城市公共交通中的个体化出行市场的公平竞争、差异化发展，以及市民出行需求的满足问题。网约车行业具有独特的技术、经济特征，网约车行业与巡游出租车行业具有明显的差异性，需要研究两者之间形成公平竞争关系的理论依据，研究网约车行业的规制制度的目标、指导原则和具体内容，以实现两者之间的公平竞争和差异化发展。现行的网约车规制的国家层面的法律规范体系对网约车的数量和价格坚持市场调节原则。但是因为网约车与巡游出租车的特征差异，又需要对网约车的车辆准入标准进行科学规制，否则导致大量低规格的车辆进入网约车市场，网约车与巡游出租车的差异化将难以实现。但是如果网约车的车辆准入标准过高，将产生事实的数量规制效果，又将限制网约车的市场化调节机制。事实上，限制网约车的发展，两者之间的公平竞争难以实现，缺乏竞争的市场必然导致公众需求难以满足。由此可见，网约车行业与巡游出租车行业的外部法律关系必须依靠规制制度制定科学的公共政策和可行的法律规范体系来调整。

最后，网约车平台公司之间的关系，涉及正当竞争和自由竞争问题，必须根据其特征和竞争效果来进行认定，并依据《中华人民共和国反不正当竞争法》和《中华人民共和国反垄断法》来进行规范。滴滴公司并购快的公司和优步公司均未向反垄断执法机构申报，需要依据《中华人民共和国反垄断法》予以审查。除此之外，网约车平台公司利用大数据杀熟，实际涉及了网约车平台公司滥用市场支配地位进行价格歧视；网约车平台公司烧钱补贴司机和乘客进行价格战，实际上涉及网约车平台公司滥用市场支配地位进行掠夺性定价。这些行为都需要依据《中华人民共和国反垄断法》予以审查。

2. 内部的法律关系分析

网约车平台内部也涉及不同利益主体的关系，需要法律调整。其中最主要的是两种法律关系：一是网约车平台公司与网约车司机的利益关系，二是网约车平台公司和网约车线下租赁公司的利益关系。就前者而言，网约车平台公司与网约车司机属于平台经营者和平台内经营者之间的关系，而互联网经济下的平台公司属于基础设施提供者、服务收费者、规则制定者、行为监督者、违规行为的处罚者，因此网络平台公司一旦利用网络效应等大量占据市场份额而获得市场支配地位，如网约车行业中的滴滴公司，就会对平台内的经营者滥用市场支配地位，典型表现就是收取高额的费用，以及限制选择自由。这种行为侵害平台内经营者的权利，应当依据《中华人民共和国反垄断法》《中华人民共和国电子商务法》予以审查，但应当在网约车规制制度中进行更有针对性、具体的规定。就后者而言，网约车平台公司与网约车租赁公司往往是完全独立的市场主体，不具有组织、资金之间的关系，两者更多的是适应现行《网约车暂行办法》而演化出的互相合作关系。具体而言，网约车平台公司通过线下租赁公司办理所在地经营许可，招聘管理人员等，更利用线下租赁公司帮助招募司机和车辆加入网约车平台。线下租赁公司与网约车平台公司合作时，因其更为熟悉办理车辆许可证的流程，在招募网约车司机和租赁车辆时，收取租赁费和管理费，同时在代办保险时收取保险公司的回扣。这类似于巡游出租车的牌照租赁制下向司机收取份子钱的情形。对于这种法律关系，应当充分认识其产生的原因，避免网约车完全专营化，同时发展兼营网约车的共享优势，降低网约车牌照稀缺带来的市场寻租弊端。

三、网约车的性质、合理性及存在的问题

(一) 网约车的性质

网约车的技术、经济特征和多种的经营模式使其性质判断具有难度，针对行业领域的政府规制应准确把握规制对象的性质，才能把握规制对象对社会所

具有的作用，才能准确进行利益的衡量和定位，才能对其进行科学合理的规制。

网约车的性质可以从其功能属性判断，这是内部视角；同时需要从其与巡游出租车和其他交通工具的关系来判断，这是外部视角。从内外两个视角判断其性质，有利于全面、准确把握其属性。

1. 从功能属性判断网约车的性质

网约车最典型的功能是利用信息技术等高科技手段高效提供运力，因此，网约车的核心属性是基于网络经济和共享经济为城市市民的个体出行提供灵活而充分运力的公共交通组成部分。这种属性可以从如下几个方面来理解：其一，网约车的诞生背景是城市公共交通难以提供充分的公共运力，巡游出租车难以比较充分地提供个体出行运力。这种情况在世界各地城市中具有普遍性。网约车的最初样态是美国人发明的优步，其创办优步的原因在于美国人在打车时巡游出租车的车辆供给太少。2008 年，美国人查维斯·卡拉尼克（Travis Kalanick）和朋友加雷特·卡普（Garrett Camp）在巴黎参加完国际数字创新大会，在寒风中很久拦不到出租车。他们认为如果借助移动互联网能提供打车服务就好了，这个想法成了 Uber 的起源。2010 年 6 月，Uber 专车服务在旧金山启动运营。Uber 的专车服务盘活了闲置的高档车资源，让私家车主获利，同时较好地满足了用户的租车需求。创业 4 年后，它进入中国、德国、法国、英国和日本等全球 56 个国家和地区，服务超过 300 个城市。[①]其二，网约车基于网络经济而具备提供运力的高科技性和便捷性。仅仅因为在城市中难以打到巡游出租车，并不能促成网约车的出现。网约车的出现还在于现代信息科技手段提供了技术支持，即网约车可以利用移动互联网、信息技术、精准导航技术、大数据算法计算、快捷移动支付技术等高科技，从而能够高效匹配车辆信息和打车需求信息，能够解决乘客和车主之间的陌生人信息不透明的安全问题，能够帮助车辆在城市中精准识别目的地和行车路线，能够解决车费的快捷支付问题，能够通过信息手段对车辆服务提供及时评价以供后人参考。其三，网约车基于共享经济而具备运力的来源广泛性。网约车能够发展的原因，还在于其发展初期充分调动了私家车等社会存量车辆的大量运力，私家车的数量远远超过巡游出租车的数量。即使在北京，巡游出租车的数量只有 6 万辆，而截至 2020 年底，北京市机动车保有量达 657.0 万辆，私人小微型客车保有量达到 473.0 万辆。私家车分布在全市各处，只要其中的极小一部分私家车愿意在出行途中共享其车辆，就将极大增加运力。此时网约车主要以兼营状态出现，就增加了大量运力。网约车后期发展过程中，因为网约车提供了司机的就业机会，出现

① 邹岩. Uber 生死劫：一场互联网思维和现实矛盾的较量［J］. IT 时代周刊，2015（5）：24-29.

了新购买车辆进行运营，专营网约车开始大量出现，网约车的运力进一步增加。其四，网约车提供运力的公益性，属于城市公共交通的组成部分。网约车中大量的兼营网约车在共享私家车空间的同时，实质在提高城市道路资源的利用效率。网约车为城市市民出行提供公共服务，应当属于公共交通的组成部分。

2. 从外部关系判断网约车的性质

从外部关系判断网约车的性质，主要是通过与网约车构成城市公共交通的组成部分的各种形式之间的关系，来把握网约车的性质。从外部属性来看，网约车属于公共交通的补充形式，与公共交通的多种形式（巡游出租车、共享单车）相互补充，共同服务城市市民出行。第一，网约车属于公共交通的组成部分，与大容量公共交通（如地铁、轻轨和公交车）形成互补关系，是大容量公共交通的补充，属于个体化出行形式，因此，城市公共交通系统中应当优先发展大容量公共交通。第二，在个体化出行运力提供中，网约车与巡游出租车形成竞争关系，并与巡游出租车共同构成个体出行组成部分。因此，应当有效协调网约车与巡游出租车的竞争关系，既尊重市场竞争规律，又有效发挥政府规制作用，发挥网约车和巡游出租车各自的优势，共同服务个体化出行；进一步而言，网约车中包含共享性和公益性较强的兼营网约车，和营利性和非公益性较强的专营网约车，应当优先发展兼营网约车。第三，网约车与私家车形成替代关系，共同构成个体出行组成部分。当公共交通服务难以满足市民出行需求时，个体化出行就成为刚需。当巡游出租车和网约车（尤其是兼营网约车）比较便捷且价格适宜时，部分市民将选择避免私家车出行。第四，网约车与公共自行车、共享单车（含共享电动车）形成排斥关系，后者属于公共交通中的非机动车部分，能够有效提供公共交通运力，减轻机动车的使用对城市道路和环境的压力。

鉴于上述对网约车的性质分析，我们可以确定网约车是城市公共交通的补充部分，但基于高科技和共享经济而能够提供很强的个体化运力。网约车中的兼营网约车还能够充分利用存量私家车的运力，共享稀缺的城市道路资源，契合城市交通的潮汐化特点。对网约车的上述属性的分析，有利于在网约车的政府规制中准确识别其合理性和可能存在的隐患。

（二）网约车存在与发展的合理性

网约车存在与发展的合理性需要从两个方面判断：一是网约车本身的性质是否符合市场的合理需求，即城市市民个体化出行需求，这是判断网约车行业存在与发展合理性的内在因素；二是网约车的存在是否符合所处的外部环境特点和约束条件，这是决定网约车行业存在与发展是否具有合理性的外部因素。

首先，网约车本身独特的技术、经济特征，有利于满足城市市民个体出行的需求。从技术特征考虑，网约车通过移动互联网，借助高科技手段精准、高效匹配车辆和乘客供需信息，提高了打车效率。网约车内部具有三种子类型，即专营车辆、兼营车辆和网络拼车（顺风车），三种子类型都基于移动互联网提供约车服务，都具有网约车的技术特征。[①] 从经济特征而言，网约车重视利用租赁车辆、存量私家车和新增加的专营车辆参与运营，增加了运力提供。尤其是兼营网约车使存量车辆的独占性运力转换为向公众开放的运力，在没有明显增加车辆数量的情况下，实现了运力增加。上述两个特征结合产生另外的特征，即借助高效的技术手段提供网约车服务而非道路巡游，能够使车辆供应具有弹性，兼营网约车尤其明显具备这一特征，切合城市交通的潮汐化特点。从交通需求管理角度而言，兼营网约车符合交通需求管理原理。所谓交通需求管理是指通过采取政策、法规和经济杠杆调节作用等方式，来提高公交上座率和私车乘坐人数，调整交通出行方式，改变出行时间，减少交通需求，从而使交通运输系统的通行能力最大化。交通需求管理着眼于通过对交通需求的有效控制来实现交通供需平衡。兼营网约车提高私家车利用率，减少其他车辆出行，提高道路资源利用效率。[②]

城市市民个体出行的需求表现为随着经济水平的提高，城市市民出行需求数量激增，对出行的便捷性、舒适度和个体化需求不断增加。城市中大量增加的私家车就是市民出行需求数量和品质提升的最明显证明，而城市政府在不断提高公共交通的运力和质量，不断提高道路通行质量，不断提高管理的水平，目的就是不断满足城市市民的合理出行需求。

综上分析，我们可以得出结论，网约车本身独特的技术、经济特征有利于满足城市市民个体出行的需求，具有存在和发展的合理性。

其次，网约车符合所处的外部环境特点和约束条件。城市的交通环境特点是车辆持续增加，私家车数量增长明显。道路扩充速度落后于车辆增长速度；城市道路资源紧张，道路拥堵现象增加；在早晚的上下班时段出现交通高峰，具有明显的潮汐化特点；私家车数量集中出行是导致早晚高峰期的主要原因，且私家车出行过程中单人单车现象明显，私家车对道路资源占用率高。在现有的出行方式中，虽然大容量公交得到优先发展，并为公共出行做出了巨大贡献，

①　徐天柱. 创新与管制：互联网约租车管制制度研究 [J]. 江淮论坛，2017 (2)：64-70.

②　张贵宾，刘清，严新平. 交通需求管理的经济分析 [J]. 武汉理工大学学报（社会科学版），2008 (2)：520-523.

但是便捷性和舒适度难以满足公众需求；建设轨道交通耗资巨大，并非所有城市财力能够满足；担负便捷和舒适出行功能的巡游出租车行业因体制因素，改革步伐缓慢，难以满足公众的需求。[①] 越来越多的市民购置私家车解决出行的便捷性和舒适度问题，但随着私家车大量增加，反而造成城市的拥堵。

城市环境成了城市交通发展的约束条件，即城市公共交通发展均要受到车辆快速增加和道路资源紧缺的条件限制，无视这一约束条件的城市公共交通改革方案均不具备合理性。

根据城市交通环境特点及其形成的约束条件，与城市交通出行需求数量和质量不断提高的市场需求之间形成矛盾。而解决城市公共交通问题，既需要增加运力，又需要提高运输效率，尤其是道路资源的利用效率，只有这样才能化解城市交通中的基本矛盾。增加运力既需要适当增加公交车和出租车的数量，又需要基于共享理念调动存量的社会车辆，尤其是已有的私家车投入运营，使存量车辆的独占性运力转换为向公众开放的运力，实现私有资源和公共资源的转换，最大限度地节约社会成本。[②] 应打通专用车辆和运营车辆之间的界限，释放存量车辆的运力。而提高运输效率更为重要，不仅是车辆问题，更是道路资源的利用问题。在城市交通环境特点及其构成的约束条件下，为了提高道路资源利用效率，必须提高现有车辆的利用效率，而非靠一味增加车辆数量来实现；反之，只有提高存量车辆的利用效率，才能从根本上提高道路资源利用效率。共同提高车辆和道路资源的利用效率，才能实质性增加运力。

从上述两个方面分析，网约车的存在和发展具有合理性，能够针对城市公共交通的深层次矛盾，有效缓解城市公共交通中个性化出行压力。

此外，网约车存在和发展的合理性还体现为新型模式具有提升服务质量的可能性和现实性，在一定程度上减轻了规制机关服务质量规制的压力。在巡游出租车模式下，司机和乘客之间的信息不对称，每一次运输服务都是一锤子买卖，司机缺乏足够的激励改善服务质量。现实生活中出租车司机拒载、绕道等服务质量问题屡禁不绝。而网约车借助技术手段，比较科学地解决了激励司机提供优质服务的问题，相信通过法律制度的完善会保障互联网约租车的服务质量。

总体来看，互联网约租车的技术、经济特征使其满足了城市公众出行的关键性需求，即运力增加、精准快捷、提高道路资源利用效率，以及服务质量提

---

① 鲁平. 是取消出租车公司暴利模式的时候了 [N]. 人民日报，2015-01-06（10）.

② 信息社会 50 人论坛. "互联网＋"交通新业态下网络租约车的政策监管：兼评《网络预约出租汽车经营服务管理暂行办法（征求意见稿）》[J]. 电子政务，2015（11）：26-31.

高，符合公共利益，具有充分发展的合理性。

（三）网约车发展过程中出现的问题

专门的投资公司和互联网行业巨头看好网约车领域的巨大发展前景，纷纷投入巨资，如滴滴公司就获得了包括软银、Uber、腾讯、阿里巴巴、国际投资集团 DST、淡马锡、红杉资本、高瓴资本、高盛、摩根士丹利等的投资，[①] 而获得巨额资金的网约车平台公司为了给投资的资本以回报，为了扩大市场份额，彼此之间展开白热化竞争，在急于扩大份额的竞争中暴露出来的问题同样应当重视。

问题一，安全问题。网约车平台中接入车辆随意性较大，车辆及网约车司机的安全性缺乏充分保障。网约车兴起之时，主要利用私家车作为兼营网约车，同时利用租赁公司的租赁车辆。无论是私家车还是租赁公司的车辆，为了避免违反巡游出租车的行政许可要求，往往采用四方协议的方式以尽量合法的方式解决车辆和司机来源问题。当市场需求扩大后，为吸纳更多车辆，除了少量网约车平台公司如神州专车、首汽约车使用自有车辆外，其他主要网约车平台公司开始大量接入私家车进行运营，甚至不再签订四方协议，只是在形式上要私家车挂靠到租赁公司。为了大量扩充车辆，获得更多市场份额，网约车平台公司忽视对车辆性能的安全检查，对司机违法犯罪背景的审查和对司机交通法规遵守情况的检查，网约车平台对车辆的型号和行驶证信息、司机的身份证和驾驶证信息，都只在网络上进行形式性审查，而对网约车司机的犯罪背景审查和交通法规遵守情况审查因缺乏与公安机关和交通机关的信息联通机制而无法进行，因此，网约车的车辆安全审查和网约车司机的安全审查均比较缺乏，在网约车发展早期曾出现过严重的网约车司机犯罪事件。

问题二，网约车的名义下不同性质的车辆混杂其中，模糊了专营车辆和兼营车辆的经营性质。大量新增加的车辆不属于存量私家车共享的范畴，而属于专门购买用于运营的车辆。专营车辆进入虽然扩充车辆来源，但为了扩大市场份额，必然会展开与巡游出租车的价格竞争，易导致供大于求。网约车发展的基础是共享经济理念，因此大部分应当是存量车辆的兼营行为，少量的是专营车辆，前者才能在日常行驶中提供多余运力，进而提高车辆利用效率和道路资源使用效率，并使车辆的供给具有弹性；后者即专营的车辆，目的是提供更高品质的差异化服务，如神州专车、滴滴专车。

网约车平台放开接入私家车后，除了已存在的私家车进行专职营运外，还

[①] 以滴滴公司为例，据统计，自2012年以来，滴滴公司共接受了24轮投资，是网约车平台公司中接受私募股权融资最多的公司，总融资金额超过300亿美元。

出现了市民大量新购置的私家车接入平台专职经营。部分市民包括出租车司机在观望，等待网约车具有合法性后立即购车加入专职运营。可以预见，私家车从事专职约租车运营，不仅会造成车辆供大于求，而且过多占有道路资源。现实生活中，已有精明的投资者购买多台车辆并雇佣司机接入平台进行运营，也存在小城市的车辆接入平台后常驻附近的大城市进行运营的情况。此种情形背离了网约车利用社会存量车辆在不增加道路资源的情况下，以共享方式满足市民出行需求的初衷，丧失了上文提到的优势，因此互联网约租车良性发展必须区分专营和兼营的问题。

问题三，各大网约车平台为抢夺市场占有率，以高额补贴车辆和乘客的方式进行不正当价格竞争，以低于成本价竞争则构成掠夺性定价，违反《中华人民共和国反垄断法》，侵害巡游出租车的正当利益，造成个体化出行领域的发展失衡。网约车和巡游出租车之间本应当存在不同消费群体的合理分界，网约车只接受网络预约。专营网约车往往针对比较高品质的群体，且网约车不能巡游，购车成本和运行成本及收费也高于巡游出租车，能够与巡游出租车客户群体形成差异化发展，满足不同的市场需求。如果是私家车顺道出行，每天运行次数有限，属于兼营网约车，其往往车况较好，服务水平均较高，但不专营，与巡游出租车不构成竞争关系。但是近年来，网约车平台公司为了争取市场份额，掀起一轮又一轮的补贴大战，对车主和乘客进行双向高额补贴，直接抢夺巡游出租车的正常市场份额，严重违反公平竞争原则，导致互联网约租车和巡游出租车之间的矛盾不断激化。这种价格战尤其以滴滴平台公司与优步平台公司、滴滴平台公司与快的平台公司的价格战最为典型。网约车平台公司的低价竞争策略大量分流巡游出租车的乘客，直接导致巡游出租车司机收入减少。即使巡游出租车行业存在着比较严重的问题，迫切需要市场化改革，但是巡游出租车行业的合法权利需要保护。巡游出租车行业的发展与网约车行业形成公平和良性的竞争，有利于防止网约车平台公司在获得市场支配地位后危害市场的竞争秩序。

问题四，网约车承运人的主体责任不明确，乘客的合法权益难以得到充分保障。首先，网约车平台公司是否属于承运人缺乏明确法律规定。与巡游出租车公司承担承运人法律责任不同的是，网约车平台公司普遍表示自己是提供供需信息的中介平台，并非承运人，也无须承担交通运输承运人的法律责任。在网约车合法化之前，当时的法律法规没有规定网约车平台公司属于承运人，发生交通事故应当承担承运人的法律责任。在网约车运行过程中，发生交通事故在所难免，由此造成了乘客的人身或财产损失，如果由车主单独承担交通事故的法律责任，难以充分保障乘客的利益。其次，从保险角度而言，网约车发生事故将难以获得保险赔偿。因为从车辆保险角度而言，网约车购买的保险的种类和保险金额并没有强制性要求，有些网约车甚至没有购买车上人员责任险，[①] 或者购买的车上人员责任险保险数额较低。所以，乘客乘坐网约车发生了交通事故造成的人身或财产损失难以获得保险方面的赔偿。同时，即使网约车购买了车上人员责任险，根据保险公司保险合同中的规定，私家车从事营运发生交通事故造成的人身和财产损失，保险公司有权拒绝承担保险责任，[②] 乘客难以通过保险获得充分赔偿。对于兼营网约车而言，虽然其顺路捎带乘客具有比较强的共享性和公益性，但因为获得了一定的费用补贴，在保险公司看来，也属于商业运营，在发生交通事故造成人员伤亡时会被保险公司拒绝理赔。车上人员责任险针对网约车乘客，而网约车发生交通事故造成第三者人身和财产损失的，网约车车主即使购买了第三者责任险也可能面临保险公司拒绝理赔的情况。网约车车主购买的第三者责任险如果按照营运车辆的属性购买，或者以私家车购买了第三者责任险后加入网约车没有向保险公司告知并重新核定保险费，一旦发生事故造成第三者的人身和财产损失，保险公司将依据《中华人民共和国保险法》和保险合同拒绝理赔。保险公司依据《中华人民共和国保险法》认为私家车提供网约车营运，属于改变车辆用途，而营运车辆比非营运车辆的危险性大幅增加，因此，投保人应当告知保险公司进行变更。虽然有部分网约车平台公司与保险公司协商开始为乘客购买保险，但是网约车未合法化之前，在法律层面缺乏明确规定，网约车平台公司是否承担承运人法律责任，网约车的保险购买并理赔，都涉及网约车乘客、网约车司机、网约车外第三人的人身和财产损失能够在法律制度内得到保障，当时的前景也不清晰。[③]

问题五，网约车乘客服务质量保障不充分，网约车司机的合法权益保障不够。虽然互联网约租车借助网络信息评价机制对车辆状况和服务质量进行评价，服务质量方面具有较大的透明度和约束力，总体上好于巡游出租车，但是，应该看到互联网约租车服务质量纠纷发生在所难免，尤其是互联网约租车快速扩张过程中，大量加入的网约车司机素质参差不齐。网约车司机为了牟利挑客拒载和服务质量低下的报道开始出现，而乘客利益受损后，网约车平台公司介入

---

① 车上人员责任险，即车上座位险，是车辆商业险的主要保险，指的是被保险人允许的合格驾驶员在使用保险车辆过程中发生保险事故，致使车内乘客人身伤亡，依法应由被保险人承担赔偿责任，保险公司会按照保险合同进行赔偿。巡游出租车一般强制性要求购买车上人员责任险且保险金额要求较高。

② 保险公司一般在保险合同或报单中进行特别约定："如车辆出险时，进行营业性用途，保险公司公司不承担保险责任。"

③ 陈植．"互利网＋"催生"专车保险"，"两张保单的尴尬"尚待破解？［N］．21世纪经济报道，2015-05-19（11）．

处理的能力无法得到保障，有些网约车平台公司只设立电子邮箱处理乘客投诉，不设客服电话，导致处理乘客投诉的效率和反馈质量大幅降低。还存在着网约车平台公司即使接受服务质量投诉，后续处理反馈也拖延和无法实质性解决问题的情况，难以让乘客满意。此外，网约车平台公司对网约车司机的权益保障也存在很大的问题，网约车平台公司通过执行平台管理规则对司机进行处罚，如认定司机存在虚假接单、刷单行为即予以封停账号。网约车司机在运营过程中与乘客的纠纷本身不存在过错，往往被网约车平台公司单方予以处罚。网约车司机所获得的收入被提取的服务费标准过高、标准不透明和结算拖延等问题，也造成网约车司机的合法权益受损。

第三章　网约车外部环境和社会需求分析

网约车的外部环境和社会需求分析是规制制度的微观分析框架的重要部分，有利于对网约车行业领域的政府规制展开规范分析，以便实现政府规制的实质合法性，尤其是其中的科学性。根据本书提出的政府规制的微观分析框架，即"规制对象特征分析—规制对象外部环境和社会需求分析—规制需求原理分析—规制目标、原则分析—规制制度具体内容分析"，以及规制对象的技术、经济特征，结合规制对象所处的外部环境，才能比较科学地判断规制对象与社会需求的符合程度，符合规制对象外部环境及其中包含的约束条件的规制制度才能具有现实可行性，满足社会正当需求才具有规制正当性。网约车的规制制度，必须符合社会需求，又具有现实可行性，才能够获得实质合法性。

这一部分重点对网约车所处的外部环境（包括对外部环境中的约束条件）进行分析，同时要对网约车所面临的社会需求进行分析。本部分试图论证：网约车所处的外部环境是现代城市交通，而现代城市交通具有车辆快速增长，道路资源稀缺，城市交通潮汐化等特点。上述特点构成了现代城市交通中各种交通工具存在和发展的约束条件，交通工具的发展合理性必须以是否符合城市交通的特点，符合城市交通的约束条件来判断。网约车面临的社会需求是城市交通出行的需求数量和出行质量需求大幅提高，此种社会需求具有合理性，如何满足此种合理的社会需求需要在现代城市交通特点和约束条件下，科学合理地解决，而现代城市交通以公共交通为主和巡游出租车为补充的方式难以有效缓解城市交通压力，满足公众出行需求。本部分论述为下一步部分即网约车的规制需求原理（即研究论证网约车是否需要政府规制，为什么要政府规制，以及如何规制等问题）提供研究基础。

一、网约车的外部环境分析

网约车所处的外部环境是现代城市交通环境，因为网约车是互联网＋城市出行领域的创新行业和创新模式，其诞生的最初目的是在现代城市交通中利用存量的私家车资源为个体化出行提供便捷的打车服务。对现代城市交通环境的分析是一个复杂的自然科学和经济学的问题，而本书展开对现代城市交通环境的分析的主要目的是研究网约车政府规制制度，因此对现代城市交通环境的分析主要着眼于其对网约车的存在和发展具有影响的重要特点。一般而言，现代城市交通环境的核心是车辆和道路，涉及供给与需求的辩证关系，关联着网约车的技术、经济特征，因此，对现代城市交通环境的特点分析将围绕车辆和道路两大因素来进行。总体来看，现代城市交通环境呈现出如下特征：

一是现代城市交通环境中机动车尤其是汽车数量巨大，增长速度较快，其中小汽车增长速度非常迅速。据公安部统计，截至 2017 年底，全国机动车中汽车占 2.17 亿辆。与 2016 年相比，汽车数量全年增加 2304 万辆，增长 11.85%。汽车占机动车的比率持续提高，近 5 年占比从 54.93% 提高至 70.17%，已成为机动车的构成主体。2017 年在公安交通管理部门新注册登记汽车 2813 万辆，创历史新高。相关报告显示：截至 2019 年 6 月，全国机动车中汽车达 2.5 亿辆，其中私家车达 1.98 亿辆。随着机动车保有量持续增长，机动车驾驶人数量也呈现同步增长趋势。2019 年上半年，全国新领驾驶证人数达 1408 万，全国机动车驾驶人数量达 4.22 亿，与前一年同期相比，增加 2576 万。另外，大中城市机动车保有量变化明显。2017 年全国有 53 个城市的汽车保有量超过 100 万辆，其中 24 个城市超过 200 万辆，7 个城市超过 300 万辆。到了 2019 年上半年，全国 66 个城市汽车保有量超过 100 万辆，其中 29 个城市汽车保有量超过 200 万辆，11 个城市超过 300 万辆。北京、成都汽车保有量均超过 500 万辆。

二是城市道路快速扩张，但城市道路扩充速度远远落后于机动车增长速度，城市道路资源的稀缺性大幅增加。为了适应城市经济发展和公众生活需要，地方政府大力投资基础设施建设，对于路网等投资力度不断加大，城市的道路建设水平和速度有目共睹。很多城市还不断加快高架路和快速路的建设，提高综合交通设施建设水平和交通管理水平，力求提高道路资源的供给数量和质量。但是受限于城市范围、道路建设的周期和周边环境，城市道路建设的速度远远落后于机动车增长的速度。道路网密度是衡量一个城市道路交通状况的重要指标。[①] 住房和城乡建设部城市交通工程技术中心、中国城市规划设计研究院、北京四维图新科技股份有限公司联合发布了 2019 年度《中国主要城市道路网密度监测报告》。截至 2018 年底，全国 36 个主要城市道路网总体平均密度为 5.96 千米/平方千米。在全国 36 个主要城市中，深圳、厦门和成都 3 座城市的城市道路网密度达到了 8.0 千米/平方千米以上，上述三个城市占比为 8%；包括上

---

① 道路网密度定义为：建成区内道路长度与建成区面积的比值（道路指有铺装的宽度 3.5 米以上的路，不包括人行道板，计算公式为 L/S，单位为千米/平方千米）。

海、广州、福州等 19 个城市的城市道路网密度在 5.5—8.0 千米/平方千米，上述 19 个城市占比为 53%；另外有 14 个城市的道路网密度低于 5.5 千米/平方千米，上述 14 个城市占比为 39%。以成都为例，成都的城市道路网密度为全国优秀水平，但成都市 2019 年汽车保有量快速增长超过 500 万辆，道路资源供给依然紧张。结合全国近年汽车登记数量超过 2000 万辆的数字，可以看出现代城市的道路扩充速度落后于汽车增长速度。从日常生活中，我们也能够感知这种特点，如城市的新开通的道路在较短时间内就会变成车流繁忙状态。"新修道路又会出现从前的交通问题，导致拥堵—修建—再拥堵—再修建，无限往复。"①

关于城市道路资源的稀缺性，有学者从公共物品的角度进行论证，城市道路具有准公共物品属性，其竞争性必然产生稀缺性。城市道路在自由流动的情况下具有完全的非竞争性。当处于拥挤状态时，城市道路的消费不再具有完全的非竞争性。从供给角度解决公路过度使用问题不是根治拥挤的良策，应着重从需求角度出发来解决交通拥挤问题。②

三是城市交通出行具有明显的潮汐化特点。所谓出行潮汐化是指在早上和傍晚的交通出行的数量变化有类似大海潮汐变化的规律性。早上高峰期，大量汽车集中出行，汽车好像大海涨潮一样，此时车辆通行缓慢；而在非交通高峰期，道路上的车辆大幅减少，就像大海的潮水退潮一样，此时车辆通行速度提高。因此有人形象地将城市交通的这种特点称之为潮汐化。需要注意的是，城市交通出行的潮汐化是无法避免的，因为工作日早上绝大多数城市市民需要上班和送孩子上学，而傍晚需要下班和接孩子放学回家。又因为早晚大量出行车辆主要是私家车，因此城市的潮汐化特点主要是由私家车出行所造成的。随着城市市民购买私家车数量大幅增长，以及城市道路资源扩充速度落后于车辆增长速度，越来越多的城市出现了早晚高峰时间提前和时段延长的情况。潮汐化持续时间越来越长，车辆拥堵时间也越来越长，城市道路资源的紧张程度进一步加剧。

综上，现代城市交通的三个特点反映出城市交通的内在矛盾，即车辆增长对道路资源需求不断增长，与道路资源供给难以满足道路资源需求之间的矛盾，车辆与道路资源这两个共同依存的事物之间发生了严重的背离。具体表现为：车辆出行需要道路资源，但是道路资源却无法充分满足车辆不断增长的需求；道路资源承载车辆运行，但是车辆增长超过道路资源承载能力时，道路资源限

---

① 张贵宾，刘清，严新平. 交通需求管理的经济分析 [J]. 武汉理工大学学报（社会科学版），2008（4）：520-523.

② 毛润辰. 交通拥堵问题探究：对公共品问题的反思 [J]. 公共管理，2009（6）：64-65.

制了车辆运行效率。这一矛盾是由于城市环境和经济社会发展需求两方面因素造成的，是现代经济和社会发展的必然结果。只要是经济发展和社会需求增加就必然导致车辆增长，而城市道路资源受制于城市范围、道路建设的资金和建设周期，无法充分满足车辆增长需求，城市道路资源必然变成稀缺资源。

面对城市交通环境特点，现代城市政府为解决交通问题不断探求有效的方案，最直接的方法包括：修建道路，增加道路资源的供给，提供大容量公共交通和轨道交通，提倡自行车出行或共享单车出行，对私家车的上牌数量提出限制，在每周特定时间限制特定牌照的私家车出行。就国内城市而言，如北京、上海等特大城市均严格限制机动车上牌，北京市对上牌申请进行摇号且比例很低，上海市对机动车牌照进行拍卖，国内很多城市对机动车限号出行。国外大城市如伦敦、新加坡、斯德哥尔摩还采用收取特定区域的通行费用的方式限制车辆运行。[①]

现代城市交通发展规划应当充分重视城市交通的三个特点，即城市车辆尤其是小汽车数量大幅增加的特点，城市道路资源稀缺性的特点，以及城市交通的潮汐化特点。这三个特点构成了各种交通工具的存在和发展的约束条件，其中最为核心的约束条件是城市道路资源的稀缺性。各种交通工具的发展必须接受道路资源稀缺性限制，只有能够充分利用城市道路资源，缓解道路资源稀缺性限制的交通工具类型，才能够获得优先发展。

有学者提出运用交通需求管理，从需求方面控制对道路资源利用效率较低的交通工具。因为私家车对道路资源的占有率高，应当对在经济发达、人口密度大城市的易拥堵地区实施合理的交通需求管理，给予多乘客私家车辆道路通行费用折扣，对车辆收取合理的通行费用，适当提高停车场收费标准，合理限制车辆在高速公路上的通行速度以及采取单双号限制上道行驶等。[②]有学者从经济学角度提出城市道路交通拥堵是负外部性造成的私人成本由社会负担，小汽车使用者对道路资源的占用和对环境资源的污染，其自身付出的成本较低，在缺乏政府规制的情况下，就会导致小汽车在缺乏有效成本约束下快速发展，导致对城市道路资源和环境资源的过度使用，从而会造成资源配置不合理，不能达到帕雷托最优效率。负外部性问题是市场经济自身无法解决的，为了克服负外部性对社会福利的损害，有必要通过政府发挥作用，测算负外部性造成的

---

① 1975年，新加坡就开始在市中心控制区域征收交通拥堵费，收费标准随着车流量调整，每车次收费多为0.5元至3元新币。2003年伦敦开始征收市中心交通拥堵费，每辆车每天进入收费区一次性缴纳5英镑的进城费。

② 李琳. 我国城市道路交通拥堵的成本测算及对策研究 [D]. 大连：大连海事大学，2013.

损失并向个人收取税收使得外部性内部化，保持私人成本与社会成本的一致，避免对社会资源的过度浪费，减少对社会福利的损害，庇古提出的税收设想被称为"庇古税"。

城市交通工具类型中大容量的公共交通如公交车、轨道交通、快速公共交通 BRT 等形式因为能够充分利用道路资源或者是轨道资源而能够获得优先发展。自有单车、共享单车、自有电动车和共享电动车等交通工具占用道路资源面积较小，被大量鼓励，其中共享单车和共享电动车的利用效率更好，折合成道路资源利用效率也更高，应该优先发展。而巡游出租车利用巡游形式全天候在城市道路上行驶，其对道路资源的利用效率要高于私家车，但是比起大容量公共交通和共享单车之类的交通工具明显处于劣势。因此相对私家车而言，巡游出租车的数量规制有利于城市道路稀缺资源的利用。

而网约车对城市道路资源的利用存在两种情况，其中专营网约车对道路资源的占有利用与巡游出租车大致持平，而兼营网约车主要利用私家车顺道出行的过程提供多余的车内空间，实际上是共享了稀缺的道路资源，提高了城市道路资源的利用效率。

综上，城市交通环境中的约束条件就是城市道路资源稀缺性，解决之道在于提高道路资源的利用效率。城市车辆大量增长、道路扩充速度落后于车辆增长、交通出行潮汐化的特点客观存在，任何交通工具的存在和发展必须符合道路资源稀缺性的限制。在这个约束条件下，只有能够提高道路资源利用效率的交通工具形式和出行行业才具有发展的合理性。因此，网约车要想更好地存在和发展，网约车规制制度的设计应当充分考虑城市交通环境的特点和约束条件，而无视这一约束条件的城市公共交通改革方案均不具备合理性。

二、网约车的社会需求分析

1. 城市公众出行对城市交通提供充分运力的需求和快捷性需求

网约车的社会需求分析是指从社会公众的需求角度分析社会公众出行需求的特点。通过对公众出行需求的分析才能明确城市公共交通发展的方向，才能在城市个体出行领域对巡游出租车、网约车的关系准确定位。网约车是市场经济的产物，城市公共交通出行也是市场经济的行业，市场经济的核心是供给与需求的关系，网约车的规制制度的目标和原则的确立，都需要在城市公共交通的外部环境和约束条件下满足城市公众出行需求。

随着现代经济发展水平的提高，现代城市公众对出行的需求也逐步提高，城市公众的出行需求往往表现为数量和质量两个方面：在数量方面，城市公众需要城市公共交通系统能够提供比较充分的运力，在出行时能够及时乘坐上交通工具；在质量方面，城市公众需要城市公共交通系统能够提供快捷、安全和舒适的运输服务。因此，现代城市交通体系不断向着数量和质量方面发展，具体而言，大容量公共交通的公交车和轨道交通不仅需要容量大，而且需要更加准时、宽敞舒适，因此很多城市的公共交通公司不断增加公交车辆的数量，并更新换代新能源公交车投入运行，同时利用信息技术向乘客提供车辆运行信息。经济发达城市为了满足城市市民在出行数量和质量方面的需求，更是投入巨资建设快捷、舒适和大容量的轨道交通，很多城市的轨道交通发展迅速，线路密度不断提高，服务质量不断优化。相比较而言，对于公共交通中的个体化出行需要也在提高，城市固有的个体化出行方式主要为巡游出租车和私家车两种方式，总体而言，这两种方式在满足公众个体化出行方面的效果都难以让人满意。关于巡游出租车对城市公众出行需求的满足问题，巡游出租车的技术、经济特征决定必须对其进行一定的数量规制，此外由于网约车规制制度本身的问题，导致巡游出租车陷于垄断利益，进一步限制了车辆数量的合理调整，因此城市巡游出租车长期以来存在打车难的问题，难以满足城市公众出行需要。在此背景下，很多城市的无证经营的出租车（即俗称的黑车）屡禁不绝，无证经营的出租车之所以能够生存并难以根治，其原因在于城市公众的个体化出行需求难以得到满足。从某种程度来说，无证经营的出租车是市场经济中供求关系决定的产物，是巡游出租车规制制度本身不够科学所引发的结果。关于私家车满足城市公众个体化出行需求的问题，巡游出租车与私家车出行存在一定的替代关系，当个体化出行的市民能够获得快捷和满意的巡游出租车服务时，在一定程度上部分市民就会放弃驾驶私家车出行而选择巡游出租车。当城市中巡游出租车打车难成为普遍现象，在人民群众经济收入普遍提高的经济基础支持下，市民购买私家车出行成为公众出行的首选方式。城市中过多的私家车出行大量占据稀缺的城市道路资源，导致私家车在道路上耗费时间过长，而且导致整个城市交通系统的效率下降，大容量公共交通的通行效率也被拖累降低。城市公众出行的需求难以得到满足。

城市公众对交通运力的充分性需求和快捷性需求不断提高，一部分大容量公交车和轨道交通满足了部分需求，此外依靠巡游出租车和私家车来满足公众出行的需求都面临着结构性的困难。在这种背景下，网约车借助信息技术不仅快速匹配打车需求，而且能够充分调动存量的私家车来提供运力，在相当程度上满足了城市公众对交通运力充分性和快捷性的需求。尤其是网约车早期主要以存量私家车顺路捎带乘客为主，这种兼营私家车最大的优势在于，兼营私家车不仅数量众多，而且在顺道捎带乘客的同时提高了道路资源的利用效率，能够满足城市公共交通的约束条件。

2. 城市公众出行对安全、便捷和服务质量的需求

城市公众出行首先要求运力充分和快捷，除此之外，城市公众还非常重视出行的安全保障、便捷性、服务质量水平。

首先，交通运输安全保障是城市交通的底线和基础，也是公众出行的基本需求，无法保障公众出行安全的交通运输规制制度必然是失败的。交通安全保障问题主要涉及车辆安全、驾驶员安全和发生交通事故后对于人身财产损失的保障问题。就车辆安全而言，需要提供运输的车辆状态良好，符合车辆检验安全标准。就驾驶员安全而言，需要驾驶员具有良好的安全驾驶记录，没有故意犯罪记录。就保险保障问题而言，需要提供运输服务的车辆购买比较充分的商业保险，在交通事故后能对人身、财产损失提供充分的保险保障。其次，交通运输的便捷性是城市公众出行的核心要求。便捷性与快捷性的要求略有不同，便捷性主要指市民出行"门到门"的方便程度，如果市民出行无须换乘，则是指除了乘坐交通工具花费的时间之外，到达交通工具和离开交通工具到达目的地的时间；如果涉及换乘，则是指能够换乘的方便程度。而交通出行的快捷性主要是指车辆行驶过程中能够达到较快速度。以市民乘坐轨道交通为例，轨道交通具有非常强的快捷性，其设计行驶速度可以达到每小时80公里，但是市民出行是否选择乘坐轨道交通，还需要考虑交通出行的便捷性，如果市民从出发地到达轨道交通站点的距离较远，离开轨道交通站点到达目的地的距离也较远，那么该交通出行就不具备便捷性。反之，如果出发地就有公交车站点，且公交车下车站点距离目的地较近，市民出行往往会选择运行速度不够快的公交车。由此可见，城市公众出行对快捷性和便捷性都有要求，在一定程度上，便捷性的需求甚至会更强。最后，服务质量需求是城市公众出行需求的品质需求，也是公众出行的重要需求。服务质量需求主要表现为运输的舒适度的需求、服务水平的需求，而服务水平的需求表现为出行时能够得到合乎服务规范标准的服务，发生服务纠纷时能够得到合理满意的处理。相比较而言，个体化出行的需求之所以旺盛，很大程度上在于个体化出行在便捷性和舒适度上超过大容量公交车和轨道交通。个体化出行中的巡游出租车之所以被人诟病打车难、打车贵和态度差，就在于乘客对于巡游出租车的服务态度有着超过大容量公交车的期待，而这种期待往往落空。

使用上述公众出行的需求维度，我们可以对城市公共交通运输方式满足出行需求的特点进行分析。

就城市大容量公共交通而言，为了满足公众出行需求，地方政府不仅增加了公交车的数量，而且不断提高公交车的快捷性和舒适度，尤其是大量的电动公交车投入使用，在非高峰期，车辆的快捷性和舒适度得到很大的提高。只是

鉴于大容量公交车无法像个体化出行那样提供"门到门"运输服务，在便捷性方便存在先大不足，因此如何提高大容量公共交通的便捷性成为下一步城市公共交通领域的发展方向。

就个体化出行领域而言，巡游出租车在快捷性和便捷性方面能够满足公众出行需求，但是在提供运力充足性、舒适度和服务质量方面一直被诟病，打车难、服务差、被拒载等问题成为巡游出租车久治不愈的顽疾。其背后的原因在于巡游出租车行业实施的严格的车辆准入制度，且采用公司制经营，出租车公司往往通过牌照租赁形式开展经营，出租车司机一天劳动所得大部分要支付牌照租赁费即俗称的份子钱，因此，巡游出租车司机挑客拒载服务差成为常态，只要是巡游出租车的严格准入制度和公司制的牌照授予制度不进行市场化改革，出租车公司牌照租赁制的经营模式就不会向着满足市民出行需求的方向改革，而只会着眼于其公司利润最大化，坐收份子钱。个体化出行领域的私家车，在快捷性、便捷性和舒适度方面都具有优势，但是受制于经济实力（购车款、车位费）和高额的运行成本（燃油费、维修费、保养费、保险费、停车费等），并非所有市民均可以使用私家车出行，因此私家车对于城市市民公共出行难以提供充分的运力。

上述公众出行需求是一个综合性的维度，任何交通工具均不具备各方面的绝对优势，只能根据不同出行需求，比较某种出行方式的相对优势。大容量公共交通和个体化出行在满足公众出行需求方面就具有不同优势。但无论何种交通运输方式都必须优先考虑对城市交通环境约束条件的适应程度问题，对城市道路利用效率高的交通形式在其相类似的几种运输方式中具有优先发展地位。如在个体化出行领域内，私家车、巡游出租车和网约车等几种交通运输方式，哪一种方式对城市道路资源的利用效率最高就具有优先性，针对该种交通运输方式的规制制度才能更为合理，更具有实质合法性。

第四章　网约车的规制需求原理分析

　　根据政府规制分析的微观框架：（1）规制对象特征分析；（2）规制对象外部环境和社会需求分析；（3）规制需求原理分析；（4）规制目标、规制原则分析；（5）具体规制制度分析，规制需求原理分析是整个分析框架的关键，建立在规制对象特征分析和规制对象外部环境分析的基础上，为规制政策目标、原则的形成提供理论依据。规制需求原理分析研究政府规制的理论依据，解决是否需要规制、为什么要规制，以及如何规制等问题，是规制制度的理论基础，直接关系到规制制度的科学性，并最终影响规制制度的实质合法性。[①] 政府规制的核心内容包括准入规制、数量规制、价格规制、质量规制、安全规制等，政府规制虽然都针对市场失灵而由政府直接对该行业领域的具体行为进行干预、调整或控制，但不同行业领域的不同对象特征，及其所处的外部环境约束条件，满足不同的经济社会需求，具体规制内容具有不同的特点。网约车规制需求原理分析需要回答网约车行业领域政府规制的准入规制、数量规制等问题，比如是否需要对网约车进行数量规制，理由是什么，如何规制。

　　政府规制（government regulation）是指具有法律地位的、相对独立的政府规制者（机构），依照一定的法规对被管制者（主要是企业）所采取的一系列政府管理和监督行为。[②] 马英娟认为规制是以解决市场失灵、维持市场经济秩序为目的，基于规则对市场主体的经济活动，以及伴随经济活动产生的社会问题所施加的干预和控制。[③] 在这个意义上，不能将"规制"概念泛化，用以涵盖行政任务的方方面面。政府规制理论是一门综合性学科，经济学是基础学科，

---

　　① 规制需求分析重在探讨对行业领域进行政府规制的原理。规制需求分析首先要回答为什么进行政府规制，即规制原因分析。在政府规制理论中，被普遍接受的公共利益理论认为，为了解决市场经济中广泛存在的市场失灵问题，尤其是外部效应问题和信息失灵问题，以及由此引发的危害社会利益的问题，需要政府针对规制对象的特征和外部环境、需求进行干预和控制，力图达到与市场有效调节相类似的程度。

　　② 王俊豪. 政府管制经济学导论［M］. 北京：商务印书馆，2001：1.

　　③ 马英娟. 政府监管机构研究［M］. 北京：北京大学出版社，2007：22.

还包括法学、政治学等理论。政府规制一般包括经济性规制、社会性规制和竞争规制。经济性规制主要研究自然垄断产业的准入规制、价格规制、投资规制的实现；社会性规制研究产品质量规制、安全规制和环境卫生规制；竞争规制主要研究反垄断和反不正当竞争以实现自由竞争和公平竞争。政府规制理论同时重视规制体制和规制机构的研究。

经济性规制的实质是规制机构通过法律授权，通过制定法规、设定许可、监督检查、处罚等方式对企业在进入、数量、退出、价格、投资等方面的决策进行限制。[①] 其中市场准入规制、数量规制、价格规制是政府规制的重点。准入规制主要是控制新市场主体的进入，对准入对象的条件进行限制，准入对象即使到达条件能够进入，还需要被规制机关控制数量，这种情况下准入规制和数量规制就发生了分离。在很多情况下，在一些国家对巡游出租车进入市场进行规制，既包括规定条件，又实现数量控制，目的是保证出租车达到一定条件，同时防止出租车市场中车辆供给大于需求，导致车辆沉没成本太高和占用过多道路资源。价格规制是规制机构为企业制定特定的价格或价格范围，目的是使企业只能获得合理的收益。价格规制分为价格水平规制和价格结构规制。价格水平规制主要有边际成本定价方式、公平收益率规制等。价格水平规制有线性定价、非线性定价和拉姆齐—布瓦特定价。除此之外还有产品质量规制，对部分产业还实行投资行为规制。社会性规制主要是针对外部性问题和信息不对称问题导致的环境污染、产品质量、劳动场所安全等问题而进行的规制，社会性规制自20世纪70年代开始逐步加强，与经济性规制逐步放松的趋势形成了鲜明的对比。

政府规制理论的需求来源于外部性、信息不对称和自然垄断问题。大多数情况下，政府对特定产业的行为进行规制往往因为该行业领域存在比较严重的市场失灵现象等问题，且市场机制本身难以调节，或者市场失灵存在严重的信息不对称侵害消费者利益和公共利益。针对自然垄断产业的政府规制，一方面是因为自然垄断产业存在规模经济等特点，难以展开竞争，进行准入规制可以获得较高的经济效益；另一方面，为防止自然垄断企业谋取垄断利润，提高社会分配效率，政府的准入规制和价格规制等可以产生类似竞争机制的作用。

本书认为政府规制是政府依据法律和政策的规定，针对市场失灵问题及其引发的社会问题，而直接限制市场主体的权利或规定市场主体义务的制度。根据市场失灵的原因和采取措施的特点，可以将政府规制分为三类：一类是针对特定行业市场失灵而市场调节机制难以有效调节，或者自然垄断行业难以开展

---

① 文学国. 政府规制：理论、政策与案例 [M]. 北京：中国社会科学出版社，2012：27.

竞争，而依法直接规定企业经济行为的经济性规制，如数量规制、价格规制、准入规制等；一类是针对信息失灵领域容易引发社会问题而进行的社会性规制，如安全规制、健康规制、环保规制等；一类是针对竞争机制失灵而采取的竞争法规制，包括反垄断规制和反不正当竞争规制。

当然，有部分学者认为政府规制不包括竞争法规制，认为政府规制与反垄断属于两种不同的法律机制，政府规制是事前和事中的直接干预，而竞争法规制是事后对限制竞争和不正当竞争行为的救济。"管制和反垄断法的适用不应彼此消长替代，而可共同适用且各有侧重：前者是控制性和政策性的，通过法律规范来控制行为的过程，侧重维护事前和事中的市场秩序；后者是救济性和随机性的，通过法律规制来救济行为的结果，侧重校正事后的市场秩序。"① 此种看法是具有启发性的，但是三种政府规制的子类型，不论是事前规制还是事后救济，都是针对市场失灵而由政府来作为主体直接采取干预、控制市场主体的措施，简言之，都是政府在行动，而市场主体都必须服从政府依法的控制和干预。因此在这个意义上，本章分别从网约车的经济性规制、社会性规制和竞争性规制三个方面展开分析。

一方面，某些市场失灵且市场无法有效调节的行业领域必须进行政府规制；另一方面，政府规制又面临着困难甚至规制失灵的风险，这就提示我们对特定行业领域的政府规制必须科学、民主且符合形式合法性，追求规制制度的实质合法化。如果一定阶段内的政府规制效果不佳，可以通过法律规范实施效果反馈，优化调整公共政策，改革政府规制制度。

运用政府规制理论分析巡游出租车行业的规制需求原理，这些规制需求的理论分析就构成了巡游出租车行业领域的政府规制的理论基础。巡游出租车行业的规制需求原理，通常有以下几个方面：一是关于巡游出租车的数量规制，城市出行具有高峰期和低谷期，如果允许巡游出租车自由进入而不设数量规制，在高峰期巡游出租车的数量能够满足需求，但是在低谷期就会出现车辆过剩。巡游出租车行业的沉没成本较高，车辆退出而造成资源浪费，同时会造成社会不稳定。因为购买车辆进入巡游出租车市场就业的，往往是缺乏其他工作技能的劳动者，其花费大量资金购买车辆，而市场缺乏数量准入，供大于求将会给巡游出租车司机造成重大损失。即使不造成大量沉没成本，当巡游出租车市场供大于求，必然导致车辆收入难以达到社会平均水平，甚至司机为了抢夺客源会造成消费者权益的损害，基于上述原因，政府对巡游出租车行业进行数量规制，防止大量车辆进入市场。二是关于巡游出租车的价格规制，鉴于进入市场

---

① 张占江. 自然垄断行业的反垄断法适用：以电力行业为例 [J]. 法学研究，2006（6）：53-68.

的车辆被政府干预，在短缺内难以调整，在位巡游出租车实际上具有了垄断地位，为了防止其利用垄断地位收取高额价格，政府必然配套进行价格规制，因此巡游出租车市场的运价是政府定价或政府指导价。三是关于巡游出租车的服务质量规制和安全规制，巡游出租车具有了垄断地位，容易出现服务质量和安全状况下降的情况，因此巡游出租车行业普遍进行服务质量规制和安全规制，巡游出租车司机要考取资格证，巡游出租车要统一标识，要符合特定检验标准。但是需要看到，巡游出租车的数量规制和价格规制的基本原理是清楚的，但是要实现切合实际情况的数量规制和价格规制，政府在规制信息和规制能力方面都面临巨大困难，因此很多城市的巡游出租车数量规制和价格规制往往难以达到理想状态，成为规制难题。

因为网约车的技术、经济特征与巡游出租车存在重大区别，所以针对巡游出租车行业的规制需求原理分析，并不能套用到网约车的规制需求原理上，而要建立具有实质合法性的网约车规制制度，需要对网约车行业进行规制需求原理分析，根据本书提出的政府规制微观分析框架，规制需求原理分析应当结合网约车的技术、经济特征，面对网约车所处的外部环境和约束条件，考虑满足社会公众的交通出行需求，就经济性规制、社会性规制和竞争规制提出是否规制、为何规制以及如何规制的理论分析。

一、网约车的经济性规制原理

(一) 准入规制原理

准入规制需求往往与数量规制需求存在联系，因而有些学者将准入规制等同于数量规制，实际上数量规制解决的是在网约车行业是否需要政府规定数量限制的问题，而准入规制解决的是在网约车行业是否需要确定市场主体的类型的问题，如是否准许个体进入，是否准许企业进入，比如巡游出租车行业的规制制度就基本上只允许出租车公司进入市场，而实质上不鼓励甚至限制个体出租车经营者进入市场。在本文中准入规制还涉及准许何种经营类型的车辆和何种条件的驾驶员进入网约车市场，主要是指网约车行业领域一直以来都存在着专营网约车、兼营网约车和拼车网约车（顺风车）三种业态类型。而现行《网约车暂行办法》只规制了专营网约车和拼车网约车（顺风车）两种类型，但是对后者又缺乏车辆安全和驾驶员安全的规制，因此在准入规制中需要分类讨论网约车和驾驶员应否准入以及如何准入的问题。

关于专营网约车的准入，专营网约车以营利为目的，技术特征方面利用信息技术匹配车辆和打车需求，具有高效性，车辆来源为专门营运车辆，往往是新购车辆，在运行中不进行巡游，有利于回应不同区域的打车需求，且具有运力调节的弹性。专营网约车的准入条件主要由市场调节形成，当打车乘客对高品质服务具有要求时，车辆的规格和档次自然较高，运费也较高。但是也需要看到，网约车平台为了扩大市场份额，会让更多的车辆加入平台运行，同时降低打车价格以吸引乘客，刻意降低车辆条件，这将造成专营网约车与巡游出租车不正当的竞争。因此，必须对专营网约车的准入条件进行合理规制。有些地方的专营网约车的准入标准稍微高于普通巡游出租车，这种准入标准是科学合理的。专营网约车的驾驶员属于市场行业，因此不应当限制其户籍和居住证所在地。

关于兼营网约车的准入，兼营网约车主要是利用存量的私家车顺道出行提供运力服务，虽然私家车主获得一定收入，但其主要价值在于通过共享车辆空间而提高了城市道路资源利用率，有助于缓解城市道路资源的压力，在一定程度上具有公益性。据合肥市运输管理的相关负责人透露，目前合肥市大约有30万辆网约车在路上跑，绝大多数网约车每天只接1—2单，每天常规性接单8—12单以上的，大约只有3万辆，不符合标准的网约车将会强制退出。由此可见，虽然兼营网约车接单数量少，但是因为其基数巨大，聚少成多的作用不容小视。因为城市道路拥堵问题源于道路资源紧张，兼营网约车对提高城市道路资源利用效率意义巨大。从这个角度而言，即使兼营网约车对巡游出租车在运力提供方面具有了替代性，但这种作用是有利于公共利益的，因而兼营网约车的准入，不是考虑其与巡游出租车的竞争问题，而是如何实现共享理念，提高道路资源利用效率的问题。所以对兼营网约车的准入，在车辆规格方面应当不予限制，应对其车辆的合法手续、车辆安全状况和保险状况提出准入条件。兼营网约车属于在当地城市顺道出行，因此其驾驶员应当具有当地户籍和居住证。

关于拼车网约车（顺风车）的准入，因为其也是共享车辆空间，可以提高道路资源利用效率，也应当对车辆的合法手续、车辆安全状况和保险状况提出准入条件。驾驶员准入条件与兼营网约车基本相同。

（二）数量规制原理

《网约车暂行办法》规定，网约车的数量实行市场调节，只要符合规定的车辆和驾驶员都能够获得车辆运输的许可和驾驶员许可。但是《网约车暂行办法》只规定了专营网约车类型，略微提及了拼车网约车（顺风车）。因此对网约车的数量规制也要分类讨论。

关于专营网约车的数量规制，因为其主要向市场提供比较高品质的运输服务，加之车辆准入的条件要高于巡游出租车，且不能巡游，其运价一般较高于巡游出租车，其市场需求数量由乘客需求决定，因此可以不对专营网约车的数量进行规制。但是需要看到，车辆、驾驶员的准入规制能够间接起到数量规制的作用。

关于兼营网约车的数量规制，兼营网约车在主观上是私家车主顺道带客获得收入，但客观上有利于提高城市道路资源利用率，该种价值具有极大意义，因此不应当对其数量进行规制。但是为了防止兼营网约车的专营化，要对其每天接单的次数进行规制。拼车网约车（顺风车）的数量规制原理同兼营网约车。

(三) 价格规制原理

《网约车暂行办法》规定，网约车的价格以市场调节价为原则，例外情况下地方政府可以规定政府指导价，此种规定符合网约车的特征和市场需求。但是存在的问题是《网约车暂行办法》只规定了专营网约车的价格，对拼车网约车（顺风车）的价格授权地方政府规定。兼营网约车的公益性一面是提高城市道路利用率，为鼓励车主共享车辆空间，并且补贴其出行成本和服务成本，因此对价格应当适当激励，但是为了防止兼营网约车的价格低于巡游出租车，对巡游出租车造成实质上的排挤，甚至是不公平竞争，也为了防止在同一个网约车平台上专营网约车和兼营网约车产生价格体系冲突，造成专营网约车的订单数量不合理下降，对兼营网约车的价格应当执行与专营网约车一样的市场价格。对拼车网约车（顺风车）的价格进行规制时，因为其公益性较强，且长途捎带乘客的风险也较大，同时考虑到长途出行获得的计价里程较长，可以对其价格应进行适当的规制，坚持补贴成本价格原则，为防止其原则缺乏明确性，可以由地方政府规制机关进行细化规定，并由网约车平台执行。

二、网约车的社会性规制原理

(一) 安全规制原理

网约车是对公共交通的补充，但在社会属性上属于城市公共交通的组成部分。公共交通工具在属性上属于公共服务的范畴，因此符合公共服务的安全性要求，公共交通工具在道路上运行面临事故导致的人身财产损害风险，对安全性的要求超过普通公共服务类型。而网约车属于公共交通中的个体化出行方式，驾驶员的安全背景也非常重要。只有没有犯罪背景、没有严重治安处罚记录的驾驶员才满足安全背景要求。此外网约车运行过程的安全规制也十分必要。由此，网约车的安全规制由三部分构成。

关于网约车的车辆安全规制：专营网约车的安全规制必须充分重视，因为其作为营运车辆运行时间长，车辆的安全状况更具有重要意义。《网约车暂行办法》对网约车的安全提出了"车辆技术性能符合运营安全相关标准要求"(第十二条第三项)。

关于网约车的驾驶员安全规制：多次的网约车违法犯罪案件往往是因为驾驶员的安全背景出问题。在网约车发展初期不少存在安全问题的人加入网约车平台，导致网约车的安全隐患极大。《网约车暂行办法》从积极条件和六个消极条件对网约车驾驶员的安全提出了要求，积极条件是有三年准驾车型的驾龄，六个消极条件是：无暴力犯罪记录，无交通肇事犯罪记录，无危险驾驶犯罪记录，无吸毒记录，无饮酒后驾驶记录，无交通违法扣分达12分的三次记录。安全规制非常全面。

关于网约车行驶过程的安全规制：网约车发生的多次重大伤害事故都是发生在网约车的行驶过程中，且网约车缺乏外在明显标志，难以受到群众监督，因此行驶过程的安全规制尤为必要。《网约车暂行办法》提出"安装具有行驶记录功能的车辆卫星定位装置、应急报警装置"(第十二条第二项)。从对驾驶员和乘客双方形成足够的警示作用角度出发，可以考虑增加能够在线反映双方言行的装置。

关于网约车行驶过程的安全规制：应当考虑驾驶员对交通法规的遵守情况，必须避免违规驾驶车辆的行为，如饮酒驾车、疲劳驾车；车辆在运行过程中，必须采取充分的安全技术手段，对运行过程进行记录，促使、警示驾驶员和乘客遵守法律规定，文明驾驶或乘车，对运行过程中可能发生的人身和财产损失能够及时报警。

(二) 承运责任、保险和服务质量规制原理

1. 关于网约车运输的责任人责任规制

网约车平台公司具有实施上的承运人地位，虽然大多数车辆不是网约车平台公司所有，但是仅仅依靠所有权来定性承运人忽略了问题的本质。网约车平台公司制定交易和运行的规则，控制和掌握运行的过程，匹配供需双方的信息并派出车辆，从每笔订单中获得收益，且乘客均认可网约车平台公司的品牌才选择打车，因此，网约车平台公司属于承运人。"应当厘清网络平台与乘客之间的交通运输合同关系，承认其无车承运人地位。"[①] 对于兼营网约车和拼车顺风车，这两类车辆只是每天接单次数受到限制，但是每车接单数量较少，总和数量巨大，给网约车平台公司带来的收益也巨大，网约车平台公司对此类车辆进行的管理和控制与专营车辆本质上没有过多的区别，只是网约车平台公司基于

---

① 侯登华."四方协议"下网约车的运营模式及其监管路径 [J]. 法学杂志，2016 (12)：68-77.

公益性出发，向这两类车辆提成较少，对其承运人责任的限额可以适当增加。

2. 关于网约车的保险规制

交通运输过程中的意外事故不可能完全避免，必须由能力充分的责任主体承担承运人责任，才能够提供充分保障，此外，在承运人责任之外，为提高保障，还需要借助保险机制来寻求社会风险的分担机制，因而需要对车辆和人员提高保险保障才能达到保障性要求。网约车保险涉及网约车平台公司分担承运人责任，应当强制性购买承运人保险，这种保险由网约车平台公司向保险公司整体投保。再者，为化解车辆对第三人造成的人身财产损害的赔偿，在网约车平台购买承运人保险之外，专营网约车应当购买营运保险。而兼营网约车和拼车顺风车为保证公益性被严格限制接单次数。要求车辆购买营运保险并非合理，且无法激励私家车主共享其车辆空间从而利用道路资源，因此可以通过网约车规制制度规定，兼营网约车和拼车网约车（顺风车）应在每笔订单成立时通过网络购买一次性运输责任保险。

3. 关于网约车的服务质量规制

为提高网约车的服务质量，应当对网约车的服务质量进行一定的规制，鉴于网约车的差异化主要由市场竞争机制造成，为了防止网约车与巡游出租车开展同质化竞争，国家层面的规制制度授权地方政府制定一定的车辆标准来促进网约车与巡游出租车在车辆品质方面的差异化。由于车辆品质的差异，且网约车不进行巡游，因此网约车的价格要高于巡游出租车。网约车在价格较高的情况下，应当通过较好的服务质量吸引乘客，因此网约车的服务质量主要由市场竞争决定。但是鉴于网约车的管理是网络管理，缺乏巡游出租车由实体化公司进行日常管理，而且网约车缺乏外在标志，规制机关往往也难以便利查看其服务质量，因此需要对网约车的服务质量提出一定的基本要求。对服务质量争议的处理建立一定的机制，便于及时认定和解决服务质量纠纷。因此，网约车的服务质量规制以最基本的服务质量要求，网约车的服务质量纠纷需要由网约车平台和政府规制机关分层次解决，乘客的质量服务投诉先由网约车平台公司负责调查和处理，对网约车平台公司的调查和处理不服的乘客，有权要求网约车规制机关予以调查和处理。《网约车暂行办法》规定，网约车平台公司应当公布确定符合国家有关规定的计程计价方式，明确服务项目和质量承诺，建立服务评价体系和乘客投诉处理制度，如实采集与记录驾驶员服务信息。在提供网约车服务时，应向乘客提供驾驶员姓名、照片、手机号码和服务评价结果，以及车辆牌照等信息。《网络车暂行办法》还规定网约车提供经营服务应当符合国家有关运营服务标准，不得途中甩客或者故意绕道行驶，不得违规收费，不得对举报、投诉其服务质量或者对其服务做出不满意评价的乘客实施报复行为，否则将追究网约车平台公司的行政法律责任，但是未规定网约车规制机关监督网约车平台公司处理服务质量纠纷的职责以及接受乘客投诉处理的机制。

（三）个人信息保护规制原理

个人信息保护制度来源于科技发展对个人信息的侵害。[①] 20 世纪 60 年代末至 70 年代初，由于计算机和信息系统的采用，欧洲和美国注意到个人信息使用与滥用问题，认识到需要确保某些记录的保密性与安全性，限制对某些记录的访问或被用于初始用途之外的用途，以保护个人信息不被滥用。[②] 在此基础上，各国逐步形成了"公平信息实践"，并出台了针对个人信息自动处理的第一批法律，用以落实"公平信息实践原则"。[③] 1973 年，瑞典制定了首部全国性的《数据保护法》。2016 年欧盟制定《关于在个人数据处理和此类数据的自由流动方面保护自然人，并废除指令 95/46/EC（通用数据保护条例）》。随着信息化普及，个人信息保护已迅速成为一项独立的法律制度，全世界已有 100 多个国家制定专门的个人信息保护法律，确立了独立运行的制度。[④]

为保护个人信息，同时为了促进数据行业的正常发展，我国相继建立一系列的法律、法规对个人信息进行保护。

在法律方面，2012 年 12 月 28 日第十一届全国人民代表大会常务委员会第三十次会议通过的《全国人民代表大会常务委员会关于加强网络信息保护的决定》，第一次从国家立法层面专门就如何保护网络中个人信息做出了简明但重要的规定。该《决定》第一条明确提出："国家保护能够识别公民个人身份和涉及公民个人隐私的电子信息。"

2017 年 6 月 1 日起施行的《中华人民共和国网络安全法》的立法目的在于保障网络安全，适用于在中华人民共和国境内建设、运营、维护和使用网络，以及网络安全的监督管理，主要内容包括"网络安全支持与促进""网络运行安全""网络信息安全""监测预警与应急处置"等四个部分。对网络运营者、网络产品或者服务的提供者的收集、处理个人信息的规则和法律责任做出了明确

---

①　《中华人民共和国民法典》第一千零三十四条第二款：个人信息是以电子或者其他方式记录的能够单独或者与其他信息结合识别特定自然人的各种信息，包括自然人的姓名、出生日期、身份证件号码、生物识别信息、住址、电话号码、电子邮箱、健康信息、行踪信息等。《中华人民共和国个人信息保护法》第四条第一款：个人信息是以电子或者其他方式记录的与已识别或可识别的自然人有关的各种信息，不包括匿名化处理后的信息。因此，个人信息的核心特征在于识别出自然人。正是这个核心特征，所以法律对个人信息要特别保护。从可识别性而言，如果个人数据能识别出自然人，个人数据与个人信息具有相同含义，两个概念的界定角度不同。

②　周汉华. 个人信息保护的法律定位 [J]. 法商研究，2020（3）：44-56.

③　丁晓东. 个人信息私法保护的困境与出路 [J]. 法学研究，2018（6）：194-206.

④　周汉华. 个人信息保护的法律定位 [J]. 法商研究，2020（3）：44-56.

的规定，分别确定了个人信息收集的个人同意规则（第二十二条第三款）①；个人信息收集、使用的合法、正当、必要原则（第四十一条）②；个人信息保存规则以及个人信息收集处理后向第三人提供的规则（第四十二条）③；个人信息的删除规则和更正规则（第四十三条）④，以及违反上述规则的法律责任（第六十四条）⑤。这是第一次通过国家立法建构个人信息收集、处理的原则，主要规则和法律责任的框架体系，对后续个人信息保护的专门立法起到了重要的启示作用。

2017 年 10 月 1 日起施行的《中华人民共和国民法总则》第五章民事权利的第一百一十一条规定："自然人的个人信息受法律保护。任何组织和个人需要获取他人个人信息的，应当依法取得并确保信息安全，不得非法收集、使用、加工、传输他人个人信息，不得非法买卖、提供或者公开他人个人信息。"该条不仅将自然人的个人信息作为民事权利予以明确，而且规定了任何组织和个人依法取得和保障安全个人信息的积极义务和七种消极义务。为了适应互联网和大数据时代发展的需要，将数据作为民事财产权利予以规定，即第一百二十七条："法律对数据、网络虚拟财产的保护有规定的，依照其规定。"由此也产生个人信息与数据权利之间的关系处理问题。2021 年 1 月 1 日起全面实施的《中华人民共和国民法典》又在第四编人格权中（第一千零三十四条—第一千零三

---

① 《中华人民共和国网络安全法》第二十二条第三款："网络产品、服务具有收集用户信息功能的，其提供者应当向用户明示并取得同意；涉及用户个人信息的，还应当遵守本法和有关法律、行政法规关于个人信息保护的规定。"

② 《中华人民共和国网络安全法》第四十一条："网络运营者收集、使用个人信息，应当遵循合法、正当、必要的原则，公开收集、使用规则，明示收集、使用信息的目的、方式和范围，并经被收集者同意。网络运营者不得收集与其提供的服务无关的个人信息，不得违反法律、行政法规的规定和双方的约定收集、使用个人信息，并应当依照法律、行政法规的规定和与用户的约定，处理其保存的个人信息。"

③ 《中华人民共和国网络安全法》第四十二条第一款："网络运营者不得泄露、篡改、毁损其收集的个人信息；未经被收集者同意，不得向他人提供个人信息。但是，经过处理无法识别特定个人且不能复原的除外。"

④ 《中华人民共和国网络安全法》第四十三条："个人发现网络运营者违反法律、行政法规的规定或者双方的约定收集、使用其个人信息的，有权要求网络运营者删除其个人信息；发现网络运营者收集、存储的其个人信息有错误的，有权要求网络运营者予以更正。网络运营者应当采取措施予以删除或者更正。"

⑤ 《中华人民共和国网络安全法》第六十四条："网络运营者、网络产品或者服务的提供者违反本法第二十二条第三款、第四十一条至第四十三条规定，侵害个人信息依法得到保护的权利的，由有关主管部门责令改正，可以根据情节单处或者并处警告、没收违法所得、处违法所得一倍以上十倍以下罚款，没有违法所得的，处一百万元以下罚款，对直接负责的主管人员和其他直接责任人员处一万元以上十万元以下罚款；情节严重的，并可以责令暂停相关业务、停业整顿、关闭网站、吊销相关业务许可证或者吊销营业执照。"

十九条）对个人信息的定义和个人信息受法律保护权（第一千零三十四条）、规定个人信息处理原则和规则（第一千零三十五条）、规定个人信息正当处理不需担责的情形（第一千零三十六条）、个人信息的查阅权、复制权、更正权和删除权（第一千零三十七条）、信息处理者保障信息安全义务（第一千零三十八条）、国家行政机关的个人信息保密规定（第一千零三十九条），对个人信息权利和保护做出权威性的规定。

2021 年 11 月 1 日起施行的《中华人民共和国个人信息保护法》是"为了保护个人信息权益，规范个人信息处理活动，促进个人信息合理利用"（第一条），主要内容涵盖了"总则"（第一章）、"个人信息处理规则"（第二章）、"个人信息跨境提供的规则"（第三章）、"个人在个人信息处理活动中的权利"（第四章）、"个人信息处理者的义务"（第五章）、"履行个人信息保护职责的部门"（第六章）、"法律责任"（第七章）等，是我国首部专门保护个人信息的法律。《中华人民共和国个人信息保护法》确立了多层级、多维度的个人信息保护规范体系。[①]

自进入 21 世纪以来，我国把握技术发展趋势和个人权利保护要求，构筑了个人信息保护的框架体系。其中《中华人民共和国民法典》是龙头，《中华人民共和国个人信息保护法》是核心，还包括涉及个人信息保护的其他法律法规，主要有针对网络安全的《中华人民共和国网络安全法》、针对数据安全的《中华人民共和国数据安全法》（2021 年 9 月 1 日起施行），针对电子商务交易和管理的《中华人民共和国电子商务法》（2019 年 1 月 1 日起施行），以及针对征信行业的专门立法《征信业管理条例》。

需要注意的是，个人信息与数据权利是得到《中华人民共和国民法典》确认的两个重要的民事权利（权益）。国家在保护个人信息的同时，也促进数据行业的发展。2015 年 8 月 31 日，国务院印发了《国务院关于印发促进大数据发展行动纲要的通知（国发［2015］50 号）》，其中明确提出了其后 5—10 年我国大数据发展和应用要逐步实现的目标。"要实现大数据利用与个人信息保护之间的协调发展，离不开信息主体、信息控制者、管理者三者之间的多维治理结构"，[②] 因此，应当在加强个人信息保护的同时，合理协调数据产业的利益。《中华人民共和国个人信息保护法》规定了个人信息保护和促进个人信息合理利用两个方面，体现了这一利益的协调需求，而不同利益的协调所需要考虑的复

---

① 张新宝. 论个人信息权益的构造［J］. 中外法学，2021，33（5）：1144-1166.

② 周汉华. 探索激励相容的个人数据治理之道：中国个人信息保护法的立法方向［J］. 社会科学文摘，2018（4）：64-66.

杂性也增加了法律制度设计的难度。

网约车行业是信息时代中网络经济和共享经济的典型代表行业，而网络经济依靠网络平台所集合的大规模数据并加以处理，为供需双方提供交易信息，并通过信息控制交易行为和交易秩序。因此，从商业经营角度而言，根据《中华人民共和国电子商务法》，网约车平台属于电子商务平台经营者，[①] 而从个人信息保护角度而言，根据《中华人民共和国个人信息保护法》，网约车平台属于个人信息处理者，[②] 需要重点研究个人信息保护问题。此外，网约车需要精确导航才能提供准确的定位和出行服务，精确的导航地图涉及我国城乡的各种地理坐标。不仅涉及各种道路、桥梁、隧道和建筑物等人工建筑，也包括高山、湖泊等自然地形，当这些地理信息结合出行人员的出行信息和出行轨迹，将涉及安全信息问题，因此，对个人信息保护之外的信息安全也提出了规制要求。由此，网约车行业主要涉及个人信息保护问题，以及行业发展对个人信息的合法处理问题，同时涉及安全信息的保护问题。

在实践过程中，关于个人信息保护和信息安全问题已经有所暴露，务必引起高度重视。2021 年 7 月 2 日，国家互联网信息办公室网站发布公告，网络安全审查办公室按照《网络安全审查办法》，为防范国家数据安全风险，对滴滴出行实施网络安全审查，审查期间"滴滴出行"被停止新用户注册。2021 年 7 月 16 日，国家网信办会同公安部、国家安全部、自然资源部、交通运输部、税务总局、市场监管总局等部门联合进驻滴滴出行科技有限公司，开展网络安全审查。7 月 9 日，国家互联网信息办公室发布通告称，滴滴企业版等 26 款 App "存在严重违法违规收集使用个人信息问题"，要求其在应用商店下架。一周后滴滴旗下全系 App 被通报下架。

鉴于个人信息保护与互联网行业数字经济发展具有利益关联，因此，对个人信息保护，必须在理论方面研究个人信息的法律属性，即个人对其个人信息具有何种法律上的权利或者权益，信息处理者的义务以及个人信息保护模式，以及个人信息保护与数据行业发展的利益平衡原则，应就以上要点达成一些共识，并结合网约车行业的特点提出规制要求。

首先是个人信息的法律属性。《中华人民共和国个人信息法》第四章规定了个人在个人信息处理活动中的权利。王利明、杨立新等著名学者认为个人信息

---

① 《中华人民共和国电子商务法》第九条第二款：本法所称电子商务平台经营者，是指在电子商务中为交易双方或者多方提供网络经营场所、交易撮合、信息发布等服务，供交易双方或者多方独立开展交易活动的法人或者非法人组织。

② 《中华人民共和国个人信息保护法》第四条第二款：个人信息的处理包括个人信息的收集、存储、使用、加工、传输、提供、公开、删除等。

属于公民的权利，即个人信息权。王利明认为应当承认个人信息是独立的个人信息权。只有确认信息权利才能为个人信息提供充分的保护。具体说来，只有通过民事权利的确认，个人信息才能明确进入民法保护机制中。[①]杨立新也持有相同的观点，认为个人信息属于具体的人格权。[②]程啸认为个人数据可以成为民事权利的客体，自然人对个人数据的权利防御因个人数据被非法收集和利用而侵害既有的人格权与财产权。[③]与之相对，周汉华等学者则认为，个人信息权作为信息主体对抗信息控制者处理行为的新型公法权利，信息主体的权利就转变为信息控制者的相应法律义务。如果是一种民事权利，构成人格权侵权必须满足侵权赔偿的法定要件，必须造成实际损失，被侵权人还要承担举证责任，这种保护机制将会遇到很大困难。而作为公法权利，只要数据控制者违反法定义务，就可以认定为违法，个人信息保护机构就可以通过公法执法发现并制裁违法。[④]本文赞同后者的观点，个人具有对个人信息保护的权利，正是基于这种属性的权利，信息处理者的义务才能够被准确确定。也正是信息处理者的义务才对应了个人对个人信息的保护权利的具体权能。个人信息的权利属性，也决定了信息处理者对信息具有一定权利。进一步而言，正是这种属性，决定个人信息保护的行政监管优先模式。

其次是信息处理者的义务。为了保护个人信息，必须规定信息处理者处理信息的规则和义务。《中华人民共和国个人信息法》第二章规定了个人信息处理的一般规则和特殊规则，成为个人信息处理活动的制度规范框架；《中华人民共和国个人信息法》第五章规定了个人信息处理者的义务。数据企业对个人数据的权利来自其合法收集、存储，并支付了对价这一事实行为。大数据时代的个人数据权利涉及自然人的民事权益保护与数据企业的数据活动自由关系的协调。[⑤]

第三是个人信息处理者的权利。处理者在处理个人信息后获得的数据池具有较高的经济价值，保护处理者对个人信息数据享有的财产权益有利于数字产业的发展，因此应将此等财产权利配置给处理者，但此等财产权利受个人信息

---

① 王利明. 论个人信息权在人格权法中的地位 [J]. 苏州大学学报（哲学社会科学版），2012 (6)：68-75.

② 杨立新. 个人信息：法益抑或民事权利：对民法总则第 111 条规定的"个人信息"之解读 [J]. 法学论坛，2018 (1)：34-45.

③ 程啸. 论大数据时代的个人数据权利 [J]. 中国社会科学，2018 (3)：102-122.

④ 周汉华. 个人信息保护的法律定位 [J]. 法商研究，2020 (3)：44-56.

⑤ 程啸. 论大数据时代的个人数据权利 [J]. 中国社会科学. 2018 (3)：102-122.

权益的制约。① 匿名化的个人信息完全属于企业财产，有利于企业提高技术服务水平。对网约车平台而言，匿名化的个人信息，将剥离个人的可识别信息，只将道路条件、通行时段、高峰人群和流向等涉及车辆更好通行的信息保留给网约车企业，而对个人账号、电话号码、个人惯常出行路线、面部特征、声音特征、企业单位等信息不能擅自收集、分析和处理。《中华人民共和国个人信息处理法》第六章规定了履行个人信息保护主管机关的职责。

第四是个人信息保护的模式。《中华人民共和国民法典》规定个人信息的人格权益，由此通过民事法律责任制度，对侵权行为可以要求个人信息处理者承担侵权责任。而《中华人民共和国个人信息保护法》同时将个人信息保护作为公法权利，又可以通过规定个人信息处理规则、个人信息处理者的义务，以及个人信息处理者的法律责任来保护个人信息。因此，我国以《中华人民共和国民法典》为代表构建了民事权利＋民事侵权的保护模式，以《中华人民共和国个人信息保护法》《中华人民共和国网络安全法》为代表的公法构建了公法权利＋处理规则＋信息处理者义务＋监管机构执法＋公法责任的保护模式。

这两种模式的根源在于个人信息的法律属性，不同的法律属性其保护模式侧重点不同，既然我国对于个人信息的民事权利属性和获得保护的公法权利属性，都有充分理由，且在《中华人民共和国民法典》《中华人民共和国个人信息保护法》中都有体现，在法律实践中发生过个人通过民事诉讼途径保护个人信息权利的成功案例，个人信息保护的执法机关也不断加强监管，因此在我国，私法保护模式和公法保护模式应同时存在。

但是，鉴于个人信息保护监管机关的专业能力和监管体制更能够全面、专业和主动打击个人信息处理的违法行为，本文建议在我国应当以监管机关执法模式为主来保护个人信息。当代各国普遍将个人信息权界定为新型公法权利，为数据控制者规定广泛的法律义务，并通过设立专门、独立、权威的个人信息保护执法机构来提供有效的保护。《中华人民共和国个人信息保护法》保护的客体不是所有的个人信息，而是数据控制者以自动方式处理的个人信息。个人信息保护法严格的表述其实是个人信息处理保护法。必须要有处理才涉及保护。② 由此，在网约车行业的个人信息保护中，应当由监管机关来执法检查网约车平台公司对个人信息的处理行为，这样能够更充分保护乘客的个人信息安全。

个人信息保护和个人信息合法利用之间的协调，涉及个人信息权益、一般个人信息处理者的企业权益之间的利益平衡。《中华人民共和国个人信息保护

---

① 张新宝. 论个人信息权益的构造［J］. 中外法学，2021（5）：1144-1166.
② 周汉华. 个人信息保护的法律定位［J］. 法商研究，2020（3）：44-56.

法》强调始终将保护个人信息权益、规范个人信息处理活动与促进个人信息合理利用作为立法目的。有学者认为个人信息保护应形成既保护个人尊严和自由，又能够促进个人信息合法利用的规则。[①]

网约车行业的个人信息保护必须在个人信息保护法律规范的总体规定下，结合网约车行业的特点来进行。网约车行业是提供打车端和供给端，并提供精确导航、支付结算和出行途中安全监督的创新行业，因此其个人信息涉及四个方面：一是打车人的个人信息，包括姓名、手机号码、位置信息、身份信息，司机端的车辆信息、驾驶员身份信息、安全驾驶和背景信息；二是位置信息和出行轨迹信息；三是支付方式信息，包括支付途径、支付账户信息、银行账户信息；四是个人出行途中的图像信息、视频信息和声音信息，谈论各种话题涉及的个人事情、商业秘密等信息。而将个人信息和行为轨迹信息和建筑单位信息相连接，经过数据处理分析，可以了解个人的工作单位、日常住址、行动轨迹、单位的工作特点，甚至是经常消费的场所、消费习惯等信息，其中涉及的建筑信息、地形信息属于国家的信息，而乘客在乘车途中涉及的工作内容往往可能涉及行政事务等重要事项，长期分析公务人员的通话信息，甚至可以探究重大行政决策事项和国家秘密。因此，网约车平台的个人信息，应当限于为了更好地使出行服务、结算服务、安全保障等目的的实现，超过此目的的信息收集和处理均不符合法律规定。

三、网约车的竞争规制原理

市场经济的基本规律是通过市场竞争机制进行资源配置以提高经济效率，并最终提高社会福利。竞争机制通过市场经济主体的分散决策来配置资源而发挥作用，这种配置资源的机制被亚当·斯密形象地称为"看不见的手"。相对于计划机制即"看得见的手"而言，竞争机制在配置资源方面具有很大的优势，但竞争机制并非完美的机制，市场主体的竞争行为也会产生负面效应。在竞争机制作用下，市场主体既可以从事自由竞争、正当竞争、有效竞争等有利于经济发展的行为，又可以从事限制竞争、不正当竞争、低水平竞争等阻碍经济发展的行为。为了克服由于限制竞争行为（即垄断行为）和不正当竞争行为所导致的市场失灵现象，政府会依据法律对违反以《中华人民共和国反垄断法》和《中华人民共和国反不正当竞争法》为核心的竞争法的市场主体行为进行规制，以恢复竞争机制配置资源的有效性。此类政府依法介入市场经济，直接进行调节、控制企业行为，意图实现自由竞争和正当竞争的行为被称为竞争性规制，

---

① 高富平. 个人信息保护：从个人控制到社会控制［J］. 法学研究，2018（3）：84-101.

主要包括反垄断规制、反不正当竞争规制两个方面。①

网约车行业是互联网技术与城市公共交通行业创新结合的新兴行业，在网约车行业快速发展的过程中，行业巨头如滴滴公司获得了市场支配地位。为了巩固市场支配地位，并利用市场支配地位获得高额利润，网约车平台公司实施限制竞争和不正当竞争的行为。② 2018 年 9 月，交通运输部召开例行新闻发布会，针对近期交通运输部联合多部委对网约车平台的检查，发现滴滴出行等网约车、顺风车平台公司存在诸多问题和安全隐患，滴滴等网约车平台还涉嫌行业垄断。这是交通运输部首次点名网约车平台涉嫌行业垄断。以滴滴公司为代表的网约车公司，暴露出来的涉嫌违反《中华人民共和国反垄断法》的行为，主要集中在以下几种类型：第一，网约车公司进行经营者集中涉嫌违反《中华人民共和国反垄断法》关于经营者集中申报的法律规定。第二，网约车公司烧钱补贴乘客和司机，以低于成本价的运价抢占市场份额，涉嫌违反《中华人民共和国反垄断法》关于滥用市场支配地位的法律规定。第三，网约车公司向网约车司机收取高额的抽成，涉嫌违反《中华人民共和国反垄断法》关于滥用市场支配地位行为中的不公平高价的法律规定。第四，网约车公司利用大数据向条件相同的打车乘客收取不同的打车费用，即大数据杀熟行为，涉嫌违反《中华人民共和国反垄断法》关于禁止价格歧视的法律规定。上述涉嫌垄断的行为说明，网约车行业的平台公司虽然具有技术和经济模式创新性，但是他们作为市场主体并没有改变企业的本质属性，没有改变企业对利润追求的特点，在缺乏法律约束的情况下，仍然会进行限制竞争行为。创新精神并非全部值得鼓励，破坏市场竞争机制的创新行为同样需要接受法律的规范，因此，对网约车行业的限制行为和不正当竞争行为进行法律规制就具有了必要性。

《中华人民共和国反垄断法》针对传统企业的规范已经很成熟，但是如何针对新兴的互联网平台公司进行反垄断规范则面临着理论更新。除了理论研究的

---

① 有部分经济学家认为低水平竞争产业需要依靠充分的市场竞争来实现优胜劣汰，以推动产业升级，但此种情形的发生需要很多外部条件和内部环境。工业水平落后的国家优先出现的是劳动密集型和资源密集型产业，在激烈的国家竞争背景下，发达国家往往故意压制欠发达国家的低水平竞争产业使其难以升级，采用的手段包括知识产权封锁、贸易战中技术封锁和恶意的制裁、跨国并购。为改变低水平竞争产业，不仅需要完善国内市场经济体制，通过竞争促进产业升级，更需要运用科学的产业政策帮助产业升级。在激励竞争的国际经济背景下，后者的作用更为明显。鉴于低水平竞争产业升级问题并非本文的研究范围，此处不再赘述。相关论述参见：史际春，徐瑞阳. 产业政策视野下的垄断与竞争问题 [J]. 政治与法律，2016（4）：2-13.

② 《中华人民共和国反垄断法》第十八条：本法所称市场支配地位，是指经营者在相关市场内具有能够控制商品价格、数量或者其他交易条件，或者能够阻碍、影响其他经营者进入相关市场能力的市场地位。

不断发展之外，国家立法和执法实践也积极回应互联网经济发展的需要和挑战。阿里巴巴集团公司因滥用市场支配地位实施"二选一"的行为违反《中华人民共和国反垄断法》，被处以 182.28 亿元罚款，这是对互联网平台公司的执法，具有强烈的典型意义。2021 年 2 月 7 日，国务院反垄断委员会印发《国务院反垄断委员会关于平台经济领域的反垄断指南》（国反垄发〔2021〕1 号）；正在修订的《中华人民共和国反垄断法》增加了关于互联网平台垄断行为认定的内容。[①]《中华人民共和国电子商务法》也就互联网平台竞争问题做出有针对性的规定。[②]

鉴于网约车行业的技术、经济特征及经营模式与传统巡游出租车行业不同，网约车行业的反垄断规制重点是网约车平台公司的反垄断行为的竞争规制，有必要根据竞争规制的基础理论，依据相关法律、法规、规章和指南，结合网约车行业的经济、技术特征，提出认定网约车行业平台公司限制竞争行为的标准，进而提出规制建议。

这一部分将首先介绍反垄断法的相关概念和规定；再次根据已颁布的法律规范，提炼互联网经济平台限制竞争的特点；最后分析网约车行业最主要的限制竞争行为（经营者集中、垄断定价、滥用市场支配地位）规制原理和规制思路。

（一）法律上垄断的概念和我国反垄断法的体系

1. 法律上的垄断概念

法律意义上的垄断概念与经济学中垄断的概念存在联系和区别。经济学中所称的垄断既指垄断结构，又指垄断行为。垄断结构是指除完全竞争之外所有的市场结构，包括垄断竞争、寡占和独占。法律意义上的垄断是指经营者或其利益的代表者排除或限制竞争的违法行为。

法律意义上的垄断具有四个特点：

一是仅指垄断行为，不包括垄断结构。法律只将垄断行为纳入规制范围，对于处于垄断地位的企业而没有实施垄断行为的情况不予规制。这样规定背后的理论依据是，垄断结构往往由于企业通过自身的经营和技术革新所积累而成，一个企业具有高度的市场份额而具有垄断结构本身不具有违法性，市场经济鼓

---

① 《〈中华人民共和国反垄断法〉修订草案（公开征求意见稿）》第二十一条第二款：认定互联网领域经营者具有市场支配地位还应当考虑网络效应、规模经济、锁定效应、掌握和处理相关数据的能力等因素。

② 《中华人民共和国电子商务法》第二十二条：电子商务经营者因其技术优势、用户数量、对相关行业的控制能力以及其他经营者对该电子商务经营者在交易上的依赖程度等因素而具有市场支配地位的，不得滥用市场支配地位，排除、限制竞争。

励竞争创新而形成大型企业。

二是指行为的主体是经营者或其利益的代表者。经营者是最主要的市场主体，现代市场经济主体的主要形式是公司。经营者利益的代表主要是经营者所参与的行业协会或者商会。

三是行为的目的或后果是限制竞争、牟取超额利益。限制竞争或排除竞争，是垄断的核心特征。反垄断的最重要的理由正在于垄断行为排除或限制竞争，使市场经济的竞争机制名存实亡，因此垄断行为也被称为限制竞争行为。法律上的垄断概念之所以需要具备限制竞争的后果，在于垄断行为具有双重效应，并非全部都是坏处。一方面垄断能够产生消极效应，限制竞争，导致市场机制不能充分发挥有效配置资源的作用，垄断组织丧失创新精神，意图通过垄断行为牟取垄断利润，损害社会福利，同时导致中小经营者难以进入特定行业开展竞争，消费者权益也受到损害。另一方面，垄断具有一定积极效应，某些垄断存在有可能优化经济组织分工协作，促进资源配置合理化，形成规模经济，提高技术，降低经营成本。① 因此，即使市场主体实施了垄断行为，也必须同时具备限制竞争的后果，才符合法律上垄断的构成要件，适用于反垄断法，予以查处。

因为垄断行为具有双重属性，所以各国的反垄断法对于认定法律上的垄断往往采用合理原则为主、本身违法原则为辅的方法。所谓合理原则就是指在判断限制竞争行为是否具有违法性时，既要确认该行为是否发生，还要考量行为人的市场地位，经济实力，行为的目的、方式和对市场竞争所造成的损害后果等诸多因素。② 反垄断法所禁止的是具有限制竞争效果的垄断行为，而并非反对一切经济学意义上的垄断行为。本身违法原则是指有些垄断行为具有非常明显的消极作用，只要有这种行为，不需再考量其是否存在合理因素而直接认定为法律上的垄断。一般而言，对于横向价格协定往往采用本身违法原则。

四是行为根据反垄断法的规定具有违法性。如果依法不构成垄断或者具备反垄断法所规定的适用除外的条件，就排除了违法性，就不是法律意义上的垄断。因为垄断行为的双重属性，为了保护具有积极效果的垄断行为，反垄断法采用适用除外等制度将其排除在适用范围外，不认为其具有违法性。所谓的反垄断法适用除外，是指在规定反垄断法适用范围时，将符合特定条件的领域、

---

① 漆多俊. 经济法学（第二版）[M]. 北京：高等教育出版社，2019.
② 张守文. 经济法学（第四版）[M]. 北京：中国人民大学出版社，2018.

事项或行为作为例外而不适用反垄断法基本规定的一项制度。[①]

2. 我国反垄断法的体系构成

我国反垄断法的体系构成包括实质意义的反垄断法和形式意义的反垄断法。形式意义的反垄断法是指一国规制垄断行为的基本法律。2007 年 8 月 30 日第十届全国人大常委会第二十九次会议通过《中华人民共和国反垄断法》，2008 年 8 月 1 日起施行，共计 8 章，内容包括总则、垄断协议、滥用市场支配地位、经营者集中、滥用行政权力排除或限制竞争、对涉嫌垄断行为的调查、法律责任、附则等。[②] 实质意义的反垄断法是由反垄断法律规范所构成的系统，是部门法意义上的反垄断法。1993 年全国人大正式通过的《中华人民共和国反不正当竞争法》明确禁止几种危害性大的限制竞争行为。以此为依据，国家工商总局发布了《关于禁止公用企业限制竞争行为的若干规定》。1997 年全国人大常委会制定了《中华人民共和国价格法》，禁止价格卡特尔、低价倾销以及价格歧视等与价格相关的限制竞争行为。1999 年全国人民代表大会常务委员会通过了《中华人民共和国招标投标法》，禁止串通招标行为，禁止招标人对潜在的投标人的歧视待遇和其他限制投标人竞争的行为。这些法律属于实质意义的反垄断法范围。

为配合实施《中华人民共和国反垄断法》，国务院颁布了相关的行政法规和决定，反垄断执法机构颁布了一系列部门行政规章，国务院反垄断委员会颁布了反垄断指南，也属于实质反垄断法的范围。

关于行政法规和决定，2008 年 8 月 3 日国务院发布了《国务院关于经营者集中申报标准的规定》（2018 年 9 月 18 日修正）；2016 年 6 月 1 日国务院发布了《关于在市场体系建设中建立公平竞争审查制度的意见》，要求中央和地方各级行政机关通过自我审查方式对已出台的政策性文件实施公平竞争审查，避免出台的公共政策违反公平竞争的精神和《中华人民共和国反垄断法》的规定，从源头上减少行政垄断行为的发生。

---

① 《中华人民共和国反垄断法》的适用除外体现四个方面：一是联合限制竞争。《中华人民共和国反垄断法》第十五条规定了适用除外的 7 种情形。二是滥用市场支配地位。《中华人民共和国反垄断法》第十七条规定禁止具有市场支配地位的经营者滥用市场支配地位行为时均设定了"不公平""没有正当理由"等限定，允许行为人提出证据予以反证。三是知识产权行为。对经营者依照有关知识产权的法律、行政法规规定行使知识产权的行为，不适用《中华人民共和国反垄断法》。四是农业生产者及农村经济组织的特定行为。

② 为进一步完善反垄断法律制度体系，市场监管总局起草了《〈中华人民共和国反垄断法〉修订草案（公开征求意见稿）》，并向社会公开征求意见，并于 2020 年 1 月 31 日前反馈市场监管总局。2021 年 10 月 23 日第十三届全国人民代表大会常务委员会第三十一次会议对《中华人民共和国反垄断法（修正草案）》进行了审议。该草案向社会公开征求意见。

关于反垄断的部门行政规章，在 2018 年国务院机构改革之前，我国的反垄断执法机构分别由国家发改委、商务部和国家工商总局担任，这三家反垄断执法机构分别发布了十多个相关的反垄断行政规章。国务院机构改革后，新组建的国家市场监管总局作为统一的反垄断执法机构，于 2019 年发布了《禁止垄断协议暂行规定》《禁止滥用市场支配地位行为暂行规定》《制止滥用行政权力排除、限制竞争行为暂行规定》三个部门规章，于 2020 年公布部门规章《经营者集中审查暂行规定》，共计四个部门规章，涵盖了反垄断法调整的四种垄断行为。至此，为配合《中华人民共和国反垄断法》实施，反垄断执法机构针对反垄断法规定的四种垄断行为均出台了部门规章，对四种垄断行为的认定和处理进行了细化规定，而原来国家发改委、商务部和国家工商总局担任反垄断执法机构发布的部门规章均废止。

关于反垄断指南，2009 年 5 月 24 日国务院反垄断委员会发布了《国务院反垄断委员会关于相关市场界定的指南》，2020 年 9 月 18 日国务院反垄断委员会发布了五部反垄断指南，涉及企业合规、汽车行业、知识产权领域、横向垄断协议宽大案件、经营者承诺等方面。① 互联网领域的垄断行为对经济的影响越来越大，尤其互联网平台公司的垄断行为严重影响行业自由竞争，2021 年 2 月，国务院反垄断委员会颁布了《国务院反垄断委员会关于平台经济领域的反垄断指南》。

对于网约车行业如何适用反垄断法，应当依据上述实质意义的反垄断法进行规制，即《中华人民共和国反垄断法》《国务院关于经营者集中申报标准的规定》《禁止滥用市场支配地位行为暂行规定》《国务院反垄断委员会关于相关市场界定的指南》《国务院反垄断委员会关于平台经济领域的反垄断指南》。其中国务院反垄断委员会颁布的《国务院反垄断委员会关于平台经济领域的反垄断指南》，为互联网平台经济领域的反垄断执法提供指导思想和具体规范。此外，国家反垄断执法机关对于互联网平台公司的执法实践，如 2021 年阿里巴巴公司的滥用市场支配地位案，对互联网平台公司的反垄断执法如何适用法律具有重要的示范意义。

（二）互联网平台垄断行为的特点及规制原理

互联网平台公司的垄断行为是互联网经济中新出现但是又具有非常严重影响的行为，其垄断行为的特点源于互联网平台的特点，垄断行为的规制原理应

---

① 这五步反垄断指南的具体名称分别为《经营者反垄断合规指南》《国务院反垄断委员会关于汽车业的反垄断指南》《国务院反垄断委员会关于知识产权领域的反垄断指南》《横向垄断协议案件宽大制度适用指南》《国务院反垄断委员会垄断案件经营者承诺指南》。

首先分析互联网平台所引发的垄断行为特点，并结合反垄断的基本理论分析互联网平台垄断行为的规制原理。

互联网平台公司的垄断行为与传统企业的垄断行为不同，而其特殊性产生于互联网平台的特点。一般而言，互联网平台公司具有四个容易引发垄断行为的特点，分别是网络效应、网络平台的规模经济和范围经济属性、网络平台对平台经营者的控制性和依赖性、网络用户的客户粘性。其中，第一，网络效应下互联网平台公司呈现领先者通吃的格局，这种特点导致互联网平台公司的竞争非常激烈。网络效应容易引发互联网平台公司不惜一切手段扩充市场份额，为了生存和发展，互联网平台公司必须想尽一切办法获得并维持市场支配地位。这一特点能够从根本上解释互联网平台公司的限制竞争行为的原因。第二，网络平台的规模经济和范围经济属性，容易引发互联网平台公司扩充产品和服务，构筑网络生态系统，并利用双边市场一边采取免费策略，一边采取高价策略，获得垄断利润。第三，网络平台的锁定效应对使用互联网平台的消费者而言，表现为很强的客户粘性，互联网平台公司构筑的生态圈提供从信息搜索到支付、物流等全方位服务，导致客户对互联网平台的依赖。在此种效应作用下，互联网平台公司倾向采取对消费者的大数据杀熟等交易歧视行为；网络平台的锁定效应对平台内的经营者产生控制性，使得平台内的经营者转换平台非常困难，进而平台内的经营者对互联网平台产生了依赖性。在此种效应作用下，互联网平台公司倾向对平台内的经营者采取"二选一"等限制交易的行为，也容易引发对平台经营者收取高额服务费等行为。第四，互联网平台具有强大的掌握和处理相关数据的能力。互联网平台基于大数据和算法的技术支撑，不仅掌握了平台客户、平台内经营者和其他平台的大量个人信息和交易数据，而且利用其研发的算法对上述数据进行处理，对消费者进行数据画像，精准推送，甚至进行算法协同价格行为。互联网平台的强大数据收集和处理能力，是实现互联网平台网络效应、规模经济和范围经济、锁定效应的重要技术支撑，也是其实施限制竞争行为的技术基础。

针对互联网平台的特点及其容易引发的垄断行为，国家密切关注并不断研究制定了相关法律和规范性文件，力求既鼓励互联网经济创新发展、公平竞争，又能依法解决其存在的限制竞争、阻碍经济发展的问题。中央提出"要完善平台企业垄断认定、数据收集使用管理、消费者权益保护等方面的法律规范"，"要加强规制，提升监管能力，坚决反对垄断和不正当竞争行为"；相关反垄断指南及时颁布，《国务院反垄断委员会关于平台经济领域的反垄断指南》（以下简称《指南》），在基本原则中提出"完善平台企业垄断认定的法律规范，保护平台经济领域公平竞争"。就如何针对互联网平台特点进行反垄断执法，《指南》

特别提出："反垄断执法机构将根据平台经济的发展状况、发展规律和自身特点，结合案件具体情况，强化竞争分析和法律论证，不断加强和改进反垄断监管，增强反垄断执法的针对性和科学性。"国家市场监管总局 2020 年 1 月 2 日发布的《〈中华人民共和国反垄断法〉修订草案（公开征求意见稿）》将互联网领域的反垄断问题进行专门规定。① 2021 年 10 月 23 日，全国人大常委会发布了《中华人民共和国反垄断法（修正草案）》，其中增加了专门针对平台经营者垄断行为的条款。②

具体而言，第一，互联网平台的网络效应。网络效应来源于经济学上的网络外部性，网络外部性是外部性在网络上的表现，是指连接到一个网络的价值，取决于已经连接到该网络的其他人的数量。通俗来讲就是每个用户从使用某产品中得到的效用，与用户的总数量有关，用户人数越多，每个用户得到的效用就越高。网络外部性产生的网络效应表现在如下方面：从网络用户层面来看，用户一旦使用一个被广泛使用的网络，就难以离开这个网络，否则就会导致难以跟其他个体进行交流和联系。从网络平台公司的角度来看，网络效应意味着网络平台越大，加入该网络的人员越多，平台越能吸引资本的投入，导致强者通吃的发展格局。很多互联网平台公司的生存和发展之道就是充分重视和利用网络效应。如果互联网平台公司不能借助网络效应急速扩张，不仅难以发展，而且难以生存。网络效应不仅创造价值，而且成为互联网平台公司维持垄断地位的防御形式。从整个行业发展情况来看，一个行业往往最后只有少数的巨头存在并越来越大，互联网平台公司之间产生极度分化。如我国电子商务平台主要集中在阿里、京东和拼多多等公司，而外卖平台主要集中在饿了么和美团等公司。

借助网络效应，互联网平台公司的投资和营利模式也与传统企业差别巨大。具体而言，互联网平台公司通过烧钱的方式抢占市场份额，即使初期产生巨额亏损也在所不惜，只要能够借助网络效应占有足够市场份额，就会吸引投资资本。资本则通过互联网平台公司成功上市来获得资本增值。由此，网络平台必须极力并快速扩大规模，必须获得市场支配地位才能生存，而为了生存则必须

---

① 《〈中华人民共和国反垄断法〉修订草案（公开征求意见稿）》第二十一条第二款规定："认定互联网领域经营者具有市场支配地位还应当考虑网络效应、规模经济、锁定效应、掌握和处理相关数据的能力等因素。"

② 《中华人民共和国反垄断法（修正草案）》第三条提及："经营者不得滥用数据和算法、技术、资本优势以及平台规则等排除限制竞争。"第九条提及："具有市场支配地位的经营者利用数据和算法、技术以及平台规则等设置障碍，对其他经营者进行不合理性限制的，属于前款规定的滥用市场支配地位的行为。"

保持市场支配地位，为此目的不惜采取各种手段包括采取限制竞争手段。如互联网平台公司阿里巴巴公司旗下拥有中国市场份额最多的购物平台，为了维持其市场支配地位，其实施了《中华人民共和国反垄断法》第十七条第一款第（四）项禁止"没有正当理由，限定交易相对人只能与其进行交易"的滥用市场支配地位行为。就此，我国对当事人处以其 2019 年度中国境内销售额 4557.12 亿元 4% 的罚款计 182.28 亿元。就此案件而言，阿里巴巴公司应当知晓其限制竞争的行为违反《中华人民共和国反垄断法》，但是基于网络效应而维持其市场支配地位又具有极端重要性，阿里公司不惜以身试法。由此可见，网络效应非常容易引发互联网平台公司的限制竞争行为，且网络效应是互联网平台特点的核心，互联网平台的其他特点均强化网络效应。鉴于网络效应的特点，在对互联网平台公司的市场支配地位认定和限制竞争行为认定时要充分考虑网络效应的特点。

第二，网络平台的规模经济和范围经济属性。规模经济意味着互联网平台公司的规模越大，提供产品服务数量越多，其成本就越低，就越具有竞争优势。规模经济在互联网平台中表现得更为明显，其提供的产品往往是数据和信息，在达到一定规模后，增加对平台内经营者和消费者的产品和服务数量而消耗的边际成本几乎为零；而范围经济是指互联网平台公司同时提供相关联的产品和服务所耗费的成本比单独公司提供上述产品或服务的总成本要低，因此具有经济效应。范围经济对于互联网平台而言表现在其构建的数字生态系统方面更为明显，互联网平台"提供信息搜索、竞价、调配、社交、金融等综合性服务，构建交互数字经济生态，并充分采集、共享、利用各类数据，提高交易效率"，[①] 如阿里巴巴公司的主营业务包括"网络零售平台服务、零售及批发商业、物流服务、生活服务、云计算、数字媒体及娱乐、创新业务等"。由此，互联网平台非常在意扩大规模，获得更高的市场份额，不仅获得网络效应，而且获得规模经济和范围经济的利益，此外，三者叠加将导致互联网平台和生态系统的价值得到极大的放大。

第三，网络平台对平台内经营者的控制性和依赖性。互联网平台对平台内的经营者的控制性是指，互联网平台不仅提供具有内在连续性的整体服务，如天猫平台向经营者提供搜索、广告、结算、支付、售后、物流等服务，而且大

---

① 杨东.论反垄断法的重构：应对数字经济的挑战［J］.高等学校文科学术文摘，2020（5）：69-70.

量制定平台内的规则来约束经营者和消费者，以维护平台内的秩序。"制定交易规则，维护交易秩序，其融合企业和市场功能兼具行业协会、公益组织甚至政府等一定的公共属性，平台行使私权力，有助于减少平台内经营行为的负外部性，但其私权力也容易遭到滥用"。[1] 在此过程中，必然强化了平台服务和平台规则对平台内的经营者和用户的控制。对于如何制定平台服务协议和交易规则，《中华人民共和国电子商务法》进行了明确规定，要求电子平台经营者即互联网平台要遵循公开、公平、公正原则。[2] 但是法律规定往往比较有原则，需要在执法和司法过程中通过适用法律不断细化，形成法律适用规则含义的共识。另外，互联网平台的经营模式决定了互联网平台为了获得网络效应、规模经济和用户数量，必然通过各种方法强化其控制力。平台经营者的依赖性是指在特定互联网平台长期开展经营的经营者，基于平台的影响力和各种服务，经营者所积累的客户资源、品牌效应，以及转换其他互联网平台的高额转换成本和沉没成本，而对特定互联网平台产生的依赖性。互联网平台对平台内经营者的控制性，以及平台内经营者对互联网平台的依赖性，两种作用相互结合，赋予互联网平台对其市场地位的滥用的条件和机会。

上述互联网平台公司的特征，揭示了数字经济时代中互联网平台新型的"平台、数据、算法三维竞争所依据的数字经济基本结构和原理"，"数字经济平台利用大数据、算法、区块链等技术"，"构建交互数字经济生态"，"制定交易规则"，"与工业经济的竞争要素和结构和原理有很大不同"。[3]

（三）网约车平台公司垄断行为规制原理

根据上述互联网平台的特点及其容易引发的反垄断行为，结合网约车行业的特点，在现有资料中，网约车平台涉嫌限制竞争行为表现在如下几个方面：

第一，网约车公司违反《中华人民共和国反垄断法》进行经营者集中。

网约车公司违反《中华人民共和国反垄断法》进行经营者集中的典型案例是滴滴公司分别兼并快的公司、优步公司案件。根据《中华人民共和国反垄断

---

[1] 杨东. 论反垄断法的重构：应对数字经济的挑战 [J]. 高等学校文科学术文摘，2020（5）：69-70.

[2] 《中华人民共和国电子商务法》第三十二条：电子商务平台经营者应当遵循公开、公平、公正的原则，制定平台服务协议和交易规则，明确进入和退出平台、商品和服务质量保障、消费者权益保护、个人信息保护等方面的权利和义务。

[3] 杨东. 论反垄断法的重构：应对数字经济的挑战 [J]. 高等学校文科学术文摘，2020（5）：69-70.

法》第二十一条：经营者集中达到国务院规定的申报标准的，经营者应当事先向国务院反垄断执法机构申报，未申报的不得实施集中。

2015年2月，滴滴、快的两家网约车公司宣布合并，当时两家公司的市场份额超过90%，时隔一年，滴滴再和优步中国合并，滴滴收购优步中国的品牌、业务、数据等全部资产。其所进行的经营者集中行为未根据《中华人民共和国反垄断法》进行申报。当时商务部表态称，正在根据《中华人民共和国反垄断法》等相关法律法规对这一案件进行调查。2020年12月，中国出租汽车产业联盟致函国家市场监管总局和交通运输部，呼吁继续进行对滴滴优步合并案的反垄断调查，并查处平台存在的其他垄断行为。

对于滴滴公司与上述两个公司的合并，应当根据《中华人民共和国反垄断法》及《国务院关于经营者集中申报标准的规定》中关于经营者集中的法律规范进行申报。《国务院关于经营者集中申报标准的规定》第二条明确了经营者集中的含义，① 第三条明确了以营业额为依据的申报标准，② 第四条明确了以对行业竞争产生影响的申报标准，即"经营者集中未达到本规定第三条规定的申报标准，但按照规定程序收集的事实和证据表明该经营者集中具有或者可能具有排除、限制竞争效果的，国务院反垄断执法机构应当依法进行调查"。对于营业额的定义，2020年10月23日国家市场监督管理总局令第30号《经营者集中审查暂行规定》第七条：营业额包括相关经营者上一会计年度内销售产品和提供服务所获得的收入，扣除相关税金及附加。网约车公司的营业额主要是其经营收入，主要是网约车公司向网约车司机提供服务而获得服务费，当时滴滴公司与快的公司或者优步公司均没有达到营业额标准。但是符合《国务院关于经营者集中申报标准的规定》第四条规定的情形，即滴滴公司与快的公司或优步公司合并行为可能具有排除、限制竞争效果，是在积极获得投资，尽可能占领市场份额。网约车平台公司属于互联网平台公司，互联网平台公司必须充分利用

①《国务院关于经营者集中申报标准的规定》第二条：经营者集中是指下列情形：（一）经营者合并；（二）经营者通过取得股权或者资产的方式取得对其他经营者的控制权；（三）经营者通过合同等方式取得对其他经营者的控制权或者能够对其他经营者施加决定性影响。

②《国务院关于经营者集中申报标准的规定》第三条：经营者集中达到下列标准之一的，经营者应当事先向国务院反垄断执法机构申报，未申报的不得实施集中：（一）参与集中的所有经营者上一会计年度在全球范围内的营业额合计超过100亿元人民币，并且其中至少两个经营者上一会计年度在中国境内的营业额均超过4亿元人民币；（二）参与集中的所有经营者上一会计年度在中国境内的营业额合计超过20亿元人民币，并且其中至少两个经营者上一会计年度在中国境内的营业额均超过4亿元人民币。

网络效应尽可能在短期内扩大市场份额，对平台经营者进行锁定，增加客户粘性，并借助不断扩大的市场份额，实现规模经济和范围经济效应，具备市场支配力。因此，即使滴滴不符合营业额的申报标准，但滴滴公司、快的公司和优步公司都是网约车行业的头部企业，占有很大市场份额，其经营者集中之前都爆发过激烈的价格竞争行为，此后进行的合并实际上是三大巨头放弃竞争，成立体量更大的新公司，因此，其经营者集中实质影响行业的竞争，具有或者可能具有限制竞争的效果，需要进行竞争者集中审查。

对于滴滴公司与快的公司和优步公司的经营者集中行为的审查，依据《经营者集中审查暂行规定》第六条，监管机关有权主动审查。① 早在2016年9月，滴滴合并优步中国之后，商务部就表示：滴滴优步合并没有向商务部申报，应根据《中华人民共和国反垄断法》等有关法律法规开始反垄断调查。需要注意的是，对限制竞争效果的分析必须在相关市场中判断，当时关于网约车是相关市场，还是网约车与巡游出租车同属于城市出行领域的相关市场一直存在争论，或许正是这个原因，相关部门迟迟没有给出结论。虽然网约车与巡游出租车都是公共交通的补充形式，都属于个体化出行领域，但是鉴于网约车的技术、经济特征和经营模式特征与巡游出租车具有非常强的差异性，因此它们应当是两个行业，两个相关市场。

第二，网约车公司烧钱补贴乘客和司机，以低于成本价的运价抢占市场份额，这种行为违反《中华人民共和国反垄断法》以低于成本价进行价格掠夺排挤竞争对手的规定，属于《中华人民共和国反垄断法》禁止的滥用市场支配地位行为。②

如果要认定滴滴公司的滥用市场支配地位行为，需要界定网约车的市场支配地位。对于滴滴公司市场支配地位的认定，鉴于其不同于传统经济，根据《国务院反垄断委员会关于平台经济领域的反垄断指南》细化认定平台经济领域经营者具有市场支配地位的考虑因素：一是市场份额以及相关市场竞争状况；二是控制市场的能力；三是财力和技术条件；四是依赖程度；五是进入相关市

---

① 《经营者集中审查暂行规定》第六条提及：经营者集中未达到申报标准，但按照规定程序收集的事实和证据表明该经营者集中具有或者可能具有排除、限制竞争效果的，市场监管总局应当依法进行调查。

② 《中华人民共和国反垄断法》第十七条提及：禁止具有市场支配地位的经营者从事下列滥用市场支配地位的行为：（二）没有正当理由，以低于成本的价格销售商品。

场的难易程度，从上述五个角度判断，结合前文对互联网平台的特点的分析，网约车平台公司中的滴滴公司在市场份额遥遥领先，具有成熟的平台经营模式、极强的网络效应，以及决定打车普通价格和高峰期加价的决定力；在资产规模、营利能力、融资能力、技术创新和应用能力、处理数据的能力方面具有非常强的优势；滴滴平台内的网约车驾驶员对其依赖程度强，具有很强的锁定效应、用户黏性；虽然有不少小型网约车公司进入市场，但在平台规模效应、资金投入规模、技术壁垒、用户习惯方面都难以与滴滴公司相提并论。综上，可以认定滴滴平台公司具有市场支配地位。

第三，网约车公司向网约车司机收取高额的抽成，属于《中华人民共和国反垄断法》禁止的滥用市场支配地位行为中的不公平高价行为。[①] 2021 年 5 月 14 日上午，交通运输部、中央网信办等交通运输新业态协同监管部际联席会议 8 家成员单位对滴滴出行公司等 10 家交通运输新业态平台公司进行联合约谈。约谈指出，近期社会各界集中反映网约车平台公司抽成比例高、分配机制不公开透明、随意调整计价规则，涉嫌侵害从业人员合法权益，依引发社会广泛关注。网约车平台公司向平台上注册的网约车司机收取高额的管理服务费，即向司机收取高额的抽成。滴滴公司抽成的标准一般是每笔车费的 25％，车费包括燃油费成本，对网约车司机的利益损害重大。巡游出租车属于公司所有，所交的份子钱包括租车的费用，而网约车司机租赁车辆的费用需要另行支付。与企业所得税比较，企业所得税的税率是 25％，但是计税依据是企业经营收入去掉经营成本的企业所得，并非以企业经营全部收入作为计税依据。由此可见，滴滴公司对网约车司机收取的费用非常高。

从电子商务关系角度而言，网约车司机属于平台内的经营者，滴滴公司等平台公司属于平台经营者，《中华人民共和国电子商务法》第三十五条：电子商务平台经营者不得利用服务协议、交易规则以及技术等手段，对平台内经营者在平台内的交易、交易价格以及与其他经营者的交易等进行不合理限制或者附加不合理条件，或者向平台内经营者收取不合理费用。该条的规定可以作为实质性反垄断法的范畴，违反该条规定的也可以视为垄断行为。

第四，网约车公司利用大数据向条件相同的打车乘客收取不同的打车费用，

[①] 《中华人民共和国反垄断法》第十七条提及：禁止具有市场支配地位的经营者从事下列滥用市场支配地位的行为：（一）以不公平的高价销售商品或者以不公平的低价购买商品。

即大数据杀熟行为，属于《中华人民共和国反垄断法》禁止的价格歧视行为。[①] 根据有关报道，滴滴平台公司利用其大数据和算法，针对不同类型的消费者采取不同价格。复旦大学管理学院副教授孙金云带领团队做了一项"手机打车软件打车"的调研。该团队在国内五个城市，花 50000 元收集了常规场景下的 800 多份样本，得出一份打车报告。报告显示：苹果机主更容易被专车、优享这类更贵车型接单；如果不是苹果手机，则手机越贵，越容易被更贵车型接单。构成滥用市场支配地位差别待遇行为，典型表现为平台经济领域经营者基于大数据和算法，根据交易相对人的支付能力、消费偏好、使用习惯等，实行差异性交易价格或者其他交易条件。实践中，平台经济领域经营者具有市场支配地位，对不同的消费者实施不同的交易价格等交易条件。滴滴公司根据乘客手机的价格对乘客的支付能力进行分类，给使用价格贵的手机的乘客派送更贵的车型，让其支付更高的价格，明显是通过算法对个人信息计算后的区分，这种不正当的区分行为构成歧视。

---

① 《中华人民共和国反垄断法》第十七条提及：禁止具有市场支配地位的经营者从事下列滥用市场支配地位的行为：（六）没有正当理由，对条件相同的交易相对人在交易价格等交易条件上实行差别待遇。

第五章　网约车规制制度的目标与原则

政府规制分析的微观框架为：（1）规制对象特征分析；（2）规制对象外部环境和社会需求分析；（3）规制需求原理分析；（4）规制目标、规制原则分析；（5）规制制度具体内容分析。所以，规制制度的规制目标和规制原则的提出，需要分析规制对象的技术、经济特征，研究规制对象所存在的外部环境及其约束条件，理解规制对象所面对的社会需求，探析规制对象是否需要规制、为何规制以及如何规制的原理，在完成上述分析研究的基础上，提炼出规制制度欲实现的规制目的，以及为完成这种规制工作所需要遵循的基本指导原则。规制制度所欲实现的规制目的，由公共政策的政策目的和相关法律规范体系的立法目的来共同体现，规制制度所要求的基本指导原则，也由公共政策的指导思想和相关法律规范的法律原则共同构成。一般而言，根据行业领域的政府规制的中观分析框架，公共政策对法律规范体系具有重要影响乃至决定性作用，法律规范体系在遵守公认法律原则和上位法规定的前提下，应当体现公共政策的政策目标和指导思想。就网约车规制制度而言，本章根据网约车的特征、外部环境、社会需求和规制需求原理，结合公共政策《国务院办公厅关于深化改革推进出租汽车行业健康发展的指导意见》（以下简称《网约车指导意见》）和法律规范体系《网络预约出租汽车经营服务管理暂行办法》（以下简称《网约车暂行办法》）提出的网约车规制制度的目标和主要原则，在具体分析中，对法律规范体系与公共政策不一致之处，提出客观分析意见，为后续网约车规制制度的实质合法性和良好的实施效果提供助力。

一、网约车规制制度的规制目标

根据网约车的公共政策《网约车指导意见》和法律规范体系《网约车暂行办法》，结合本书的分析框架和规制需求原理，本书认为一个具有实质合法性的网约车规制制度要实现如下三个基本目标：满足社会公众的出行需求，构建规范的管理秩序，维护市场公平竞争。这三个目标各有侧重，共同体现了市场经济规律和社会公共利益的要求。

（一）满足公众出行需求

满足公众出行需求应当是网约车规制制度的首要目标，而构建合理的市场秩序是第二位目标，这两个目标之间存在着对立统一的关系。一方面，网约车行业的发展不能使得城市交通运输的秩序陷入混乱；另一方面，网约车行业如果不能向城市公共交通提供比较充分的运力，较好地满足城市公众的打车需求，反而像传统巡游出租车一样继续产生打车难的局面，那么网约车的存在就缺乏正当性。在上述两个方面，满足城市公众的出行需求是首要目标，是矛盾的主要方面。

从城市公共交通的公共服务属性来看，大容量公共交通是公众出行的基本力量，公共服务属性明显，而由巡游出租车、网约车构成的个体化出行工具是公共出行服务的补充力量，也具有较强的公共服务属性。因此，城市公共交通领域的公共服务包含上述两个方面，而公众在出行时，有些情况下借助大容量公共交通，有些情况下（如赶时间、身体不适等情况）借助个体化出行工具，因此城市公共交通服务需要多种形式来满足公众需求，缺一不可。如果城市公共交通出行系统无法满足公众安全、快捷和多样化的出行需求，城市公共交通系统就难以为经济社会发展提供合格的公共服务。

从市场经济的供求规律角度来看，市场需求决定市场供给，当市场需求增长而市场供给无法满足时就会导致价格上升。虽然城市公共交通具有明显的公益性质，但是其基本属性是经济属性，城市公共交通是商品经济的产物，必须遵守市场经济的供求规律。当城市公共交通无法满足需求时，价格也会上升，这种价格上升有的表现为巡游出租车提高价格，有的表现为等车和乘车的时间成本增加，有市民为了避免出行的不便购买私家车也是增加成本。因此，从上述三个方面分析，城市公共交通满足公众出行需求是经济社会发展的客观要求，是人民群众对美好生活的向往在城市公共出行领域的具体体现，是网约车作为城市公共交通系统组成部分的必然任务。[①]

网约车作为城市公共交通的重要辅助部分，其产生的根源就在于利用技术、理念和模式创新调动城市中存量的车辆增加运力，以满足城市公共交通出行需求。而网约车没有合法化之前不断在全国各个城市快速发展，其能够发展的根

---

① 公共交通（public transport；public transportation）泛指所有向大众开放并提供运输服务的交通方式，通常付费使用，也有少数免费情况。公共交通系统由道路、交通工具、站点设施等物理要素构成。广义公共交通包括民用航空、航运和地面交通，狭义公共交通一般指城市公共交通，而城市大容量公共交通在我国被称为公交。最高人民法院《关于审理抢劫案件具体应用法律若干问题的解释》第二条将公共交通工具界定为主要是指从事旅客运输的各种公共汽车，大、中型出租车，火车，船只，飞机等正在运营中的机动公共交通工具。

源也在于网约车提供了比较充足的运力，缓解了长期以来巡游出租车严重不足的局面。从城市公众对待网约车的态度而言，总体来说，网约车出现后，很多城市长期存在的打车难的问题得到很大缓解，正是网约车能够解决城市市民出行的难题，所以网约车才能够在全国大中小城市中受到普遍欢迎。很多市民在出行时往往将多种公共交通工具作为可选形式，但是需要打车时会重点考虑运力比较充分的网约车。

网约车受到城市公众欢迎的另一个重要原因在于其提供了比较快捷和舒适的服务。网约车一般车辆档次、整体车况略高于巡游出租车，运营时间和运行强度小于巡游出租车，车内环境相对较好，因此总体而言，网约车的乘坐品质整体高于巡游出租车。正是因为上述因素，自 2014 年网约车在中国大陆地区萌芽以来，在短短的几年时间内，网约车就因为受到城市公众的欢迎而快速壮大。根据 2018 年 4 月 3 日艾媒咨询发布的《2017—2018 中国网约专车行业市场研究报告》，2015 年以来，网约专车/快车用户规模迅速增长，到 2017 年用户规模达到 2.36 亿人。艾媒咨询分析师认为，随着人们生活品质的不断提高，其出行结构不断改变，而传统城市交通已逐渐不能满足用户需求，网约专车作为便捷灵活的出行新选择将会获得更大的发展。

《网约车指导意见》提出要"促进出租汽车行业持续健康发展，更好地满足人民群众出行需求"，"坚持乘客为本。把保障乘客安全出行和维护人民群众合法权益作为改革的出发点和落脚点，为社会公众提供安全、便捷、舒适、经济的个性化出行服务"。

因此，网约车规制制度的首要目标是通过建立科学的规制制度促使网约车满足城市公众出行的需求，检验规制制度改革成功与否的首要标准也应当是政府规制的网约车是否能满足城市公众的出行需求。当然，城市公共出行的主要力量是大容量公共交通，网约车与巡游出租车、共享单车发挥各自的比较优势，为个体化出行提供运力，各种公共交通形式形成合力，一起为城市公共交通服务。

（二）构建规范的管理秩序

从法理上来看，任何一个公共服务行业，都有两个基本目标：一个目标是遵守秩序获得安定，以满足经济社会和政府对良好秩序的关注；另一个目标是公平竞争以获得活力，以鼓励行业能够不断创新而增加社会整体利益。

城市公共交通安全涉及出行市民的安全问题，更涉及复杂城市公共交通体系的良好的市场秩序，缺乏合理良好的城市公共交通市场秩序，必然带来市场行为的混乱和低效。如果网约车行业缺乏科学严谨的政府规制制度，那么网约车的市场秩序必然混乱和低效，不仅影响网约车乘客的合法权益和安全保障，也严重影响网约车平台上的司机行为规范和权益保障，导致整个行业无序和混乱，最终将影响网约车满足城市公众出行需求目标的实现。

上述目标落实到网约车制度上，就是网约车规制制度应当实现满足城市公共出行的需求，同时应当构建并遵守良好的市场秩序。首先，网约车行业的存在和发展就在于其通过创新能够较好满足城市公共交通出行中大量存在的通过网络预约乘车群体的需求，也在于巡游出租车因为自身存在的打车难、态度差、质量低的问题而难以满足城市公众出行中打车的需求，因此网约车规制制度确立满足公众出行需求的制度目标具有合理性和必然性，符合经济社会发展规律和社会需要。其次，网约车的存在和发展不能混乱和失序，网约车所处的公共交通行业，涉及快速运行的大量车辆和有着不同背景的大量司机，涉及人员的重大人身和财产安全。网约车是互联网技术与城市存量车辆结合的产物，与传统巡游出租车相比，具有更多的创新特点，也必然带来规制的新要求，对市场秩序的要求必然更高。

从网约车发展的情况来看，在行业快速扩展过程中存在着网约车驾驶员进入不规范、车辆准入不规范、安全保障、保险落实、承运责任、乘客个人信息保护、服务质量纠纷处理等若干问题，影响着城市公共交通秩序。在理论上，网约车（尤其是兼营网约车）利用信息技术调动存量私家车，共享车辆空余空间，为城市个体化出行提供运力，但是也有市民发现了网约车可以作为额外收入的来源，购买车辆加入网约车经营，导致专营网约车的数量大大增加，增加了城市道路的拥堵程度，甚至有些车主将外地车辆投入周边大城市运营以获得更多的收入，而这种状况在网约车发展早期非常普遍。网约车行业出现的上述种种行为，导致城市的交通秩序的混乱和交通拥堵状况的加剧。因此，网约车规制制度的目标不仅是通过规制制度促进网约车行业发挥提供充分运力的优势，而且要在遵守交通管理秩序的前提下，有序地进行运营。

反观巡游出租车行业，虽然存在着以比较严格的准入规制和数量规制为特色的行政垄断制度，以及由于行政垄断制度形成的牌照租赁制的经营模式，巡游出租车行业距离市场化要求存在很大距离，供给能力不足，服务态度不佳，行业缺乏活力，但是值得肯定的是，在严格的行政规制制度下，借助公司制形式进行管理，巡游出租车行业整体平稳运行，行业内遵守交通管理秩序的情况良好。

（三）维护市场公平竞争

除了网约车的无序扩张行为破坏城市交通管理秩序外，网约车行业与巡游出租车行业之间存在着比较激烈的竞争关系，于是出现了网约车行业破坏公平竞争秩序的情况。具体而言，网约车平台公司在资本力量的推动下基于网络极力扩大市场份额①，有一些实力雄厚的网约车平台公司，如滴滴平台公司、优步平台公司和快的平台公司，通过烧钱补贴司机的方式吸引车辆加入，侵占巡游出租车的市场份额，通过补贴乘客的方式黏着客户，抢夺巡游出租车的客户，这实质上是不正当竞争行为。此外，获得市场支配地位的网约车平台如滴滴公司，为了获得垄断利益而采取了滥用市场支配地位的行为，如违反《中华人民共和国反垄断法》的经营者集中、大数据杀熟的价格歧视、低于成本价的掠夺性定价等行为，上述行为都严重影响了行业市场的公平竞争秩序，侵害了巡游出租车的合法权益，迫切需要从行业竞争秩序等方面制定科学、有效的政府规制制度。

网约车的技术、经济特征以及经营模式特征与巡游出租车具有较大的区别，但是两者都属于城市个体化出行领域，因此必然会产生竞争关系，两者之间的公平和良性的竞争关系如何形成，值得理论上给出答案。国家关于网约车的公共政策要求网约车具有高品质，与巡游出租车形成差异化发展，通过网约车的高品质和差异化发展来实现网约车与巡游出租车的错位竞争，在错位竞争中体现出公平竞争，通过错位竞争来实现两个行业的良性发展。如何进一步落实高品质和差异化，是主要通过市场机制调节实现，还是主要通过政府规制的方式来实现，是网约车规制制度建构时要认真研究的问题。

网约车行业的发展过程中暴露出来的一些问题也证明，如果不能够严格遵守公共政策和法律规范所建立起来的交通管理秩序和市场竞争秩序，网约车的健康发展必然难以持久，网约车满足交通出行需求的目标也必然难以实现。建立并不断改革网约车规制制度以建立科学合理的网约车市场秩序，是网约车规制制度面临的主要问题。

二、互联网约租车的规制原则

网约车的三个规制目标包括：促进网约车满足城市公众出行需求，维护城市公共交通秩序，维护市场的公平竞争秩序。根据规制原理和政府规制微观分析框架，需要进一步提出网约车规制的基本原则，作为分解规制制度目标和能够指导网约车规制制度的基本准则。

根据网约车的技术、经济特征和经营模式特征，结合网约车规制所处的外部环境和约束条件，结合上文分析过的网约车的规制需求原理，为实现网约车

---

① 孙晋. 数字平台的反垄断监管［J］. 中国社会科学，2021（5）：101-127.

规制制度的三个目标，应重视建立如下网约车规制的原则：

（一）市场化调节原则

所谓市场化调节原则是指网约车的发展必须遵守市场经济的基本规律，包括供求规律、价格规律和竞争规律，主要依靠市场来调节，以满足市场需求为根本要求。这也就意味着，如果网约车规制制度不能通过市场调节来满足市场对打车的需求，如果不能充分尊重市场经济的供求规律，而是忽视市场规律的调节作用，忽视市场中存在的迫切需要解决的供求失衡的问题，那么无论网约车规制制度多么严格和细致，都无法充分发挥网约车的优势，无法充分回应城市公众的正当需求，网约车的规制制度将是欠缺科学性的。

市场调节原则发挥作用的机理在于，在现代市场体系中，市场对资源的配置是根据市场供需关系变化而释放价格信号的，市场主体通过价格信号增加产品和服务的供给，或者减少产品和服务的供给，即当供大于求时，价格下降，供给将随之减少；当供小于求时，价格上升，供给会随之增加。如果巡游出租车、网约车所提供的供给小于公众出行的需求，则通过价格提高的信号，市场自发增加车辆；如果巡游出租车、网约车的供给大于需求时，则通过价格降低的信号，市场自发减少车辆。在城市交通领域，市场经济的调节机制是主要机制，政府规制是辅助性机制，市场调节的主要作用表现为数量和价格，政府规制的辅助作用主要是保证车辆、乘客的安全以及有序的交通秩序。

因此，城市交通出行市场的调节，供需之间的平衡，不能忽视市场机制调节的主导性作用。如果忽视这一有效的调节机制，主要依靠政府规制来决定供给，将难以满足公众的正常需求。如巡游出租车在政府严格的规制下，无法接受市场供求规律的调节，导致各个城市巡游出租车的数量难以根据市场调整，巡游出租车行业一直存在打车难、打车贵、服务差的问题。造成这一困境的根源在于巡游出租车行业过于强调其难以被市场调节的一面，忽视了巡游出租车行业要想在市场中存在、发展，就必须接受市场调节的基本规律。巡游出租车行业的改革工作能否取得实质性的进展，关键在于出租车改革能否在尊重其自身特点时重视市场化，重视供求规律，重视市场竞争。《网约车指导意见》提出要"充分发挥市场机制作用和政府引导作用"，"推进出租汽车行业结构改革"，巡游出租车规制制度虽然创造出了井然有序的行业管理秩序，但巡游出租车行业却始终缺乏活力，难以满足市场需求。鉴于巡游出租车的发展过程提供的反面教材作用，网约车的规制制度应当首先把接受市场调节原则放在首位，因为接受市场调节原则就意味着尊重市场经济规律，就能够利用供求规律和价格信号机制，较好满足市场需求，从而实现规制制度中满足城市市民出行需求的首要目标。

市场化调节是市场经济的规律，发现规律并遵守规律才能实现规制制度的科学性，才能够实现规制制度的实质合法性。

（二）差异化发展原则

《网约车指导意见》提出："要统筹发展巡游出租汽车和网络预约出租汽车，实行错位发展和差异化经营，为社会公众提供品质化、多样化的运输服务。"差异化发展原则是指网约车与巡游出租车共同构成城市个体化出行市场，在提供个体化出行服务中必然面临竞争，但是两者的技术、经济特征和经营模式特征具有重要差异，具有不同的比较优势，因此，不应当是同质化竞争，而应当是差异化竞争，通过差异化竞争发挥各自的优势，克服各自的不足之处，获得良性发展。

网约车在萌芽之时，其主要目的在于通过信息技术调动存量车辆的共享，为个体化出行市场提供运力，主要基于共享经济理念，借助互联网技术，提供了较高品质的出行服务。因此，网约车开始出现就呈现出与巡游出租车不同的特点。

需要注意的是，网约车与巡游出租车的差异化发展不能简单化理解。网约车与巡游出租车的差异化发展应当是基于两者不同的技术、经济特征，在市场化调节的过程中，通过公众需求的市场选择，由政府引导和调整形成。网约车开始出现时获得了不少乘客的青睐和欢迎，并非由于网约车自身的问题，而是巡游出租车本身存在的问题造成的。具体而言，巡游出租车行业在个体化出行市场中长期以来占据垄断地位，由此形成了垄断体制和牌照租赁的扭曲经营模式，巡游出租车虽然难以提供比较充足的运力，却能够独家垄断城市的打车群体的客源，并能够在供需失衡的背景下挑选乘客（就是被公众诟病的挑客、拒载行为）。巡游出租车的行政垄断带来了极为丰富的利润，因此巡游出租车的牌照价格是行政垄断带来的非真实价值。而网约车利用信息技术手段，发挥共享经济优势，调动了大量存量车辆加入运营，市场上的供需状态被改变，巡游出租车不仅失去了牌照价值，而且很多乘客放弃巡游出租车而改乘网约车。所以提出网约车与巡游出租车之间的差异化发展，不能以现有的巡游出租车的不良局面为依据和判断标准，针对网约车制定不科学的规制制度，人为让网约车进入巡游出租车的经营范围。更不能认为只要是网约车分流了巡游出租车的客源，就是要提高网约车的准入标准，单方面制造差异化。

网约车出现之初对巡游出租车市场造成的冲击，主要是巡游出租车公司的牌照价值受到了影响，网约车向巡游出租车司机提供了新的就业途径，更多的是对巡游出租车长期以来垄断经营而形成的固有利益模式的撼动。可以说网约车在萌芽和发展时期与巡游出租车之间出现了一定的竞争，但基本上尚未对巡游出租车造成严重市场份额侵害。网约车受到欢迎的根本原因在于网约车提供了巡游出租车难以提供的较好的服务品质和较高的打车效率。从某种程度上而言，网约车受到欢迎不是网约车做得更好，而是巡游出租车的表现远远落后于市场需求。

但是，在网约车快速发展期，在资本力量的作用下，网约车平台需要快速扩大市场份额，因此网约车平台开始采取多种手段大量吸引普通车辆进入。如滴滴平台初期只有专车，而在快速发展期为了抢占市场份额推出了滴滴快车。滴滴快车的运价实际可能只略微高于巡游出租车的运价，但是网约车平台通过补贴方式，造成网约车价格低于成本，低于巡游出租车。借助网络效应和用户黏性，巡游出租车的市场份额开始大幅减少，网约车以提供基本相同档次的车型，进入了巡游出租车的需求层次范围，两者展开了同质化竞争，网约车又借助不正当竞争手段以获得更多市场份额。当网约车平台获得了市场支配地位，更是开始展开进一步的限制竞争行为。由此，网约车为了与巡游出租车抢夺客源，在一定程度上背离了自己的技术、经济特性，忽视了共享经济的优势。

如果说网约车初期进入市场，只是造成了巡游出租车行业的恐慌，主要造成了巡游出租车公司的牌照期待价格缩水，并未产生同质化恶性竞争，那么后期网约车放弃自身比较优势，为抢夺市场陷入了同质化竞争，则属于恶性竞争。而此时巡游出租车在仓促应战中节节败退，原有的比较竞争优势根本无从发挥。也可以说是巡游出租车的严格行政垄断制度和牌照租赁的经营模式造成了巡游出租车自废武功，这个武功就是巡游出租车应当发挥而没有充分重视的自身比较优势，即全天候巡游、服务公益性、严格管理和极大的安全感。

网约车与巡游出租车的技术、经济特征具有差异性，具有不同的比较优势，因此，网约车的发展定位应当与巡游出租车具有区别，而这种差异化发展主要通过市场调节来实现，通过满足市场需求来实现。网约车的发展不能脱离自己的技术、经济特征进入巡游出租车的范围展开同质化的恶性竞争，进行所谓的"降维打击"；也不能为了保护巡游出租车垄断的体制和扭曲的牌照经营模式，简单通过政府规制调高网约车准入门槛和其他条件，人为制造差异。

（三）分类管理原则

网约车的分类管理建立在网约车所具有的共同的技术、经济共性，但是网约车内部又客观存在着基于共性的不同个性的子类型。不同的子类型具有的公益性和效率性存在着梯度，对城市公共交通的影响不同，与巡游出租车行业的竞争关系不同。如果将其混同规制，则会失去其各自的比较优势，将网约车塑造成单一类型的车辆，将导致一系列超出公共政策目标的结果。因此，为了更好地实现网约车的公共政策目标，需要对网约车进行分类规制。

网约车的技术、经济共性表现如下：从技术特征考虑，网约车借助网络信息技术手段精准、高效匹配车辆和乘客供需信息，提高了打车效率。各种类型的网约车都具备这种技术特征。从经济特征考虑，网约车重视利用租赁车辆、存量私家车和新购车辆参与运营，实现了运营车辆数量的增加。同时，车辆数量巨大，通过网络平台会形成极强的网络效应，即参与使用的人越多越便捷。但是，在网约车技术、经济共性的基础上，根据车辆和驾驶员的来源和服务目的，网约车内部又具有三种子类型：专营车辆、兼营车辆和网络拼车（顺风车），它们所提供的运输服务的时间和次数有明显区别。专营网约车以车辆运营为职业，全天运营，车辆往往是新购车辆，司机将开网约车作为全职工作获得收入。专营网约车提供的服务时间长，追求较多的服务次数，对道路资源的占用率等同于巡游出租车，从提高城市道路的利用率方面来看不具有明显优势。因此，专营网约车的效率高，但公益性低。兼营网约车是车辆正常出行过程中，顺路带人共享车辆，一般次数有限。车辆往往是市民的存量私家车，并非为运营网约车新购车辆，车辆运行在日常出行过程中，即使稍微偏离其目的路线，一般运行方向也大体相同，司机将获得的收入补贴用车成本。兼营网约车通过共享车辆资源实质上共享了车辆占用的道路资源，提高了城市道路资源的利用率，因此兼营网约车的效率低于专营网约车，但是公益性超过专营网约车。据合肥市运输管理的相关负责人透露，目前合肥市大约有 30 万辆网约车在路上跑，绝大多数网约车每天只接 1—2 单，每天常规性接单 8—12 单以上的，大约只有 3 万辆。拼车网约车（顺风车）是车主和乘客提前商量好时间和地点，路途较长，更为偶然，车辆基本是存量的私家车，驾驶员提供顺路拼车以补贴车辆费用，收费明显低于长途客车和长途出租车，在效率方面程度最弱，但是公益性最强。

三种子类型都是基于网约车平台公司的移动互联网提供约车服务，具有网约车总体特征，也都收取费用，区别在于三者的公益性渐次增强，而效率性渐弱。

第一种类型是专营网约车。就专营网约车而言，如神州专车、一号专车等，其公益性最低，但效率最高。专营网约车的车辆和司机专职经营，车辆档次较高，服务品质高，收费较高，成本投入较大。在这种情况下，其数量和价格必然接受市场调整，能够与巡游出租车形成差异化发展，满足市场较高品质需求。

第二种类型是兼营网约车。就兼营网约车而言，其公益性较强，效率性较高，作用巨大。兼营网约车不需要具备拼车网约车（顺风车）那样提前且严格的出行时间和路线的匹配，其灵活性更强。兼营网约车主要是私家车在日常行驶过程中顺道接单，提供剩余运力，使存量车辆的独占性运力转换为向公众开放的运力，实现了私有资源和公共资源的转换，在没有明显增加车辆数量的情况下可以说兼营网约车充分体现了共享经济和环保理念。由此可见，虽然兼营网约车接单数量少，但是因为其基数巨大，聚少成多的作用不容小视。因为城市道路拥堵问题源于道路资源紧张，兼营网约车对提高城市道路资源利用效率意义巨大，应当积极发展。但是为了防止兼营网约车转换为专营网约车，可以对兼营网约车进行次数方面的要求，对数量方面不做规制。为保障车辆和乘客的安全，对车辆和驾驶员条件进行等同于专营网约车的审查，但因为其运行次数较少，为提高效率，可以采用备案制的方式，不进行行政许可规制，无须取得许可证书。

第三种类型是拼车网约车（顺风车）。其公益性最强，但效率最低。因为网络拼车必须提前公布出行时间和出行路线，灵活性差，适用于拼车路线和出行时间相同的乘客，如居住范围不远的固定通勤人员，而普通市民的出行具有很强的灵活性，时间和路线往往难以匹配成功。从实际情况来看，网络拼车的使用频率和范围较小，只能在比较有限的范围内提高车辆和道路的使用效率。因为车辆运输业涉及安全问题，因此对于车辆和驾驶员都要严格规范，确保安全，数量规制由市场调节，对接单次数进行限制，价格应明显低于长途出租车的价格。为了调动私家车主的积极性，可以采取备案制的方式，不进行行政许可规制，无须取得许可证书。

在上述三种网约车中，专营网约车长时间在线，实质上与巡游出租车一起增加了个体化出行的运力，对缓解城市打车难有重要作用。从充分利用大量存量私家车的车辆资源和城市稀缺的道路资源来看，兼营网约车的数量更多，而且更具有车辆供应的弹性，即高峰期存量车辆大量在路上，可以提供的运力更多，而低谷期存量车辆不在路上，切合城市交通的潮汐化特点。

(四) 安全和责任保障原则

安全是交通运输的底线，缺乏安全的交通运输即使效率再高也无法被社会接受，因此无论何种交通工具，对安全性的追求一直都未停止，而在规制制度上，安全规制一直是重要内容。公共交通运输不仅涉及交通工具的安全问题，还涉及驾驶员的安全问题，还要重视乘客行为造成的安全隐患。因此，交通工具的安全是进行运输服务的工具依托，驾驶员的安全是保护乘客安全的人员依赖，乘客行为也是安全的重要组成部分。在网约车规制制度中，安全规制属于社会性规制，有必要针对网约车的特征为确保交通运输的安全进行规制。对社会性规制的重视，既符合风险社会的背景，又符合政府规制的实践过程中社会性规制呈现出持续加强的态势。[①] 需要注意的是，网约车内部虽然存在着三种子类型，即专营网约车、兼营网约车和拼车网约车（顺风车），它们每天运行的时间和接单次数存在重大区别，但是涉及公共安全，在车辆和驾驶员安全要求方面都应当坚持较高要求，只是在审查程序方面给予兼营网约车和拼车网约车更为便捷的方式，在信息时代可以通过网络方式进行审查。

网约车在提供运输服务的过程中，由谁来承担交通事故造成的人身和财产损失，是关系到网约车行业持续健康发展的大问题，因此需要明确网约车发生交通事故中的责任主体。专营网约车是网约车平台通过提取服务费获利的主要渠道，具有完全的营利性，应当由网约车平台公司承担承运人责任。而兼营网约车和拼车网约车（顺风车）体现了公益性和营利性，网约车平台也从中获得了收益，应当由网约车平台和网约车车主共同承担承运人责任。为了更好地保护乘客的人身财产安全，分担网约车平台公司和网约车车主的责任，应当规定通过购买强制保险方式予以解决。现行《网约车暂行办法》已经规定专营网约车购买承运人责任险，对于兼营网约车和拼车网约车（顺风车）可以规定购买一次性的运输保险。

（五）市场竞争原则

公平竞争原则是城市个体出行领域中，网约车行业与巡游出租车行业之间开展良性竞争的保障，也是调节网约车行业之间竞争关系的基础，相对而言，前者的重要性更为突出。

公平竞争原则涉及一个基础问题和两个具体问题。一个基础问题是如何看待网约车行业与巡游出租车行业之间的竞争，两个具体问题是如何在理论上认识网约车行业的限制竞争行为，如何在理论上认识网约车行业的不正当竞争行为。首先是一个基础问题，网约车行业与巡游出租车行业同属于个体化出行领域，但性质存在巨大差别，无视这种差别谈公平竞争容易陷入简单化认识。这

---

① 张红凤. 西方政府规制理论变迁的内在逻辑及其启示 [J]. 教学与研究，2006 (5)：70-77.

种巨大差别在于网约车行业通过信息技术手段彻底摆脱巡游出租车的商业机会获取模式，打车信息和车辆信息可以完全在个体的掌握之中，成本大为降低；而且车辆供给充分，具有弹性。因此网约车与巡游出租车在性质上完全不同。在这种情况下，双方的竞争需要有适当的差异才能公平，除了网约车要购买营运保险之外，网约车的车辆状况和条件也不应低于巡游出租车，否则巡游出租车难以跟网约车进行竞争。因为如果网约车引入档次更低的车，价格就会降低，但打车效率会提高，市场上就会缺乏巡游出租车的机会。但不能过分提高网约车的车辆标准，否则又会对网约车形成不合理的压制。因此，网约车的市场化调节和政府适当的车辆准入规制是矛盾而又统一的，这是网约车和巡游出租车公平竞争的基础。

关于如何在理论上认定网约车的限制竞争行为，这里主要涉及网约车的相关市场认定问题、市场支配地位的认定问题和限制竞争行为的类型问题。关于相关市场认定和市场支配地位认定，此处主要涉及的是网约车平台公司现在暴露出的限制竞争行为和不正当竞争行为。限制竞争行为的主要根源在于网约车平台公司基于网络效应和牟利动机，针对同行网约车平台公司会为了扩大市场份额而进行违法的经营者集中，或者是网约车平台公司为抢夺市场份额，大规模烧钱补贴网约车司机和乘客，进行低于成本价的价格掠夺行为；针对平台内的竞争者则会过分收取网约车司机的车费提成，而针对平台的消费者则会利用大数据和算法针对不同客户收取不同的车费，即所谓的大数据杀熟。这是现在暴露出来的限制竞争问题，随着网约车行业的发展，可能还会出现基于获得垄断利益的其他限制竞争行为。而关于不正当竞争行为主要是网约车平台公司针对巡游出租车行业的低价竞争行为，这种行为从严格意义上讲，也属于掠夺定价的限制竞争行为，但是政府规制机关往往将其作为广义的违反公平竞争的行为。实际上，不正当竞争侵害的是公平竞争权，而限制竞争侵害的是自由竞争权，两种都是违反市场竞争规律的。

（六）企业自我规制和政府规制相结合原则

企业自我规制和政府规制相结合原则的主要目的是实现网约车的协同监管、合作治理。对政府规制的研究往往会有意或无意地强调行政的作用，强调命令—控制型的行政规制工具，但是，除了市场失灵之外还存在规制失灵。因此，应理性看待政府规制的限度与不足，有必要从政府规制走向公共治理，探求通过多中心、多主体、多层次的合作治理，来实现行政任务。① 为了规范和治理共享经济带来的各种问题，共享公司应当与地方政府合作，即平台公司与地方政府合作监管加上平台公司的自律监管。这两种监管模式相结合的混合规制模式与共享公司的法律结构能够很好匹配，既能防止平台公司非法地野蛮生长，也能避免政府监管无据，从而保障共享经济健康有序发展。②

企业自我规制和政府规制相结合原则尤其适合于对车辆和驾驶员的安全规制。网约车的安全规制是网约车行业发展的底线，必须强化安全规制。但是，如果套用传统巡游出租车的规制方式，将极大增加规制机关的工作难度，尤其是在为了提高城市道路资源的利用效率，允许兼营网约车和拼车网约车（顺风车）的子类型加入的情况下，规制机关将无法完成数量巨大的检查审核工作。而现行《网约车暂行办法》中规定的对车辆和驾驶员的审核完全由规制机关负责，是着眼于专营网约车的类型。③ 对拼车网约车（顺风车）车辆和驾驶员安全的审查实际上交给了网约车平台进行，规制机关甚至缺乏规制。《网约车暂行办法》没有涉及兼营网约车这一类型，因此如果有私家车主进行兼营网约车运营，那么其车辆和驾驶员审查都将严格按照专营网约车进行。

在互联网平台经济高度发达的时代，网约车平台公司存在着为获利而违规的动机，也同时存在着严格自我规制以实现更大利益的需求，因此可以利用网约车平台公司自我规制的内在动机，让其承担一定的规制任务。网约车平台公司也开发承担规制任务的技术条件，"当前的网络约车软件基本上消除或者很好地解决了原有的信息问题，任何一方利用对方信息的不足而实施机会主义行为侵害对方的空间已被压缩到极小程度"。

可以采用"政府管平台，平台管车辆"的方式，落实企业主体责任，强化企业内生治理。《网约车暂行办法》将车辆和司机安全规制的具体事务交由市县级的出租车管理部门负责，极大增加了规制成本，降低了效率。在信息技术手段能够胜任的情况下，可以赋予网约车平台履行车辆和司机安全条件、保险标

① 沈岿. 行政法论丛（第 25 卷）[M]. 北京：法律出版社，2020.

② 唐清利. "专车"类共享经济的规制路径 [J]. 中国法学，2015（4）：286-302.

③ 《网约车暂行办法》第十三条：服务所在地出租汽车行政主管部门依车辆所有人或者网约车平台公司申请，按第十二条规定的条件审核后，对符合条件并登记为预约出租客运的车辆，发放《网络预约出租汽车运输证》。第十五条：服务所在地设区的市级出租汽车行政主管部门依驾驶员或者网约车平台公司申请，按第十四条规定的条件核查并按规定考核后，为符合条件且考核合格的驾驶员，发放《网络预约出租汽车驾驶员证》。

准和服务质量的审查义务和法律责任，监管机关对网约车平台履行审查义务情况进行监管，赋予规制机关直接检查处理的权力。比如滴滴平台公司进行了一些协作治理的探索，还与国家多个有关部门展开紧密合作，对车主进行背景筛查，剔除可能威胁乘客安全的人员，进行"三证验真"，驾驶员注册加入平台时需要提供身份证、驾驶证和车辆行驶证信息，只有三证信息全部真实有效才能成功注册。"三证验真"需要通过跟国家主管机关联网来实现，应用人脸识别技术对司机身份信息进行二次确认，也需要企业和国家提供驾驶员的真实人脸信息以便比对。

第六章　互联网约租车规制制度构建

政府规制的微观分析框架的内容包括"规制对象特征分析—规制对象外部环境和社会需求分析—规制需求原理分析—规制目标、规制原则分析—规制制度具体内容分析"。

上文已经展开了规制对象特征分析，分析了网约车的技术、经济特征以及经营模式特征，提炼了网约车的核心属性，即基于网络经济和共享经济为城市市民的个体出行提供灵活而充分运力的公共交通的重要补充部分。规制制度只有根据规制对象的技术、经济特征和其性质进行设计才能发挥其优势，克服其缺陷。

上文也展开了规制对象的外部环境和社会需求分析。城市的交通环境特点是车辆持续增加。道路扩充速度落后于车辆增长速度，道路拥堵现象严重，具有明显的潮汐化特点。约束条件是城市道路资源的稀缺性。只有提高城市道路资源利用效率的交通工具才能够获得优先发展。社会需求是城市公众对便捷、舒适出行需求的增加，网约车符合外部环境和社会需求，具有规制正当性。

上文也展开了规制需求的原理分析，就网约车是否需要规制、为什么要规制、规制核心内容等问题进行了分析，主要涉及准入规制、价格规制、质量规制、数量规制、安全规制等方面的内容。规制需求分析建立在前述两部分的基础上，直接涉及规制核心问题，为确立公共政策的目标和指导原则提供理论依据。网约车是基于互联网经济和共享经济的产物，能够较好满足城市公众打车的快捷性和服务品质需求。在经济性规制方面，应当对数量规制、价格规制实施市场调节，对车辆准入规制进行合理要求。在社会性规制方面，要强化安全规制、责任规制和保险规制以及个人信息规制；对于竞争规制，要实施反垄断规制，防止网约车平台公司在获得市场支配地位后实施限制竞争行为，同时要防止网约车平台公司对巡游出租车公司进行不正当的价格竞争行为。

上文还就网约车的规制政策目标和指导原则进行了分析，提出关于政府规制制度要实现的目标以及主要原则，体现规制制度的整体思路，为规制制度的具体构建提供方向性指导。网约车规制制度的目标包括三项：促进网约车满足城市公众出行需求，维护城市公共交通秩序，维护市场的公平竞争秩序。网约车规制制度的原则包括：市场化调节原则、差异化发展原则、分类管理原则、安全和责任保障原则、公平竞争原则、企业自我规制和政府规制相结合原则。

在上述原则中需要准确理解其中的两个原则：差异化原则和分类规制原则，因为对这两个原则的理解关系到对其他原则的理解。如果不能正确理解差异化原则，就会对市场化调节原则理解得不深刻；如果忽视网约车的内部存在不同类型，需要分类管理，就认识不到兼营网约车具有的提高道路资源利用效率的价值，也会忽视企业自我规制和政府规制相结合原则的优势。

关于差异化原则，要实现网约车与巡游出租车的差异化发展是科学合理的要求，但是如何实现这种差异化，在实现方式上不能简单化理解。网约车与巡游出租车的差异化发展应当是基于两者不同的技术、经济特征，主要由市场调节，通过公众需求选择，政府引导和调整起到促成作用。有些地方政府没有准确、全面理解国家关于网约车的公共政策精神《国务院办公厅关于深化改革推进出租汽车行业健康发展的指导意见》（以下简称《网约车指导意见》）的精神和要求，不合理地提高了车辆的准入标准，导致运力减少，无法实现公共政策的核心目标，即满足公众出行需求。因此，网约车与巡游出租车的差异化不能简单化理解，在具体实现方式上应主要由市场调节形成。关于网约车的分类规制原则，网约车法律规范体系《网络预约出租汽车经营服务管理暂行办法》（以下简称《网约车暂行办法》）没有深刻把握公共政策《网约车指导意见》中关于创新、共享理念的要求，以及通过合乘方式缓解交通拥堵的精神，仅仅将网约车定位于专营网约车，沿袭了巡游出租车的公司、车辆和驾驶员三项行政许可的规制逻辑，而忽视了兼营网约车的积极价值。兼营网约车利用存量私家车顺道出行途中接受打车订单，通过共享车辆空间提高了道路资源利用效率，且不增加城市车辆数量，也能符合城市交通潮汐化特点，具有发展的科学性和合理性。交通运输部负责人也认识到了提高道路资源利用效率的重要性，但没有认识到兼营网约车本质上也是一种更有价值的合乘。本部分的分析将坚持正确的差异化发展原则理解，贯彻网约车的分类管理原则。

基于上述的分析，本部分针对网约车的技术、经济特征和属性，结合网约车所处的城市公共交通环境和约束条件，为满足城市公众出行需求，依据上文提炼的网约车的规制目标和规制原则，提出规制制度的具体内容。

一、社会性规制制度

（一）网约车的安全规制

任何公共交通工具的安全保障都是基本要求，规制制度必须将安全保障作为底线规定以确保交通运输的安全性。鉴于每一种交通工具的技术、经济特点不同，因此对其安全性的要求不仅具有共性要求，而且具有个性化要求。就网约车而言，需要关注车辆安全保障、驾驶员安全保障、运行过程安全保障等三个方面的问题。《网约车暂行办法》对这三个方面的规定比较全面，但需要进一步完善。

网约车的安全规制涉及两个方面，一是机动车本身是否符合国家关于机动车的强制检测标准，二是机动车要作为网约车提供运营在车辆状况方面是否符合相关标准。《网约车暂行办法》在第十二条规定了车辆应"符合运营安全相关标准要求"，第十七条提出车辆"技术状况良好，安全性能可靠"。前者对网约车车辆安全规制具有明确具体的标准，应当认定符合国家强制检测标准的机动车具有安全保障；后者提出的概括性的安全标准要求，可以视为对网约车在车辆状况提出的特殊标准，至于"车辆技术状况良好，安全性能可靠"的具体内容，《网约车暂行办法》授权地方政府可以进行细化要求，但是从现有情况来看，地方政府出台的网约车实施细则只是对网约车在准入时提出了车辆准入的具体条件，而非网约车的安全规制要求，对网约车如何在运行中保障车辆技术状况良好，安全性能可靠缺乏规定。鉴于网约车的车辆众多，规制机关难以进行过程中的监管，建议在后续网约车规制制度修订过程中，赋予网约车平台企业对网约车车辆技术状况和安全性的检查义务，并赋予规制机关随机检查的权力。

网约车驾驶员的安全规制涉及实体性条件，即驾驶员的安全准入条件；程序性规则，即安全规制核对程序，以及法律责任，即违反安全规制的法律责任。就实体性条件而言，《网约车暂行办法》规定六种情况的人员均不得成为网约车驾驶员，这六种情况分别是暴力犯罪记录、交通肇事犯罪记录、危险驾驶犯罪记录，吸毒记录，饮酒后驾驶记录，交通违法扣分达 12 分三次的记录。实体性条件规定的已经比较全面，需要注意补充。城市交通运行关系到社会秩序的稳定，违反社会管理秩序的犯罪行为和严重违法行为也应当予以考虑，因此建议规制制度中增加下列内容：申请加入网约车的驾驶员不得具有下列情形：寻衅滋事罪、扰乱社会秩序罪的释放人员；严重违反《中华人民共和国治安管理处罚法》被行政拘留人员。就程序性规则而言，坚持企业自我规制和政府规制相结合的方式，由网约车平台公司审核人员的实体性条件，并将上述初审合格结果报送规制机关予以再次审核。《网约车暂行办法》已规定，出租汽车行政主管部门应当建设和完善政府监管平台，实现与网约车平台信息共享。共享信息应当包括车辆和驾驶员基本信息、服务质量以及乘客评价信息等。出租汽车行政主管部门应当加强对网约车的市场监管，加强对网约车平台公司、车辆和驾驶员的资质审查与证件核发管理。该条规定没有明确规定网约车平台公司依法通过与规制机关联网方式获得驾驶员安全信息以进行审核的具体办法，应当在后续网约车规制制度中予以明确。建议增加下列规定：网约车平台公司应当对申请加入网约车平台的人员进行安全背景审核，审核方式为通过与网约车主管机关和公安交警部门联网方式获得相关信息进行审核，主管机关应当提供所需信息。此种方式有利于兼营网约车和拼车网约车的安全规制，因为上述两种子类型的网约车驾驶员实施网络备案制而非审批许可制，有利于落实安全审查又有利于提高效率。就法律责任而言，网约车平台公司未尽到安全审核义务而发生人身损害的，网约车平台要承担行政法律责任。《网约车暂行办法》已经有所规定，稍加调整能够覆盖到兼营网约车驾驶员和拼车网约车（顺风车）驾驶员即可。① 网约车平台公司未尽到安全审核义务而发生人身损害的，应当承担民事法律责任。民事责任的类型是损害赔偿责任的连带责任或是补充责任，根据《中华人民共和国立法法》的规定属于法律保留事项，应当由狭义的法律或授权行政法规进行规定。

不少网约车的事故和违法行为发生在车辆运行过程中，所以应对车辆运行过程中的安全问题提出规制要求。车辆的运行安全应贯彻全过程管理原则和应急救助安全原则，涉及如下关键问题：一是驾驶车辆的人员与登记人员的一致性；二是驾驶车辆定位系统；三是车辆运行过程中的全程信息反馈和记录装置；四是交通事故和人身、财产损害事件发生时的报警系统。《网约车暂行办法》第十二条规定了网约车应具备行驶记录功能的车辆卫星定位装置、应急报警装置。这些规定非常必要，但在人员核对一致性和全程录音方面还有欠缺。建议对专营网约车增加下列要求：网约车平台应对网约车驾驶员在驾驶开始时进行人脸识别等身份信息一致性核对，车辆从开始接单时开启全程录音功能，并联网到网约车平台，网约车平台予以检测，发现有违法犯罪行为嫌疑的，应立即向公安机关报警。对于兼营网约车和拼车网约车（顺风车）的交通运行过程安全规制也应当贯彻上述思想。建议在后续网约车规制制度修改时，增加上述两种类型的网约车，对驾驶员的身份信息一致性进行核对，在打车软件上设置全程录音、定位和应急报警等三种功能。根据现有技术能力完全可以实现车辆运行过程中的安全规制，这将有助于解决上述两种子类型网约车的安全顾虑。

---

① 《网约车暂行办法》第三十五条：网约车平台公司违反本规定，有下列行为之一的，由县级以上出租汽车行政主管部门和价格主管部门按照职责责令改正，对每次违法行为处以 5000 元以上 10000 元以下罚款；情节严重的，处以 10000 元以上 30000 元以下罚款……（二）提供服务驾驶员未取得《网络预约出租汽车驾驶员证》，或者线上提供服务驾驶员与线下实际提供服务驾驶员不一致的……

值得肯定的是，有些网约车平台企业自行细化安全规制标准。如 2017 年 4 月 6 日滴滴出行公布了五项安全措施："三证验真"、号码保护功能、分享行程功能、紧急求助功能、人像认证。"三证验真"是指车主在注册滴滴出行账户时，需要提供身份证、驾驶证和车辆行驶证信息，只有三证信息全部真实有效才能成功注册。人像认证是应用人脸识别技术，对司机身份信息进行二次确认。分享行程功能是指乘客在乘车时可以将自己的详细乘车信息通过短信、微信等方式分享给家人。紧急求助是滴滴专门为紧急情况开发的一项求助功能，只要用户按下行程界面内的"紧急求助"按钮，系统会给用户设置的所有紧急联系人发送短信。同时滴滴安全系统将会开启录音和实时定位，并将录音和定位信息实时传送至滴滴出行安全平台，为用户保留相关证据。

（二）网约车事故的责任规制和保险规制

网约车事故的责任规制是指网约车在提供交通服务过程中发生了交通事故或人身伤害事故承担法律责任的规定，其中的核心问题是，网约车平台公司在交通事故和人身伤害事故中，应处于何种法律地位和承担何种性质的法律责任。该问题与网约车的安全规制要解决的问题不同。网约车安全规制要解决的问题是，为防止网约车驾驶员的行为造成乘客的伤害，应当确立怎样的安全规则，着眼点是防患于未然。而网约车事故的责任规制则是指当网约车在乘客出行过程中发生了车辆的交通事故或网约车司机伤害乘客，导致乘客受到人身财产伤害，网约车平台公司和网约车司机如何承担法律责任的问题，着眼点是善后处理。

因为网约车内部存在三个子类别：网约车中的专营网约车、兼营网约车和拼车网约车（顺风车），具有不同的特点和属性，需要分类讨论。但是应当坚持一个原则，即网约车平台公司匹配了车辆和乘客打车信息，全程控制运行过程并获得了经营收入，应当承担相应的责任。

关于专营网约车的运输责任，在《网约车暂行办法》颁布之前，网约车平台公司认为自己属于信息撮合主体，并非实际的运输提供者，提供运输服务的是网约车车主，因此，网约车平台公司在交通事故中不具有承运人的法律地位，不承担法律责任。但是"网约车平台公司承运人责任符合网约车平台公司实际掌控者的现实状况，有利于弱势方的权利救济，有利于新旧出租汽车行业持续健康发展。应构建合理的风险分担机制。"[①] 对打车乘客而言，乘客打的网约车是网约车平台选派的车辆，乘客认为其与网约车平台存在法律关系，这种理解

---

① 张林，王政. 网约车平台公司承运人责任分析 [J]. 福建江夏学院学报，2019 (1)：94-102.

符合社会大众的认识，也存在合理性。随着网约车的合法化，《网约车暂行办法》第十六条规定，网约车平台公司承担承运人责任，应当保证运营安全，保障乘客合法权益。因此，在专营网约车运输过程中发生交通事故，网约车平台公司应当承担承运人责任。而所谓承运人是托运人订立运输合同的人，承运人在责任期间对不能负责的原因造成人身、货物损失负赔偿责任，但是承运人的赔偿责任存在一定限制。

关于兼营网约车的事故责任，兼营网约车是存量私家车主在出行途中顺带提供运力，与专营网约车存在区别。但是对于乘客而言，都是通过网约车平台公司的打车软件下的订单，其不易辨别其乘坐的车辆是专营车辆还是兼营车辆，而且网约车平台公司也从订单收入中提成，因此可以考虑将网约车平台公司视为承运人，承担承运人责任。这种规定对网约车平台而言，平台上的车辆越多其获得的收益也就越多，因此由网约车平台承担承运人责任，其经济利益并不受到损失。而拼车网约车（顺风车）提供的服务在一定程度上属于合乘，公益性强，乘客能够明显辨识其打车的类型，因此网约车平台公司只提取少量费用，在此基础上如果发生交通事故，网约车平台即使承担承运人责任，也应限制其责任额度。

在上述三种类型的网约车发生的驾驶员对乘客的人身伤害的刑事犯罪，应当由驾驶员承担刑事责任，但是当网约车平台没有尽到上述安全规制责任，网约车平台存在过错，应当承担相应的民事责任。

关于网约车的保险规制，《网约车暂行办法》第二十三条规定，网约车平台公司应当依法纳税，购买承运人责任险等相关保险，充分保障乘客权益。鉴于网约车存在三类子类型，应当分别讨论。专营网约车车辆本身应当购买商业保险，此外网约车平台公司应当购买承运人责任险。兼营网约车的保险问题比较复杂，一般私家车有些只购买交强险，而购买的车上人员险严重不足，不能仅因没有购买此项保险就拒绝其加入网约车平台，为此可以通过立法和与保险公司协商，由网约车平台公司就兼营网约车和拼车网约车的每一单订单，通过网络购买乘客险，如果发生交通事故造成人身损害，在车辆驾驶员负有责任的情况下，由乘客险和网约车平台公司的承运人责任险赔付，具体两个险种的处理规则，可以在保险条款中进行约定。

此外特别需要注意的是，应在修改网约车规制制度时，将兼营网约车和拼车网约车（顺风车）在法定范围内的共享行为纳入车辆自身正常范围内，避免保险公司认定为运营行为而拒绝理赔。

（三）网约车的信息安全规制

网约车行业是提供打车端和供给端信息供需匹配，并提供精确导航、支付结算和出行途中安全监督的创新行业。网约车行业与巡游出租车行业的根本差异在于，网约车行业是基于大数据技术、算法技术和移动互联网技术相结合的信息技术而发展起来的新兴行业。网约车平台公司不仅收集海量的个人信息和地理数据，而且对数据和信息具有强大的处理能力，在数据行业具有极大发展前景的情况下，必须加强信息安全规制，同时促进信息的合理利用，以平衡个人、企业之间的利益。网约车行业的信息安全规制涉及个人信息保护和敏感信息保护两个方面，必须在《中华人民共和国个人信息保护法》《中华人民共和国数据安全法》《中华人民共和国网络安全法》等法律规范的总体规定下，依据《网约车暂行办法》来进行。

首先是个人信息保护。个人信息保护涉及个人信息处理的原则、个人信息权利、具体处理规则、个人信息处理者的义务、个人信息保护模式等。上述法律、法规对此有原则性的规定，需要结合网约车行业的特点进行明确细化。《中华人民共和国个人信息保护法》规定，个人信息是以电子或者其他方式记录的与已识别或者可识别的自然人有关的各种信息，不包括匿名化处理后的信息。而个人信息的处理包括个人信息的收集、存储、使用、加工、传输、提供、公开、删除等。

关于个人信息的处理原则，一是合法、正当、必要和诚信原则；[①] 二是明确、合理目的，与处理目的直接相关且范围最小原则。[②] 针对网约车提供打车服务和支付手段而言，个人信息收集和处理的范围应当仅限于完成乘客运输的信息：一是乘客的基本信息：姓名、手机号码、身份信息、网络 ID 地址，该信息用以识别打车客户；二是位置信息和轨迹信息，该信息用以完成运输过程；三是支付方式信息，支付账户的账号、姓名、开户行、预留电话号码，该信息用以乘客完成支付或向乘客退款；四是出行途中的图像信息、视频信息和声音信息，该信息用以保护运输过程的安全。除此以外的信息，如在运输途中录音系统获知的个人职务信息，家庭信息和工作、商业信息等，均超出提供服务目的范围，不符合必要原则、合理目的的原则和范围最小原则。在网约车规制制度中建议对个人信息收集和处理的范围进行进一步明确规定。

关于个人信息保护的权利，根据《中华人民共和国个人信息保护法》的规

---

① 《中华人民共和国个人信息保护法》第五条：处理个人信息应当遵循合法、正当、必要和诚信原则，不得通过误导、欺诈、胁迫等方式处理个人信息。

② 《中华人民共和国个人信息保护法》第六条：处理个人信息应当具有明确、合理的目的，并应当与处理目的直接相关，采取对个人权益影响最小的方式。收集个人信息，应当限于实现处理目的的最小范围，不得过度收集个人信息。

定，个人对其信息处理者处理其个人信息享有知情权、决定权、决绝权①、查阅权、复制权②、更止权③、删除权④、解释权⑤。就网约车服务过程而言，乘客对网约车平台公司作为个人信息处理者，享有的首要权利是知情权。乘客有权知道网约车平台公司收集信息的范围、种类、使用目的等内容，在此基础上才能行使同意权、决定权和拒绝权；其次，乘客有权查阅网约车平台公司收集处理了乘客的哪些信息，并有权复制；再次，乘客有权在查阅基础上对发现的信息错误提出更正；最后，乘客有权要求网约车平台公司在服务结束后的合理期限删去乘客的个人信息。《网约车暂行办法》规定了乘客对于网约车平台采集个人信息的目的、方式和范围的知情权，应当在后续网约车规制制度修订过程中对乘客依法享有的上述权利予以规定。

关于个人信息处理者的义务，乘客的个人信息保护权利对应着网约车平台公司作为个人信息处理者的义务，根据《中华人民共和国个人信息保护法》的规定，网约车平台公司应通过便捷的方式和通俗易懂的语言告知乘客其收集和处理信息的具体内容；告知乘客向网约车平台查阅信息、复制信息、更正信息的途径和方法，并及时向乘客提供查阅结果；向乘客提供申请删除个人信息的途径和方法，并在接到乘客删去通知后删去乘客的个人信息，并将结果告知乘客。当乘客就信息处理的事项存在疑问时，网约车平台公司应以口头或书面方式向乘客及时解释相关疑问。此外，网约车平台公司属于特殊类型的个人信息处理者，《中华人民共和国个人信息保护法》进行了特别规定，如建立合规制度体系和组成外部人员构成的独立机构进行监督等。⑥ 对于上述网约车平台公司

---

① 《中华人民共和国个人信息保护法》第四十四条：个人对其个人信息的处理享有知情权、决定权，有权限制或者拒绝他人对其个人信息进行处理；法律、行政法规另有规定的除外。

② 《中华人民共和国个人信息保护法》第四十五条：个人有权向个人信息处理者查阅、复制其个人信息；有本法第十八条第一款、第三十五条规定情形的除外。个人请求查阅、复制其个人信息的，个人信息处理者应当及时提供。

③ 《中华人民共和国个人信息保护法》第四十六条：个人发现其个人信息不准确或者不完整的，有权请求个人信息处理者更正、补充。个人请求更正、补充其个人信息的，个人信息处理者应当对其个人信息予以核实，并及时更正、补充。

④ 《中华人民共和国个人信息保护法》第四十七条：有下列情形之一的，个人信息处理者应当主动删除个人信息；个人信息处理者未删除的，个人有权请求删除：（一）处理目的已实现、无法实现或者为实现处理目的不再必要。

⑤ 《中华人民共和国个人信息保护法》第四十八条：个人有权要求个人信息处理者对其个人信息处理规则进行解释说明。

⑥ 《中华人民共和国个人信息保护法》第五十八条：提供重要互联网平台服务、用户数量巨大、业务类型复杂的个人信息处理者，应当履行下列义务：（一）按照国家规定建立健全个人信息保护合规制度体系，成立主要由外部成员组成的独立机构对个人信息保护情况进行监督……

处理信息的义务，在《网约车暂行办法》中缺乏明确的规定，建议在后续网约车规制制度修订时予以增加。

关于个人信息处理者的权利，个人信息的特征是可别性，当网约车公司必须借助大数据处理和优化算法优化路线配置，预测客户打车区域分布特点时，对个人信息匿名化处理之后，有拥有相关数据的权利。因此，在乘客个人信息保护和企业数据利益之间应当予以平衡。后续网约车规制制度修改时，建议明确网约车平台公司拥有数据权利的具体范围和形式。"网络平台数据已经成为互联网企业的核心资产，但平台数据常常包含大量的个人数据。在实体判断上，应当综合考虑平台性质等多种因素，最大限度推动数据流通与数据保护的平衡。"①

关于个人信息处理规则，《中华人民共和国个人信息保护法》规定了个人信息处理者处理信息的基本规则，包括处理个人信息的同意或必需原则（基于合同或法律规定）；告知的方式要求；个人信息处理者向他人提供信息的规则；避免算法歧视规则；个人敏感信息特别处理规则。结合网约车行业的特点，网约车平台公司收集处理乘客信息时应当通过打车软件以显著的标志和易懂的语言取得乘客的同意，明确告知乘客收集信息的种类、用途、保存期限。不得将乘客个人信息提供给第三方，不得利用算法进行歧视收费。个人出行轨迹和账户信息属于敏感信息，对于其收集要单独特别告知，并取得乘客的同意。《网约车暂行办法》规定了网约车平台公司对采集信息的使用必须符合其服务的目的，不得超越这个范围使用；网约车的平台公司不得向第三方提供乘客的相关信息。但是这些规定还存在着不足，建议在后续网约车规制制度修订时，应当进一步明确网约车平台公司的个人信息处理规则，特别是个人敏感信息的收集处理要依据《中华人民共和国个人信息保护法》进行细化规定。

关于个人信息保护模式，《中华人民共和国民法典》规定了私法保护的模式，即个人信息被侵权后通过民事诉讼方式维权，而《中华人民共和国个人信息保护法》规定了行政保护优先模式，即由国家网信部门和有关部门在各自职责范围内负责个人信息的保护和监督管理。综合来看，依据不同的法律，个人信息私法保护模式和行政保护模式可以并行不悖，但就从乘客获得法律救济的便捷性和收集证据难度来看，行政保护优先的模式更为有效。"在现代信息社会中，以私法保护公民的隐私权益也常遇到困难。"② "当代各国普遍将个人信息

---

① 丁晓东. 数据到底属于谁？：从网络爬虫看平台数据权属与数据保护［J］. 华东政法大学学报，2019（5）：69-83.

② 丁晓东. 个人信息私法保护的困境与出路［J］. 法学研究，2018（6）：194-206.

权界定为新型公法权利，为数据控制者规定广泛的法律义务，并通过设立专门、独立、权威的个人信息保护执法机构来提供有效的保护。"①

关于国家敏感信息安全规制，网约车行业不可避免地要借助大量地理坐标和地形信息，也接触大量的单位位置和范围、特点信息。其中地理信息包括不同建筑的地理坐标或地形信息，乘车人员的不同性质的单位（含国家机关）信息。因此，除《中华人民共和国个人信息保护法》对个人敏感信息特别保护之外，《中华人民共和国数据安全法》就数据安全提出保护要求，规定"关系国家安全、国民经济命脉、重要民生、重大公共利益等数据属于国家核心数据，实行更加严格的管理制度"。因此，《网约车暂行办法》规定，网约车平台公司采集的个人信息、生成的业务数据应当在中国内地存储和使用，不得外流。网约车平台公司不能泄露事关国家安全的敏感信息。但是上述规定并不完善，建议在网约车规制制度修改时增加如下规定：网约车平台公司收集的地理信息和国家机关位置等敏感信息由网约车平台公司定期自查，与运输服务不直接相关的敏感信息应定期清理，并将清理情况报送规制机关，规制机关有权根据《中华人民共和国网络安全法》《网络安全审查办法》进行审查。

二、网约车的经济性规制

（一）网约车的数量规制

政府对特定行业领域的数量规制主要原因在于，该特定行业属于市场无法有效调节数量的自然垄断行业（如自来水、电网、铁路干线网络）或国家基于特殊政策限制数量的行业（如烟草）。对一个行业是否要实现数量规制，主要取决于上述因素，网约车是市场经济中为满足城市公众个体化出行需求的产物。结合前文的分析，网约车的技术特征是基于信息技术优势，高效、快捷匹配车辆和打车信息。网约车的经济特征在于能够较好地提供个体化出行的运力。网约车技术、经济特征结合产生的新特征，即网约车能够使车辆供应具有弹性，适应城市出行的潮汐化特点。在这一方面，网约车与传统的巡游出租车具有本质的不同。传统的巡游出租车难以迅速匹配车辆和打车信息，无法在打车高峰期快速增加车辆数量，也无法在交通低谷期减少车辆数量，为了避免巡游出租车在市场上过多存在产生较高的沉没成本和恶性竞争，只能根据城市运力需求设置一个固定的数量，实质是通过行政手段保持一个合理的运力，因此巡游出租车行业一般要实行数量规制。根据上述比较，网约车行业无须进行数量规制，

---

① 周汉华. 个人信息保护的法律定位 ［J］. 法商研究，2020（3）：44-56.

主要由市场调节。

需要注意的是，当兼营网约车合法化，其数量也需要进行规制，因为其有利于城市交通，不属于市场竞争行为而值得鼓励，只是为防止其变成专营网约车需要对其每天的接单次数进行规制，根据一般私家车每天上下班两次到四次的常规，可以将兼营网约车的每天接单次数限制在两次到四次之间，具体次数限制由当地政府的规制机关规定。关于拼车网约车（顺风车）数量规制，因为其也是利用较长路途出行过程捎带乘客，具有提高道路通行效率的公益性，因此不对其数量进行规制，而应限制其每天的接单次数。建议规定其每天的接单次数为一至两次，并要求其提前公布路线和出行时间。

（二）网约车的价格规制

价格规制是市场无法根据供求变化的信号正常调节价格后，政府对特定行业进行的价格规制，分为价格结构规制和价格水平规制两大方面。价格规制往往被用在市场机制难以起到数量调节的自然垄断领域（尤其是关系到基础民生的公用事业领域，如自来水、电网输电价格、公交车价格、普通铁路客运）和执行国家特殊政策的领域。

价格规制往往伴随着数量规制，就城市巡游出租车行业领域而言，当规制机关对巡游出租车的数量进行了控制，在城市范围内巡游出租车就会处于垄断地位，在城市交通高峰期和节假日、不良天气情况下，巡游出租车会严重供小于求，为了防止巡游出租车乘机提高价格，规制机关必须对巡游出租车进行价格规制。而对于网约车而言，网约车的经济特征在于调动城市中存量的社会车辆提供共享运力，网约车平台公司利用信息技术配备车辆供需信息，因此网约车的供给具有一定的数量弹性。加之网约车不接单就没有提成费用，没有巡游出租车每天的牌照租赁费之忧，因此，网约车的价格可以借助市场来调整。

市场的价格形成机制具有正负两个方向的调整，当市场中的车辆供大于求时，网约车借助信息优势，暂时退出运行。当市场中的车辆供小于求时，可以适当提高价格，通过价格杠杆的作用，引导非打车急需的乘客改选公共交通。需要注意的是，网约车根据市场需求调整价格，但是为了防止网约车平台在节假日随意提高价格侵害消费者权益，应当要求网约车平台公司提前公示网约车价格变化的规则，包括增加价格的幅度、价格构成明细。同时为了防止网约车平台加价幅度超过市场可承受程度，可以实行最高限价规制。

上述价格规制的要求，对于专营网约车完全适用。而为了防止兼营网约车对巡游出租车产生挤出效应，兼营网约车的价格也应当按照等同或略高于普通巡游出租车的价格进行规定。对于拼车网约车的价格规制，《网约车暂行办法》

授权县级以上地方人民政府按有关规定执行。为防止其进行长途运营牟利，有些地方规定为补贴成本价格原则，为了鼓励拼车网约车共享车辆资源，对其付出的成本和面临的风险进行补偿。建议在网约车规制制度的后续修改中，将其价格标准定为出租车运行相同路段的一半。

(三) 网约车的准入规制

中文的市场准入一词从词源的角度而言，系 Market Access 翻译而来。Market Access 系国际法中的市场准入，主要是指关税和贸易总协定以及世界贸易组织为推动贸易、服务和投资自由化，要求缔约国政府向外国商品、服务、资本开放国内市场，以便利国际贸易和国际投资。① 国内法中讨论的市场准入制度是国家准许公民和法人进入市场，从事商品生产经营活动的条件和程序规则的各种制度和规范的总称。② 市场准入规制的目的是政府对于市场主体进入某些产业进行微观控制，尤其是对于自然垄断产业、存在明显负外部性的领域和明显存在信息不对称的产业设立资格、条件等进入门槛。从法律制度上看，市场准入表现为国家通过立法方式，规定市场经济主体取得进入特定产业的资格的实体条件和程序条件，重点是实体条件。

网约车的准入规制是指规制制度中允许符合何种条件的车辆和驾驶员加入网约车的经营，赋予其合法地位。一般人往往将网约车的准入规制与数量规制混淆，认为数量规制就是准入规制。数量规制与准入规制具有内在联系，通过准入规制可以实现数量规制，但是准入规制往往是对规制对象的主体类型的要求，而数量规制是规制机关为了防止市场供大于求导致供需失衡而对特定行业的进入数量进行要求，因此即使符合准入条件，基于数量考虑，规制机关也可以不给予许可证书。以巡游出租车为例，巡游出租车的部门规章《城市出租汽车管理办法》对巡游出租车规定了准入条件，不符合准入条件一定不能获得出租汽车经营权，但是符合车辆准入条件也不一定能够获得出租车经营权，是否给予许可要由规制机关进行裁量。前者是准入许可，后者是数量许可。

网约车的准入规制需要根据网约车的三种子类型分别设置。现行《网约车暂行办法》对车辆准入条件的规定体现在第十二条：拟从事网约车经营的车辆，应当符合以下条件：(一) 7 座及以下乘用车；(二) 安装具有行驶记录功能的车辆卫星定位装置、应急报警装置；(三) 车辆技术性能符合运营安全相关标准要求。车辆的具体标准和营运要求，由相应的出租汽车行政主管部门，按照高

① 车丕照. "市场准入"、"市场准出" 与贸易权利 [J]. 清华大学学报 (哲学社会科学版)，2004 (4)：56-61.

② 李昌麒. 经济法学 [J]. 北京：法律出版社，2013.

品质服务、差异化经营的发展原则，结合本地实际情况确定。有些地方根据《网约车暂行办法》的授权进行了车辆准入标准的详细设定，有些地方规定的车辆准入条件非常严格，有些地方规定的条件相对合理或宽松。这里涉及对国家关于网约车公共政策《网约车指导意见》中满足市场需求和差异化发展的理解。有些地方政府不能全面理解国家的公共政策，片面通过提高准入条件强调差异化，违反了市场调节的原则，无法实现满足市场需求的根本目标。但是需要看到，网约车与巡游出租车的差异化主要由其技术、经济特征所决定，一般情况下，网约车与巡游出租车存在着消费群体差异。但是，网约车平台公司为抢占市场份额，不断推出价格更为优惠的类型，与巡游出租车的市场高度重合。这种市场行为背离了网约车的技术、经济特征，因此需要政府通过适当合理的车辆准入标准来防止同质化竞争。因此，规制制度对网约车的准入应当坚持合理标准，在五个关键指标（车辆牌照、排量、车价、轴距和车辆已使用年限）中，车辆牌照应当要求为本地牌照，对车价、使用年限、轴距进行适当限制，既可以达到网约车价格与巡游出租车价格拉开差距的要求，又能够保障网约车侧重提供较好品质的服务。国内很多城市一般都规定网约车的价格不低于同等类型的巡游出租车，车龄在 3 年以内，轴距不低于 2650 毫米即可（该轴距是紧凑型轿车的轴距，但超过普通桑塔纳捷达等较小的紧凑型轿车）。通过规定适当合理的车辆准入标准，加上网约车不能巡游且服务标准要求较高的特点，可以由市场作用实现网约车与巡游出租车的自然差异化发展。在网约车规制制度的后续修改中，建议网约车中的专营网约车的准入标准为本地牌照，对车辆价格、轴距比照当地普通巡游出租车标准设定，车辆已使用年限限定在 2—3 年。

鉴于网约车内部还存在着兼营网约车和拼车网约车（顺风车）等两种子类型，如果以后修订的网约车的法律规范体系能够根据国家的《网约车指导意见》，"贯彻创新、协调、绿色、开放、共享的发展理念，构建多样化、多层次出租汽车的服务体系""坚持乘客为本""坚持改革创新""更好地满足人民群众出行需求"，充分认识到兼营网约车所具有的提高城市道路资源利用效率的重要意义，将兼营网约车纳入后续的法律规范体系中，兼营网约车的准入条件也需要考虑。兼营网约车利用存量私家车正常出行途中顺便捎带有打车需求的乘客，兼营网约车会受到每天接单次数的严格限制，因此为了发挥其共享作用以及适合城市出行潮汐化特点，兼营网约车应实施基于安全保障的车辆宽松准入规制。

具体而言，车辆安全要符合公安机关年检合格标准，车辆购买了常规的车辆保险（额外应在每次接单时购买一次性运营保险），驾驶员安全背景符合《网约车暂行办法》规定，不具备危险因素即可，对于车辆价格、轴距、排量不做特别要求。兼营网约车的价值在于共享而缓解道路稀缺性的矛盾，以及符合城市出行潮汐化特点，具有供给弹性。这种价值在《网约车指导意见》的公共政策中有所体现，但是《网约车暂行办法》中却没有体现这一点，而是将网约车按照专业化方向规范，导致兼营网约车价值的缺失，而专营网约车从某种意义上是绕开了巡游出租车长期难以突破的数量瓶颈，变相增加了出租车的运力，只不过发挥了网络的技术优势，即网络打车更快捷，而没有发挥其经济优势，即城市中大量存量私家车的资源。同理，拼车网约车（顺风车）也比照兼营网约车实施车辆和驾驶员的准入标准，只不过拼车网约车（顺风车）往往是长途出行捎带乘客，因此，拼车网约车（顺风车）的车辆牌照可以适当放宽，只需要属于出行路线所在城市即可。

关于网约车准入规制的程序，在网约车的准入规制中，应当遵循企业自我规制与政府规制相结合的原则。现代信息技术高度发达，政府规制机关掌握大量信息，且各部门联网数据共享，应当充分利用信息技术手段，分别由网约车平台公司和规制机关分工实现规制任务，准确全面地对车辆和驾驶员进行安全审核。关于车辆和驾驶员的安全背景，可以由网约车平台公司初步审核必须提供的信息，完成初步审核任务，并将信息进一步提交规制机关予以再次审核。应"承认和尝试网络平台的治理地位，充分利用网络技术和信息手段实施监管。"[1]

三、网约车的竞争性规制

(一) 网约车的反垄断规制

网约车平台公司的反垄断规制具有特殊性，数字经济形成"平台—数据—算法"三维结构，数据流量在竞争中一定程度取代价格的中心地位。数字平台借助平台力量展开跨界竞争，实施平台封禁和数据锁闭，在价格之外影响交易机会和消费者福利。[2] 在《中华人民共和国反垄断法》之外，2021 年 2 月 7 日《国务院反垄断委员会关于平台经济领域的反垄断指南》（国反垄发〔2021〕1 号）根据互联网平台公司的特点进行了有针对性的规定。因此，对网约车平台公司的反垄断规制制度需要根据《中华人民共和国反垄断法》《国务院反垄断委员会关于平台经济领域的反垄断指南》（以下简称《反垄断指南》）《国务院关于经营者集中申报标准的规定》等法律、法规、规章、指南的规定进行。

根据《中华人民共和国反垄断法》的规定，结合前文的分析，网约车平台

---

① 沈岿. 互联网经济的政府监管原则和方式创新 [J]. 国家行政学院学报，2016 (2)：91-93.

② 黄尹旭，杨东. 超越传统市场力量：超级平台何以垄断？[J]. 甘肃社会科学，2021 (9)：100-108.

公司涉嫌的限制竞争行为主要有下列几种：网约车平台公司的经营者集中；网约车平台公司的滥用市场支配行为，其中包括大数据杀熟的价格歧视行为、向网约车平台司机收取过高提成的不合理高价行为、不合理补贴网约车驾驶员造成的低于成本价的价格掠夺行为。

首先，针对网约车平台公司的反垄断规制，一般应当界定相关市场。《反垄断指南》第四条规定：调查平台经济领域垄断协议、滥用市场支配地位案件和开展经营者集中反垄断审查，通常需要界定相关市场。那么针对网约车行业而言，最棘手的问题是网约车市场与巡游出租车市场是否是一个市场？相关市场分为商品市场和地域市场，平台经济领域相关商品市场界定的基本方法是替代性分析。平台经济业务类型复杂，界定平台经济领域相关商品市场和相关地域市场需要遵循《中华人民共和国反垄断法》一般原则，同时考虑平台经济的特点，结合个案进行具体分析。根据前文分析，网约车市场与巡游出租车市场是两个分离的商品市场，理由有二：一是网约车与巡游出租车的性质不同，网约车是信息技术与社会存量车辆的产物，是打破信息局限而突出数量规制和价格规制的行业，虽有专营车辆，但更多体现的是共享属性；二是在需求替代上，选择网约车的消费群体相对固定。因此，应当将网约车界定为一个单独的商品市场，其地域市场为中国大陆地区。在解决完这个问题后，我们进行下列分析。

其次是关于网约车平台公司的经营者集中违反《中华人民共和国反垄断法》的问题。网约车平台公司已有的两次大型的经营者集中分别是2015年滴滴公司（当时的公司名称为北京小桔科技有限公司）并购快的公司（公司名称为杭州快智科技有限公司）、2016年滴滴公司并购优步公司，均属于《中华人民共和国反垄断法》规定的经营者集中的类型，但是否符合《中华人民共和国反垄断法》规定的申报条件需要分析。根据《中华人民共和国反垄断法》第二十一条：经营者集中达到国务院规定的申报标准的，经营者应当事先向国务院反垄断执法机构申报，未申报的不得实施集中。而《国务院关于经营者集中申报标准的规定》采用两种方法确定申报标准，一种是形式上的营业额标准；第二种是实质上可能限制竞争效果的标准。根据现有信息，滴滴公司2021年6月11日正式向美国证券交易委员会递交招股书。招股书显示，2018年、2019年和2020年滴滴分别实现营收1353亿元、1548亿元和1417亿元，2021年一季度营收422亿元，核心支柱都是国内出行业务。虽然缺乏滴滴公司2015年的营业收入数据，无法从形式上判断其是否符合申报标准，但从实质标准上看，反垄断执法机构应当予以审查。根据《中华人民共和国反垄断法》第二十七条：审查经营者集中，应当考虑下列因素：（一）参与集中的经营者在相关市场的市场份额及其对市场的控制力；（二）相关市场的市场集中度；（三）经营者集中对市场进入、技术进步的影响；（四）经营者集中对消费者和其他有关经营者的影响；

（五）经营者集中对国民经济发展的影响；（六）国务院反垄断执法机构认为应当考虑的影响市场竞争的其他因素。[①] 从滴滴公司的市场份额来看，到目前为止，滴滴公司在网约车市场的份额超过 90%，对其平台经营者的控制力极大，相关市场集中度极高，虽然市场上网约车平台公司达到 200 多家，但实际开展业务，订单数量每天超过 10 万的极少，如 T3、曹操出行、神州专车、首汽约车等少数几家平台公司；对消费者的影响也极大，在很多消费者眼中，网约车就是滴滴，滴滴就代表了网约车。因此，当年滴滴公司并购快的、优步应当是违反《中华人民共和国反垄断法》第二十一条关于经营者集中的规定的。而根据《中华人民共和国反垄断法》第二十八条：经营者集中具有或者可能具有排除、限制竞争效果的，国务院反垄断执法机构应当做出禁止经营者集中的决定。国家反垄断执法机关应当禁止当时的经营者集中。

第三是关于网约车平台公司的市场支配地位问题。通常情况下，在界定相关市场后要分析经营者在相关市场是否具有支配地位，再根据个案情况具体分析其是否构成滥用市场支配地位行为。"大数据对企业市场力量或垄断地位的强化非常复杂，不能一概而论，应当根据企业所涉及的平台类型、网络效应特征、多宿主等情况来分类分析。"[②]《反垄断指南》第十一条规定，市场支配地位的认定，应结合平台经济的特点，可以具体考虑以下因素：（一）经营者的市场份额以及相关市场竞争状况。（二）经营者控制市场的能力。（三）经营者的财力和技术条件。（四）其他经营者对该经营者在交易上的依赖程度。（五）其他经营者进入相关市场的难易程度。（六）其他因素。以滴滴公司为例，仅就经营者的市场份额以及相关市场竞争状况方面进行分析，应认定其市场支配地位，滴滴公司一直占有超高的市场份额，交易金额、交易数量、活跃用户数在网约车市场都占有超高的比例，该市场份额持续时间长，在网约车平台市场一家独大，竞争者的数量和市场份额均难以与滴滴公司相提并论，且根据平台经济的规模经济效应和网络效应，滴滴公司在未来很长时间内都会处于市场支配地位。

第四是关于滥用市场支配地位的价格歧视，即通俗所言的大数据杀熟问题。《中华人民共和国反垄断法》第十七条第六项规定：禁止具有市场支配地位的经营者没有正当理由，对条件相同的交易相对人在交易价格等交易条件上实行差别待遇。《反垄断指南》第十七条规定：分析是否构成差别待遇，可以考虑以下因素：基于大数据和算法，根据交易相对人的支付能力、消费偏好、使用习惯等，实行差异性交易价格或者其他交易条件。滴滴公司在实践中确实存在针对

---

① 现在的审查因素需要依据《国务院反垄断委员会关于平台经济领域的反垄断指南》（国反垄发〔2021〕1号）。

② 丁晓东. 论数据垄断：大数据视野下反垄断的法理思考［J］. 东方法学，2021（3）：108-123.

不同类型的客户或是所使用的手机价格不同的客户，依据其支付能力或打车频率借助算法进行价格歧视。《中华人民共和国个人信息保护法》也从信息处理角度禁止该种行为，[①] 建议在后续网约车规制的法律规范体系中明确规定，网约车平台公司不得利用市场支配地位或者算法对乘客进行价格歧视或者其他不合理的差别待遇。

第五是关于网约车平台公司滥用市场支配行为，向网约车平台司机收取过高提成的不合理高价行为，《中华人民共和国反垄断法》第十七条规定：禁止具有市场支配地位的经营者从事下列滥用市场支配地位的行为：（一）以不公平的高价销售商品或者以不公平的低价购买商品。《反垄断指南》提出判断标准为：该价格是否明显高于或者明显低于该平台经济领域经营者在其他相同或者相似市场条件下同种商品或者可比较商品的价格。上述两条规定是否能够充分保护网约车平台司机不被平台高额抽成还有待考察，《中华人民共和国电子商务法》提供了另外一种思路，根据《中华人民共和国电子商务法》第三十五条，电子商务平台经营者不得利用服务协议、交易规则以及技术等手段，对平台内经营者在平台内的交易、交易价格以及与其他经营者的交易等进行不合理限制或者附加不合理条件，或者向平台内经营者收取不合理费用。这一条明确禁止网约车平台公司对其平台内经营者，即网约车驾驶员收取不合理费用。交通运输部也明确提出该问题，要求网约车平台整改，"当前网约车还存在一些突出矛盾和问题，特别是部分网约车平台公司侵害驾驶员权益"。[②]《网约车暂行办法》对此行为缺乏规定，建议在网约车规制制度修订时予以补充规定，并能够细化标准。

第六是关于网约车平台公司的滥用市场支配行为，不合理补贴网约车驾驶员造成的低于成本价的价格掠夺行为，《中华人民共和国反垄断法》第十七条规定：禁止具有市场支配地位的经营者从事没有正当理由，以低于成本的价格销售商品；《反垄断指南》规定的判断因素为：该价格是否明显高于或者明显低于其他同类业务经营者在相同或者相似市场条件下同种商品或者可比较商品的价格。滴滴公司在并购快的公司、优步公司之前都曾经进行过大规模高强度的烧钱补贴网约车司机和乘客的行为，导致大量乘客涌入滴滴平台打车而支付的车费远远低于同类型的巡游出租车。因此应当认定为掠夺定价行为，违反《中华人民共和国反垄断法》。《网约车暂行办法》对此行为进行了规定，但如何认定

---

①　《中华人民共和国个人信息保护法》第二十四条：个人信息处理者利用个人信息进行自动化决策，应当保证决策的透明度和结果公平、公正，不得对个人在交易价格等交易条件上实行不合理的差别待遇。

②　2021年7月，交通运输新业态协同监管部际联席会议召开2021年第二次全体会议，审议《关于加强交通运输新业态从业人员权益保障工作的意见》。

网约车的价格低于成本价，对此缺乏认定的原则和标准，建议在网约车规制制度修订时予以补充规定，以同类型网约车的价格作为参考标准。

(二) 网约车的不正当竞争规制

根据《中华人民共和国反不正当竞争法》和其他规范不正当竞争行为的法律如《中华人民共和国价格法》，结合前文的分析，网约车的不正当竞争行为，是指网约车平台公司及其线下公司在提供网约车服务过程中，违反《中华人民共和国反不正当竞争法》《中华人民共和国价格法》规定，扰乱交通出行市场竞争秩序，损害其他网约车平台公司或者巡游出租车经营者或者消费者的合法权益的行为，主要涉及网约车平台公司对乘客进行价格补贴，恶意抢夺市场份额的行为，网约车线下租赁公司鼓励网约车开展巡游揽客的行为。

关于网约车平台公司对乘客进行价格补贴，《中华人民共和国反不正当竞争法》第二条规定：经营者在生产经营活动中，应当遵循自愿、平等、公平、诚信的原则，遵守法律和商业道德。该条成为《中华人民共和国反不正当竞争法》的一般条款，对实质构成反不正当竞争行为予以规范。《中华人民共和国反不正当竞争法》规定了比较典型的七种不正当竞争行为。除此之外，关于通过比较明显的价格行为抢夺市场份额的行为，《中华人民共和国价格法》第十四条规定：经营者不得有下列不正当价格行为：(二) 在依法降价处理鲜活商品、季节性商品、积压商品等商品外，为了排挤竞争对手或者独占市场，以低于成本的价格倾销，扰乱正常的生产经营秩序，损害国家利益或者其他经营者的合法权益……（六）采取抬高等级或者压低等级等手段收购、销售商品或者提供服务，变相提高或者压低价格。

网约车平台公司补贴乘客的行为，且价格补贴导致乘客出行支付的费用低于正常价格，就符合《中华人民共和国反不正当竞争法》的一般条款，即该行为违反公平原则，违反商业道德，扰乱了市场秩序，侵害了其他网约车平台公司或者巡游出租车的正当竞争利益，就构成不正当竞争行为，而根据《中华人民共和国价格法》第十四条可以认定网约车平台公司补贴乘客的行为，是以低于成本价的方式排挤对手的不正当竞争行为。因此《网约车暂行办法》第二十一条规定，网约车平台公司不得妨碍市场公平竞争，不得侵害乘客合法权益和社会公共利益。网约车平台公司不得有为排挤竞争对手或者独占市场，以低于成本的价格运营扰乱正常市场秩序，损害国家利益或者其他经营者合法权益等不正当价格行为，不得有价格违法行为。但其没有规定法律责任，而只能根据

《中华人民共和国价格法》第四十条追究违法责任,① 根据《中华人民共和国价格法》的规定,其违法责任相对较轻,且对网约车平台公司认定违法所得存在较大困难,行政处罚也难以执行。因此,在网约车规制制度修改中,应将网约车平台公司补贴乘客的行为认定为价格违法行为,对于违法所得难以认定的直接给予行政处罚,并可以暂停其运营。

关于网约车平台公司的车辆线下揽客的行为,一些地方网约车线下租赁公司为了提升经营业绩,放任甚至鼓励网约车司机线下揽客,构成了对巡游出租车从业者的不正当竞争行为。此种情况发生的原因来源于两个方面:其一,《网约车暂行办法》规定,网约车平台公司在开展服务的城市需要具备线下服务机构条件即"服务所在地办公场所、负责人员和管理人员等",实现线上线下结合管理。此举是为了提升网约车属地管理和服务质量。第二,由于该条规定不明确,为了合规,网约车平台公司与当地的线下网约车租赁公司开展合作,由线下公司招收合规车辆和驾驶员加入平台,又由线下公司帮助提供服务办公场所、负责人和管理人员。这种合作方式给双方带来的好处:网约车平台公司能够符合《网约车暂行办法》的规定而尽快在各个地方扩展业务,而线下公司将车辆租赁给网约车司机并收取租赁费和管理费。这种合作模式在一定程度上与网约车专营化的制度设计有关联性,《网约车暂行办法》将网约车限定为专营网约车。网约车线下租赁公司利用制度空间,利用其能够租赁专营车辆的机会以及集中管理车辆的便利条件,吸引网约车驾驶员,从而利用车辆及牌照租赁获利。这种状况类似于巡游出租车公司拥有车辆和牌照向巡游出租车司机收取份子钱获利。在网约车线下租赁公司大量出现并开创了此种经营模式的情况下,为了利益最大化,必然会鼓励租赁的网约车在订单较少时线下揽客。为了控制此种行为,建议网约车规制制度修改时从两个方面进行规制,一是明确认定网约车线下揽客构成不正当竞争行为,对网约车所在的线下租赁公司进行处罚;二是明确网约车平台公司的线下办公场所、负责人和管理人员应当与线下网约车租赁公司不存在组织和人事上的关系。当然也需要考虑,将网约车分类管理,将兼营网约车纳入合法化轨道,充分发挥存量私家车共享车内空间,提高稀缺的城市道路资源利用率的价值。网约车的出现不仅增加了网络约租车的数量供给,更是通过信息技术和存量私家车的关联,发现了城市存量车辆空间共享的价值和城市道路资源共享的价值。

---

① 《中华人民共和国价格法》第四十条:经营者有本法第十四条所列行为之一的,责令改正,没收违法所得,可以并处违法所得五倍以下的罚款;没有违法所得的,予以警告,可以并处罚款;情节严重的,责令停业整顿,或者由工商行政管理机关吊销营业执照。有关法律对本法第十四条所列行为的处罚及处罚机关另有规定的,可以依照有关法律的规定执行。

第七章 巡游出租车市场化规制改革研究

网约车快速崛起，原因在于其技术、经济特征和经济模式适应城市出行需求，虽然引发规制争议，但经过立法博弈，赋予网约车的合法化地位的规制制度已经实施。网约车对巡游出租车形成巨大的冲击，也预示着改革发展的契机。巡游出租车本身具有比较优势，但是落后的出租车规制体制和以牌照租赁为核心的经营模式限制了其潜在的竞争优势的发挥。出租车行业改革的方向是适应市场需求，发挥比较优势。为此，出租车规制制度需要进行市场化变革，并引发出租车经营模式向市场化方向转型。出租车规制制度改革需要联动考虑网约车的规制制度。

2014 年开始，以滴滴、优步为代表的网约车依靠技术、资本、经营模式优势，在全国主要大中城市快速扩张，高效的打车效率，较好的服务质量，优惠的乘车价格赢得了市场认可，而传统出租车长期沉疴在身，未待其下定决心进行改革时，网约车已巍然矗立在其面前。历经两年的立法博弈，网约车合法化规制制度已经出台，出租车的市场份额岌岌可危。

出租车还能适应市场变化，还有生存发展的机会吗？如果答案是肯定的，那么出租车行业的改革出路在何处呢？规制制度应当如何改革？由规制制度所塑造的以牌照租赁为核心的经营模式应当如何调整呢？本章在总结网约车的技术、经济和经营模式特征的基础上，分析其对出租车行业产生的影响和启示，揭示出租车行业潜在优势及规制制度和经营模式对发挥其优势的阻碍，提出出租车行业应坚持市场化改革之路，并提出相关的建议。

巡游出租车只是出租车行业的一种，除了巡游出租车，还包括电招出租车和站点候车出租车类型，但我国大陆地区的出租车主要是巡游出租车，且巡游出租车的规制制度和经营模式是改革的重点和难点。网约车虽然与出租车同属城市个体化交通运输方式，但鉴于两者的特征、经营模式和规制制度的重大区别，本书一直将网约车行业作为独立的行业概念研究。

一、网约车崛起及引发的规制争议

（一）网约车崛起对巡游出租车的冲击

借鉴美国 Uber 的模式，2014 年开始，我国市场上出现了以滴滴、快的、易到、神州为代表的网约车，短短三年时间，网约车就形成了庞大的规模，成为市民便捷、舒适出行的重要方式。网约车之所以迅速崛起，在于其始终以市场需求为导向的创新，其发展的三个阶段明显证明这一点。第一阶段，为解决精确、快速匹配乘客和出租车之间的打车信息，网约车平台开发出手机打车软件，提高了打车效率。第二阶段，为了向市场提供快捷的打车服务，网约车平台开始吸纳租赁车辆提供运营服务，并很快获得市场认可。网约车平台公司通过四方协议方式，联系汽车租赁公司提供租赁车辆，联系劳务公司提供司机，使得乘客获得运输服务。互联网专车就是这种创新模式的产物。第三个阶段，网约车市场需求巨大，并展现出广阔的发展前景，网约车平台公司为解决车辆供给不足的发展瓶颈，开始大量吸纳私家车提供运营，[①] 极大缓解了城市市民个性化出行的难题。在这一阶段，网约车从一二线城市快速向三四线城市扩展，并发展出价格较便宜的车辆类型，其中以滴滴"快车"和"人民优步"最为典型。网约车平台公司还对私家车主和乘客提供双向的高额补贴，以扩大市场份额，最终与出租车形成直接的市场竞争。随着市场竞争的加剧，网约车公司不断融合，滴滴与快的合并后，又收购优步，成为中国市场上的巨头。现在，网约车市场份额主要集中于滴滴、T3，首汽、神州、曹操出行等少数网约车公司。

创新模式下的网约车大量接入私家车，有效解决了运力供给的问题；借助移动互联网技术、精准的定位技术、大数据技术和高效算法技术，极大提高了打车的效率。除此之外，网约车服务比较优质，价格合理，市场份额不断扩大，导致出租车上客率大幅下降，司机收入降低，出租车公司和个体车主持有的出租车运营牌照价格大幅缩水。出租车行业内部利益对立的出租车公司或个体车主与司机暂时站在了同一战壕反对网约车，自 2015 年以来，全国多地发生出租车罢运事件以及出租车司机与网约车司机之间群体性冲突事件。

各地出租车规制机关依据出租车规制规章[②]对网约车进行了比较严厉的执法检查和处罚，有的地方规制机关只对网约车平台吸纳的私家车进行处罚，不

---

① 顾大松."专车"立法刍议 [J]. 行政法学研究，2016（2）69-77.
② 《城市出租汽车管理办法》（建设部、公安部令第 63 号），1998 年 2 月 1 日起施行，后被自 2015年 1 月 1 日起施行的《出租汽车经营服务管理规定》（交通运输部令 2014 年第 16 号）取代。

处罚租赁车辆，而有的地方规制机关既处罚私家车又处罚网约车平台公司。2015 年 1 月，广州、北京明确表态"专车"服务实质上变相为乘客提供非法的预约出租汽车经营服务。但是，也有少数地方政府秉持比较开明的态度对待网约车，如 2015 年 10 月 8 日上海市交通委正式向滴滴快的平台颁发首张国内"网络预约租车平台经营资格许可"，但在缺乏上位法依据的情况下，并没有明确车辆和人员的准入条件等敏感问题。

(二) 网约车规制法律规范引发的规制争议

为维护市场秩序，将网约车纳入法律制度框架进行规制势在必行，2015 年 10 月 10 日交通运输部出台《网络预约出租汽车经营服务管理暂行办法（征求意见稿）》（以下简称《征求意见稿》）。《征求意见稿》对网约车提出了严格规制的要求，车辆定性为出租汽车，禁止私家车接入网约车平台，车辆数量受到规制，统一标识，安装计价器，执行 8 年报废标准。网约车价格必须接受规制。总体上看，《征求意见稿》忽视了网约车与巡游出租车明显不同的技术、经济特征，也忽视了网约车借助共享理念解决城市出行问题的价值。据悉，《征求意见稿》在出台前遭遇到各地出租车规制机关的巨大阻力，"2015 年年中，《征求意见稿》的初稿实际上比后来的定稿要宽松很多，但随后在交通运输部内部征求意见的过程中，遭到各省交通局、交通处的极力反对，改来改去就变成了《征求意见稿》"。这反映出地方出租车规制机关对网约车参与市场竞争的否定态度，更反映出对自身规制利益损失的担忧。

《征求意见稿》引发的激烈批评超过交通运输部之预期，法学界批评网约车和出租车经营许可的合法性问题，如张效羽提出《征求意见稿》存在明显的违法增设行政许可、违法增设行政许可条件和没有上位法依据减损公民权利、增加公民义务的内容，合法性存在重大缺陷，立法层次低。[①] 王军运用宪法和行政法原理论证出租车经营许可不适用于网络约车平台，应该对非营运车辆的网络预约服务有条件、有限度地放开，开展试点。[②] 彭岳认为为鼓励市场创新，规制者应践行《中华人民共和国行政许可法》所规定的回应型规制策略，探讨规制的深层理据和价值，减少行政干预，在创新与规制之间寻求动态平衡。[③] 以周其仁等为代表的经济学界从技术进步、市场需求和经济发展等角度论证私

---

① 张效羽. 互联网租约车规章立法中若干法律问题分析 [J]. 行政法学研究，2016 (2)：60-68.
② 王军. 出租汽车经营行政许可之合宪性分析 [J]. 行政法学研究，2016 (2)：36-48.
③ 彭岳. 共享经济的法律规制问题：以互联网专车为例 [J]. 行政法学研究，2016 (1)：117-131.

家车纳入网约车发展的合理性。① 部分官方智库人员也表现出了赞同态度，如国家发改委城市中心综合交通研究院院长张国华表示，如今城市交通服务创新进入新阶段，专车平台做了很有开创性的工作，应该支持。只要保障乘客安全，价格公平，服务质量高，不确定性的内容交给市场去决定就好。② 在国家积极倡导创新、共享理念以及"互联网＋"战略的背景下，交通运输部的规制思路发生转变。2016 年 3 月 14 日全国人大新闻发布会上，交通运输部部长杨传堂表示："网约车运作的模式与传统的巡游出租汽车存在一些不同，如果完全按照原有的管理制度来进行简单套用，是不利于网约车健康可持续发展的。为此需要按照网约车的特点，量体裁衣来设计新的管理制度。"2016 年 7 月 14 日，交通运输部等七部委联合颁布《网络预约出租汽车经营服务管理暂行办法》。其中明确网约车规制首先应满足社会公众多样化出行需求，原则上实施市场调节，促进网约车发展，其重视市场需求的立法精神清晰可见。

二、网约车对出租车行业的影响和启示

(一) 网约车的优势和经营模式优势

网约车之所以能够快速发展，根源在于其具有的技术、经济特征能够满足市场对快捷打车和优质服务的需求。

就网约车的技术特征而言，网约车利用移动互联网、精准定位、大数据和高效算法等技术手段，高效准确匹配打车需求和车辆供给，出行的便捷性大幅提高。就网约车的经济特征而言，网约车平台接入大量兼营网约车，从而保障车辆的供给，体现了共享理念，总体上符合公共利益，在高峰期出行比较契合城市潮汐化交通特点，实现了车辆供给的动态数量调整。借助信息手段和透明的评价机制，网约车的车况和服务较好。

网约车经营模式与出租车的经营模式具有明显不同的特征。根据我国各地巡游出租车经营权和车辆的归属不同，巡游出租车的经营模式主要有四类：第一类是承包经营，第二类是合作经营，第三类是挂靠经营，第四类是个体经营。③ 承包制模式是出租车行业典型的，也是问题最为严重的经营模式。承包制经营模式的核心是出租车公司将其拥有的出租车经营权对外租赁，从而获利，

① 周其仁. 滴滴专车们应该如何管？城市交通管制应更有包容性 [J]. 中国经济周刊，2015 (14)：24-25.

② 信息社会 50 人论坛. "互联网＋"交通新业态下网络租约车的政策监管：兼评《网络预约出租汽车经营服务管理暂行办法（征求意见稿）》[J]. 电子政务，2015 (11)：26-31.

③ 国务院发展研究中心发展战略和区域经济研究部课题组. 我国出租汽车行业管理和发展面临问题及对策建议 [J]. 改革，2008 (8)：128-138.

实质是出租车运营牌照租赁。[①] 出租车公司对市场没有贡献，获利方式是向司机固定收取高额的租赁费用（即俗称的"份子钱"）获得超额利润。而网约车的经营模式的特点在于：一是网约车公司面向市场需求，其利润来源在于为乘客和司机提供良好的服务；二是网约车经营模式由市场竞争决定，必须不断改进管理和服务水平，并接受市场竞争决定价格；三是利益分配关系简单透明，司机利益得到较好保障。司机多跑多挣钱，少跑少挣钱，总体收入高，劳动强度较弱。此外，网约车平台上不收取固定租赁费和高额押金，也避免规制机关收取众多费用。总体上看，网约车经营模式符合市场经济的要求。需要注意的是，网约车的经营模式也具有一定风险性，容易在具有市场支配地位时出现限制竞争和不正当竞争。

（二）网约车对巡游出租车行业的影响和启示

网约车发展既给巡游出租车行业发展带来冲击，也预示着改革的契机。网约车对巡游出租车行业的影响是显而易见的，首先是巡游出租车的上客率下降，司机收入下降；其次是巡游出租车的牌照价格下降，因为巡游出租车牌照的价格是规制制度制造的市场稀缺性所决定的，当网约车破除了这种稀缺性后，巡游出租车牌照价格必然缩水；最后，当出租车公司不愿降低司机的份子钱时，巡游出租车司机选择离开巡游出租车行业去开网约车，很多城市出现了出租车司机荒。

网约车发展也给巡游出租车行业带来了倒逼改革发展契机，[②] 首先表现为促使规制机关下定了行业改革的决心。囿于制度的惯性、改革的复杂性、出租车牌照持有者的阻挠以及规制俘获，[③] 巡游出租车行业改革始终难以启动，甚至一个城市要增加出租车数量都非常困难。网约车的发展使巡游出租车行业面临背水一战的局面，不改革将被市场抛弃；其次，网约车发展使巡游出租车改革明确了市场化改革的方向。网约车成功的根本原因在于始终围绕满足市场需求进行创新，实践充分证明出租车行业发展必须遵循市场化道路，数量规制、价格规制等规制方案必须在满足市场需求的前提条件下才具有意义；第三，网约车的发展将有助于巡游出租车司机的权利保护。巡游出租车司机深受高额的份子钱之苦的问题多年无法解决，而网约车向司机提供了广阔的就业机会，劳

① SCHALLER B, VILLAIN G. New York's taxi medallion system [J]. Transportation Quarterly, 1996, 50 (1): 91-103.

② 吴忠民. 社会矛盾倒逼改革发展的机制分析 [J]. 中国社会科学, 2015 (5): 4-20.

③ STIGLER G J. The theory of economic regulation [J]. Bell Journal of Economic and Management Science, 1971 (1): 3-21.

动力市场供求关系的改变必然引发巡游出租车行业内部的利益调整。如果巡游出租车想在市场竞争中站稳脚跟，必须提升服务质量，那么必须重视出租车司机合法利益的保护；最后，网约车可能发展出的混合治理模式，启示巡游出租车行业应当放弃严格的计划经济规制模式，重视发挥市场主体的治理积极性。网约车通过平台管理车辆和人员的实践证明，城市出行市场完全可以实行混合治理，即借助市场主体的自我治理结合规制机关的治理。对网约车来说，可以由规制机关对规制平台设定法定义务，平台管理车辆和人员并接受规制机关检查，承担责任。平台公司与地方政府合作监管加上平台公司的自律监管的混合规制模式与共享公司的法律结构能够很好匹配，既能防止平台公司非法地野蛮生长，又能避免政府监管无据。①

三、巡游出租车竞争优势及体制障碍

（一）巡游出租车行业的竞争优势

一个摆在巡游出租车行业面前的严峻问题是，面对合法化并极具竞争力的网约车，巡游出租车还具有竞争的优势吗？如果答案是肯定的，那么应当如何发挥这种优势呢？

巡游出租车的竞争优势首先在于其提供全天候的巡游服务，且作为公共交通的重要组成部分，其承担着保障城市出行的社会责任。因此，无论天气状况和距离远近，也无论文化程度高低，是否具备移动互联网和网上支付能力，市民都能招手打车；第二，巡游出租车标识统一、管理规范化程度高，不仅有助于乘客提前发现车辆，而且有助于公众识别监督。车辆安装定位系统、司机经过培训上岗，熟悉道路，且信息公示，运输安全有保障；第三，巡游出租车公司承担承运人责任，责任明确，保险充分；第四，巡游出租车的价格实行政府规制，价格合理，在政府提供补贴的情况下，巡游出租车的价格甚至偏低。上述四点是巡游出租车具备的基础优势，要在市场竞争中立足，还需要充分重视乘客需求并进行改革，而乘客打车的选择实际上是快捷、服务和价格三重因素综合决定的，因此巡游出租车行业改革应当充分重视上述需求。首先为保证乘客在合理时间内打到巡游出租车，需要科学确定巡游出租车数量，放松数量规制，展开充分竞争；其次为保证乘客获得较好服务，需要提高车辆和服务品质，摈弃拒载、绕道等行为；最后，为保证巡游出租车的价格合理并具有竞争优势，巡游出租车行业可以实行最高限价的价格规制，允许巡游出租车公司向下浮动

---

① 唐清利."专车"类共享经济的规制路径［J］.中国法学，2015（4）：286-302.

运价。试想，当市民打车时，能够比较快捷地打到一辆车况良好、干净整洁、服务规范、价格合理、安全有保障的巡游出租车，那么市民是否会选择网约车将成为一个问题。上海市已有四家巡游出租车公司上市，这充分说明传统巡游出租车走向规模经济的趋势和发展潜力。熊彼特提出的因市场创新引发的资源重新配置对其他行业的创造性毁灭模式，[①] 并不必然适用于巡游出租车行业。总之，互联网专车崛起背景下，巡游出租车如果能够在市场化改革的道路上发挥其自身的比较优势，对内合理调整利益分配，对外重视市场需求进行经营，将依然具有竞争力。

（二）竞争优势难以发挥的体制障碍

多数规制的失败或者源于对行业特点的背离，或者源于对基本的经济规律的漠视。[②] 巡游出租车行业的失败在于背离了行业规律和特点的体制障碍，如果要把巡游出租车行业的比较优势充分发挥出来，就必须革除现行严格的巡游出租车规制制度以及由这种规制制度诱导形成的落后的经营模式，它们的共同作用导致了巡游出租车服务缺乏良性竞争，行业发展停滞。

就巡游出租车规制制度而言，其主要问题在于采用特许经营的方式审批巡游出租车运营牌照，实行严格的数量规制，推行公司制的准入形式，忽视市场供求规律，导致巡游出租车市场的供求严重失衡。现有的巡游出租车牌照被少数公司垄断，缺乏市场竞争的动力。很多城市长期不增加巡游出租车数量，乘客打车难、打车贵的问题长期得不到解决。

交通运输部制定的《出租汽车经营服务管理规定》是现行的巡游出租车规制制度，其核心在于确立了巡游出租车行业实行特许经营制度，以审批的方式对经营者、车辆和司机分别实施严格的行政许可，并向巡游出租车公司优先发放许可。根据《中华人民共和国行政许可法》，巡游出租车实施行政许可应当具有法律或行政法规依据，[③] 为弥补巡游出租车行政许可的合法性不足的问题，2004 年国务院令第 412 号《国务院对确需保留的行政审批项目设定行政许可的决定》授权"出租汽车经营资格证、车辆运营证和驾驶员客运资格证核发由县级以上地方人民政府出租汽车行政主管部门依法实施行政许可"。但是，国务院通过授权以部门规章设定行政许可，不仅存在形式合法性不足问题，也存在实质合法性问题。因为《中华人民共和国行政许可法》确立了设立行政许可优先

---

① 约瑟夫·熊彼特. 资本主义、社会主义与民主［M］. 吴良健，译. 北京：商务印书馆，1999.

② 张曙光. 中国制度变迁的案例研究（第三集）［M］. 北京：中国财政经济出版社，2002.

③ 《中华人民共和国道路运输条例》第八十二条规定："出租车客运和城市公共汽车客运的管理办法由国务院另行规定。"但迄今为止国务院并未就出租车客运出台管理办法。

考虑市场调节的原则，即只有市场无法有效调节并且涉及公共安全、公共资源配置的行业才需要设置行政许可。巡游出租车行业具备较强的市场竞争因素，需要通过一定程度的市场竞争满足市场需求，而现行巡游出租车规制制度严格控制车辆数量，抑制了市场需求，且歧视作为市场主体的个人获得巡游出租车运营牌照，在实质上与《中华人民共和国行政许可法》的精神不符。因此，现行巡游出租车规制制度构成了巡游出租车行业竞争优势难以发挥的法律层面障碍。

就巡游出租车行业经营模式而言，因为严格的巡游出租车规制制度造成了巡游出租车公司控制数量稀缺的巡游出租车牌照，进而掌握了数量有限的就业机会，巡游出租车公司为了利益最大化，大量采用牌照租赁制经营模式，司机负责实际运营，承担全部运营费用、管理费用和经营风险，而巡游出租车公司负责收取固定租赁费，不承担任何经营费用和风险。经营模式的核心在于利润的来源，牌照租赁制的收益来源于巡游出租车公司强行榨取司机的劳动所得；经营模式的形成在市场竞争中由市场塑造，而在严格政府规制体制下主要由政府规制模式决定。需要说明的是，虽然牌照租赁制中，巡游出租车公司也提供车辆，但是巡游出租车价值难以与高昂的巡游出租车牌照价值相比，而且巡游出租车公司向司机收取的份子钱里面包括车辆折旧的费用。因此，巡游出租车公司经营模式的关键还是在于牌照租赁。

在严格规制制度造成的垄断的体制下，在牌照租赁制经营模式扭曲的市场中，收益丰厚的巡游出租车公司，必然缺乏竞争的压力和改进经营的激励，超负荷工作的巡游出租车司机，必然缺乏提高服务质量的激励。更为严重的是，为了维护自己的垄断利益，巡游出租车公司一方面向规制机关输送利益，另一方面向规制机关施加压力，阻止规制机关进行市场化改革，因此，虽然社会多年来一直呼吁增加巡游出租车数量，增加竞争，但是均因为强大的利益链条难以打破而无法实现。这也提示改革决策者，巡游出租车行业改革需要从规制制度和经营模式两个方面进行。

四、巡游出租车行业的改革方向和制度构建

(一) 巡游出租车行业的改革方向

现在的巡游出租车行业是一个投资门槛不高、利润水平较好、需求刚性的行业，却因为对内利益分配扭曲，对外漠视市场需求，坐享垄断保护不思进取，其经营模式无法开展有效竞争，满足市场需求，如不改革，就只会被市场淘汰。

巡游出租车行业改革的方向是什么？一个有效的思路是同时站在消费者的

角度和巡游出租车行业的基本属性角度考虑问题。市场供需规律是市场经济的核心，站在消费者角度考虑，就是从市场需求考虑，回答必然是巡游出租车行业应满足消费者对打车快捷、服务优质且价格合理的需求；站在巡游出租车行业基本属性角度考虑，就是从市场供给考虑，回答应当是巡游出租车行业的基本属性是为市场供给优质高效的运输服务。综上，巡游出租车行业改革应当遵循市场供求规律，确立市场化改革的方向，满足市场需求，提供优质服务。巡游出租车行业市场化改革方向，有着充分的历史和现实依据。首先，现代巡游出租车行业的产生就是满足市场需求和竞争的结果。① 其次，欧美各国20世纪90年代中期以后巡游出租车市场规制改革的整体趋势是：放松巡游出租车数量限制，逐步实行地区或城市统一的价格上限，强化司机执业标准、车辆质量与安全等规制，② 世界范围内的巡游出租车改革形成了三种以鼓励竞争的方式满足市场需求的模式；③ 第三，国内部分地区如义乌的巡游出租车行业也开始了市场化改革进程，实行巡游出租车数量规制市场化配置；最后，网约车的发展充分证明了只有面向市场需求的服务才符合市场规律。因此，巡游出租车行业应当面向市场需求，通过适当竞争，激发巡游出租车行业发展的动力，发挥自身的比较优势。

（二）规制制度构建的建议

巡游出租车规制制度很大程度上决定了巡游出租车行业的经营模式，巡游出租车规制制度的市场化改革将引发巡游出租车经营模式向市场化方向转变，最终实现巡游出租车行业市场化改革的目标，因此应当将巡游出租车规制制度市场化改革作为重点。巡游出租车规制制度的市场化改革总目标可以分解为具有内在逻辑联系的三个子目标：适当放松市场准入，制造适度竞争环境；巡游出租车牌照持有者成为真正向市场提供服务并承担经营风险的市场主体；促成巡游出租车经营者重视市场需求和优质服务。制造竞争环境是前提，培育市场主体是基础，满足市场需求是核心。在市场经济的环境下，一项规制制度的正当化依赖于两点：具有能够被证成的政策目标，以及相关规制手段能够合理地

---

① 1907年，哈利·艾伦在纽约创办了第一家蒸汽动力的出租汽车公司，雇佣司机，标准着装，提供服务，并安装计价器，哈利创办的出租汽车与经常敲诈乘客费用的出租马车竞争，并受到欢迎。格雷厄姆·郝吉思. 出租车！纽约市出租车司机社会史 [M]. 王旭，等，译. 北京：商务印书馆，2010.

② 陈明艺. 国外出租车市场规制研究综述及其启示 [J]. 外国经济与管理，2006（8）：41-48.

③ 国外出租车管制改革模式分为三类：一是以英国、爱尔兰和日本为代表的取消数量管制，保留价格管制和质量管制；二是以新西兰和新加坡为代表的取消数量和价格管制，保留质量管制；三是以挪威为代表的取消价格管制，保留数量管制和质量管制。袁长伟，吴群琪. 国际出租车管制模式与改革启示 [J]. 经济体制改革，2013（6）：151-155.

实现该目标。① 本部分围绕着能够证成的政策总目标和上述三个子目标，提出具体规制建议。

关于市场准入，为创造适度市场竞争，可以放松车辆数量规制。放松数量规制是激发竞争的有效手段，规制机关应定期通过科学评估或委托第三方专业机构评估，及时调整车辆牌照的投放数量。放松数量规制才能够满足市场需求，有助于打破巡游出租车牌照垄断性，使得牌照租赁的经营模式丧失基础。为进一步放松数量，创造竞争，建议向从业期限较长且服务质量优质的司机无偿授予个体牌照，这既能够激发巡游出租车司机提供优质服务，又使得市场竞争主体多元化。为发挥个体牌照的正向激励作用，应规定通过服务质量考核决定牌照是否能够延期。同时规定，个体牌照的司机自行营运时间达到法定标准的，个体牌照不得转让，退出经营时牌照收回。为妥善解决现存的个体牌照过渡和权利保护问题，应重新赋予个体牌照一定的使用期限，统一按照个体牌照规定执行。

关于巡游出租车牌照行政许可条件，为引导巡游出租车市场向提升服务质量方向开展竞争，巡游出租车牌照的许可应当从高价出让的方式向服务质量标准转变。规制机关以服务质量为标准授予并续期巡游出租车牌照，并进行服务质量监管。巡游出租车经营者为获得巡游出租车牌照，必然开展服务质量的竞争，因而需要强化经营管理以提高效益，提高司机待遇以保障服务质量，重视投资以追求规模经济，如此一来，巡游出租车经营者转化为面向市场竞争和提供优质服务的市场主体。此外，政府应考虑公益化无偿授予经营牌照，一方面可以减轻企业和司机的经济负担，另一方面可以使规制机关理直气壮地以服务质量考核标准为依据，对运营牌照的发放、续期进行严格管理。据悉，南京、宁波、杭州等地从 2015 年 1 月 1 日起，已经停止收取出租汽车经营权使用费，实行无偿使用。②

关于放松价格规制，可以实施最低价格和最高价格相结合的规制制度。灵活的价格规制，一方面有利于巡游出租车根据城市高峰和低谷进行价格调整，分流乘客或吸引乘客，另一方面为重视经营管理、效益良好的巡游出租车公司提供价格竞争的制度空间。巡游出租车经营者根据市场供求和自身服务质量，在价格上下限范围内进行浮动，经规制机关备案并在车辆上公示后执行。

关于服务质量规制，可以设立最低服务质量规制标准，巡游出租车经营者

① 史蒂芬·布雷耶. 规制及其改革 [M]. 李洪雷，宋华琳，苏苗罕，译. 北京：北京大学出版社，2008.

② 盖虹达. 专车新政博弈 垄断行业改革样本 [N]. 经济观察报，2015-10-18（8）.

可以自行提高服务质量，开展积极服务质量竞争。现行巡游出租车标识和色彩统一要求，即使开展服务质量竞争但是乘客无法识别，建议规制机关对车辆标识和色彩提出基础性要求，企业可以个性化调整，以便企业树立自身形象，赢得消费者的认同。同时，规制机关应减少对车辆品牌、型号和排量的过细控制，建议设立一定的范围和最低标准，鼓励巡游出租车经营者自行选择，提供差异化服务和形象识别。Toner 和 Mackie 测算了巡游出租车市场的社会福利后也认为，规制的重点应该是巡游出租车价格与服务质量的平衡问题。①

关于司机合法权益的保护，随着市场适度开放，司机的需求和待遇将依靠市场调整。鉴于司机的弱势地位一时难以改变，集体谈判和行业协会的作用难以起到实际作用，规制机关应当适度介入巡游出租车公司和司机之间的内部利益分配问题，规定承包费的构成和标准，并加强审核。规制机关将巡游出租车公司落实合法权益保障的考核结果与巡游出租车经营权许可延期挂钩。应通过立法赋予巡游出租车司机就企业侵害其合法权益提起举报、仲裁和诉讼的权利。

关于规制机关地位和规制能力，为适应巡游出租车规制制度市场化改革，鉴于目前巡游出租车规制机关往往是各地运输部门下设的事业编制的运管处，甚至是巡游出租车管理办公室，其人员专业性不足，缺乏科学规制的能力，因此，应当重视通过立法解决巡游出租车规制机关的规制能力和经费保障问题，严格法律责任。

（三）网约车的联动改革

网约车崛起背景下，巡游出租车行业规制制度改革需要重视制度联动设计，使得网约车能享受制度创新红利的同时，能兼顾传统巡游出租车司机的利益，实现利益共赢或曰激励相容。② 如果不能科学规范网约车的发展，尤其是大量私家车担当的兼营网约车专职经营，将极易导致市场供大于求，在资本雄厚的网约车的冲击下，巡游出租车将丧失改革机遇。

处理私家车加入网约车的问题，涉及巡游出租车规制制度改革的成败，有两种思路可以考虑：第一种思路是《网约车暂行办法》提出的，对网约车准入实施一般许可，私家车可以通过一定程序取得运营牌照，但为了控制私家车加入网约车的数量，地方政府有权实施数量规制。这种方案虽然有利于建立市场秩序，但是将丧失大量提供空余运力的私家车所带来的益处。第二种思路是通

---

① TONER J. MACKIE P J. The economics of taxicab regulation: a welfare assessment [R]. Transport Policies-Selected Proceedings of the Sixth World Conference on Transport Research, 1992.

② 张东. 法治如何促进大众创新创业：基于专车服务微观样本的分析 [J]. 法学，2016 (3)：13-25.

过规制立法把网约车区分为专营网约车和兼营网约车，而大量提供空余运力的私家车应划分为兼营网约车。第二种处理思路的优势在于，兼营网约车不仅能够利用原本浪费的运力，更能够充分利用城市中宝贵的道路资源，真正体现共享的理念。此外，因为兼营的网约车接单数量受到控制，不会过多冲击现有的巡游出租车，而专营网约车只能接受约车，不得巡游，因而总体成本要高于巡游出租车，有利于促成两者之间差异化发展和良性竞争。为提升兼营网约车的共享价值，可以对兼营车辆实施网络备案制。兼营车辆的车主通过网约车平台公司向规制机关提出申请并提供车辆和身份的有关资料，审查合格，取得兼营网约车备案证明，而对专营车辆则应执行《网约车暂行办法》规定的行政许可制度。

综上，国家的公共政策《国务院办公厅关于深化改革推进出租汽车行业健康发展的指导意见》明确提出充分发挥市场机制作用和政府引导作用，促进出租汽车行业持续健康发展，更好地满足人民群众的出行需求，并从改革经营权规制制度、健全利益分配制度、理顺价格形成机制等制度方面进行细化。鉴于以往中央层面多次出台关于巡游出租车行业改革的指导意见，[①] 但在地方层面往往不能落实。因此，当前在出租车规制制度改革时，各地的规制机关必须认清改革闯关、背水一战的形势，坚定出租车市场化改革的决心，运用法治思维，出台推动网约车和巡游出租车共同发展的科学合理的规制制度方案。

---

①　2012年国务院印发了《国务院关于城市优先发展公共交通的指导意见》；2013年交通运输部发布《交通运输部关于规范发展出租汽车电召服务的通知》；2012年交通运输部等部门发出《关于在出租汽车行业开展和谐劳动关系创建活动的通知》；2013年交通运输部印发了《交通运输部关于改进提升交通运输服务的若干指导意见》；2014年，交通运输部发布《交通运输部关于促进手机软件召车等出租汽车电召服务有序发展的通知》。

第八章　巡游出租车牌照租赁经营模式的市场化研究

　　巡游出租车司机向出租车公司交纳高额承包费，导致出租车司机超负荷劳动、收入低，而出租车公司获得高额利润。① 出租车承包费问题反映了该行业内利益分配格局的失衡，蕴含着深刻的制度根源问题。只有推进巡游出租车行业市场化改革，才能促进该行业内的良性竞争，提升服务质量，形成行业内合理的利益分配机制，使巡游出租车行业摆脱困境。2014 年以来，网约车快速发展，为巡游出租车市场化改革带来契机。

　　本部分描述巡游出租车行业承包费模式，探析其获利机理，揭示高额承包费问题与巡游出租车行业经营模式和巡游出租车行业规制制度之间的关联机理，从理论上廓清巡游出租车行业市场化规制制度改革的思路。对于巡游出租车行业市场组织形式规制效果问题②、巡游出租车行业规制原理问题③、巡游出租车行业规制政策变迁④和决策问题⑤、网约车如何矫正巡游出租车市场失灵问题的原理⑥，以及鼓励网约车发展，促进巡游出租车协调发展问题⑦，均有学者进行过研究，但从巡游出租车行业承包费这一利益分配核心问题切入，研究巡游出租车行业承包费困境及获利机理、经营模式和规制制度根源之间的关系等问题，

---

　　① 王克勤. 北京出租车业垄断黑幕 [N]. 中国经济时报，2002-12-06 (8).

　　② 陈明艺，熊红星. 出租车市场组织形式管制效果分析：上海出租车市场调查 [J]. 城市问题，2012 (6)：81-86.

　　③ 邓纲，周璨. 出租车市场的政府管制及其完善 [J]. 经济法论坛，2011 (1)：235-243.

　　④ 张丽，刘明. 我国出租车政策变迁的动力机制：基于倡导联盟框架的分析 [J]. 长白学刊，2018 (5)：84-91.

　　⑤ 孙峰. 走向精准：参与式决策目标设定优化研究：基于出租车改革的实证分析 [J]. 中国行政管理，2019 (1)：95-101.

　　⑥ 魏巍，张慧颖. 互联网专车矫正出租车行业市场失灵的机制分析：以易到用车为例 [J]. 新疆大学学报（哲学·人文社会科学版），2017 (5)：39-45.

　　⑦ 王静. 网约车给中国出租车行业及其监管带来的变革 [J]. 行政管理改革，2018 (10)：41-46.

虽然现有学术文献有所涉及，但是系统性研究深度不够。

本章的基本观点是：巡游出租车行业承包费困境源于现行的巡游出租车规制制度及其衍生出来的扭曲的承包制经营模式。巡游出租车行业的市场化改革，必须能够根本性解决巡游出租车高额承包费利益冲突核心问题。根本解决途径在于以形成行业良性竞争的巡游出租车行业市场化改革为目标，改革严格的巡游出租车规制制度，倒逼扭曲的承包制经营模式向市场化转型。网约车发展既培育市场竞争的对手，又为巡游出租车行业市场化改革提供了契机。

一、巡游出租车行业承包费模式及其获利机理

（一）承包费的基本模式

北京的巡游出租车行业承包费演化过程最为典型。20 世纪 80 年代，北京等大城市出租车行业实行国有制，司机收入全部上缴，所有费用由单位承担，司机每月领取固定工资。因为巡游出租车具有单独运营的特点，为制止司机"拉私活"，从 90 年代开始，巡游出租车公司推行承包制，其基本要求是司机每月向公司缴纳固定的任务钱，司机多余收入归个人。1996 年，北京市出租汽车管理局下发《关于加强企业营运任务承包管理工作的通知》，规定巡游出租车公司与司机之间必须签订营运任务承包合同，明确每月承包金额，这成为承包费最早的规范性文件。

随着各地巡游出租车行业的发展，承包费也演化出几种基本模式。第一种是公车私营的承包费模式，以北京为代表，称为北京模式。其特点是巡游出租车运营牌照和车辆为巡游出租车公司所有，司机不属于公司员工，公司将车辆承包给司机，不负责实际运营。司机承担车辆运营风险，承担车辆的五大项费用，即油费、保养费、维修费、保险费、其他费用。承包费按年签合同确定，每日交纳，节假日和生病时期也不例外。在这种模式下，公司为了获得更高利润，承包费标准越来越高。在这种模式下，公司的利润来自司机缴纳的承包费，经营风险全部转移给司机，对公司最有利，因而被普遍采纳。

第二种是公车公营的承包费模式，以上海为代表，称为上海模式。巡游出租车运营牌照和车辆为公司所有，司机属于公司员工，公司每月向司机支付工资并为司机购买社会保险。公司承担五项费用中的四项，即维修费、保养费、保险费、其他费用，司机负责每天的油费。司机的工资由两部分构成，一是底薪，二是完成营运任务后的剩余金额，司机每天须完成营运任务的金额被称为

承包费。在这种模式下，司机在社会保障和休息方面具有保障，但公司不能利益最大化，因而只有少数城市采用这种模式。

第三种是私车私营的承包费模式，以温州为代表，称为温州模式。个体车主拥有巡游出租车运营牌照和车辆，个体车主将车承包给打工的司机运营，自己按天收取承包费。在这种模式下，司机承担每天的油费，车主一般承担五项费用中的四项，即车辆保险费、保养费、维修费、其他费用。与巡游出租车公司成本开支相比较，个体车主的成本开支相对较小，因此司机承包费数额略微降低。曾经全国大多数中小城市普遍采用个体模式，但政府监管机关为了便于管理，越来越倾向公司经营，巡游出租车运营牌照越来越向巡游出租车公司集中，个体车主越来越少。

上述三种模式，第一种模式具有代表性和普遍性，因此巡游出租车行业的经营模式核心特征可以概括为承包制，即司机向公司承包车辆，交纳承包费，并承担经营成本和运营风险。承包制决定了公司占有了全部收入中的大部分，利润丰厚，而司机的劳动强度大，收入少，缺乏社会保障，公司与司机之间的利益严重失衡。这种经营模式导致巡游出租车业沉淀下来的最激烈的矛盾是巡游出租车司机和出租车公司之间的矛盾。[①] 巡游出租车公司之所以能在市场经济中采用并长久维持这种经营模式，原因在于政府严格规制车辆运营牌照，而这些运营牌照被巡游出租车公司合法获得并长期持有，形成了巡游出租车运营牌照垄断格局。因为巡游出租车公司与少量的个体车主具有本质上的一致性，下文为行文方便和简洁，均称为巡游出租车公司。

（二）承包制获利的内在机理

要透析巡游出租车公司通过承包费获得高额利润的内在机理，需要从巡游出租车司机收入角度切入，详细分析承包费的结构。巡游出租车司机每天的实际收入＝车辆每天经营数额－每日运营费用－上交的承包费。由于车辆每天经营数额和每日运营费用大体稳定，那么巡游出租车司机每天实际收入与上交的承包费的数额呈负相关，上交的承包费数额高，则司机收入低；上交的承包费数额低，则司机收入高。巡游出租车公司要获得高额利润，就必须设法提高巡游出租车司机上交的承包费数额。

承包费由三部分构成：每台车辆分摊的公司经营成本＋每台车辆应交纳其

---

① 张曙光. 中国制度变迁的案例研究（第 3 集）［M］. 北京：中国财政经济出版社，2002.

他费用＋每台车辆的表面利润。在这三部分费用中，后两部分费用很难虚报。首先，每台车辆应交纳其他费用数额基本透明固定，包括巡游出租车经营权使用费、车辆折旧费、规制机关收取费用如年检费等，因此这部分费用很难虚报。其次，每台车辆的表面利润数额已经由巡游出租车公司向政府监管部门报告过，而且均表示巡游出租车公司是微利行业，每台车所贡献给公司的利润很少，因此，这部分费用也很难提高。最终，巡游出租车公司要想提高承包费，只有虚报每台车辆分摊的公司经营成本部分。而公司经营成本，一般包括企业经营所需的各项支出费用、公司管理人员工资福利、企业税费等，具有可操作的空间。监管机关往往监管能力有限，只有依靠巡游出租车公司上报的经营成本信息进行监管，明显存在信息不对称的情况，因此，几乎所有的巡游出租车公司都会虚报经营成本。以北京为例，据北京某大型出租车公司相关人员介绍，该公司所收的承包费平均为6200元，绝大部分用于企业正常经营成本支出，每月成本为5277元，每辆车每月只有537元利润，不到10％。试想，在司机承担巡游出租车的油费、保养、维修等日常运营费用的情况下，一辆巡游出租车一个月要花掉5000多元的成本的说法明显不合常理。而根据一项对上海市巡游出租车行业成本和利润的调查，上海市巡游出租车企业的运营成本比个体巡游出租车经营户高出67％。[①]而据新华社记者调查，巡游出租车企业承担40项名目繁多的经营、管理成本，有部分企业养人以及办公费、招待费数额高得离谱。比如，北京一家大型巡游出租车公司仅管理人员就高达2000人，企业高管年薪上百万。而武汉一家小型公司每年办公费就达到45万元。巡游出租车公司想方设法提高公司经营成本，目的在于故意提高承包费数额，侵占巡游出租车司机的合法权益。这就是巡游出租车公司通过承包费获利的机理。

　　巡游出租车公司长期享受了承包制带来的甜头后，又不断进行模式创新，加剧对巡游出租车司机的利益侵害。从2012年开始，上海市一些实行公车公营模式的大型巡游出租车公司开始推行一种买断经营的承包制。具体做法是：公司出资购买车辆后，司机必须向公司一次性购买5—6年的巡游出租车牌照使用权，司机每月再向公司交纳固定数额的承包费。此外，车辆油费、保险、维修、保养等费用以及巡游出租车司机的社会保险等员工待遇均由司机自行负担。公司收取的承包费是购车费用和纯利润。杭州市演化出更为极端的做法，巡游出

---

① 陈明艺，熊红星.出租车市场组织形式管制效果分析：上海市出租车市场调查 [J].城市管理，2012 (6)：81-86.

租车司机还要负担全部购车费用，公司获得的承包费完全是纯利润。

由此可见，巡游出租车公司普遍采用对其最为有利的承包制经营模式，导致巡游出租车行业内严重利益失衡，巡游出租车司机创造的财富被不公平地转移给了巡游出租车公司，导致巡游出租车行业进入了严重背离市场经济规律发展的困境。需要引发我们思考的问题是，通过市场竞争配置资源并获得行业发展是市场经济的本质，但是为什么巡游出租车行业中，巡游出租车公司无须通过市场竞争就可以合法地占有巡游出租车司机的大部分收入，获得高额的利润？这种扭曲的承包制经营模式盛行的原因何在？通常情况下，市场经济中的企业的经营模式由市场自发形成，"经营者采取哪一种商业模式，取决于市场竞争状况和消费者选择"，"随着市场竞争的发展和消费者需求的提高，经营者必然会不断改进商业模式和提高服务质量"①。但是，在一个受到严格规制的市场中，规制制度直接规定了市场竞争格局和消费者的选择范围，对塑造行业经营模式产生了决定性作用。巡游出租车行业承包制的经营模式是巡游出租车公司在巡游出租车行业规制制度下经过长期的经营探索出的利润最大化、最优的经营模式。

二、巡游出租车承包费困境的根源

(一) 巡游出租车规制制度衍生承包制经营模式

我国巡游出租车规制制度的核心特征是巡游出租车经营牌照的严格规制。巡游出租车经营牌照严格规制制度，导致巡游出租车公司垄断了巡游出租车经营牌照。巡游出租车公司垄断了稀缺的巡游出租车经营牌照，导致巡游出租车司机所交纳的承包费实质上是租用巡游出租车牌照的费用。因此，巡游出租车高额承包费获利的根源在于巡游出租车行业扭曲的经营模式，以及衍生出这种模式的巡游出租车规制制度。

我国巡游出租车行业规制制度由 1997 年 12 月 23 日原建设部和公安部颁布的《城市出租汽车管理办法》(以下简称《办法》) 定型。《办法》虽然是部门规章，但是属于中央层面的巡游出租车行业的政府规制依据，各地出台了不少地方性法规、政府规章或规范性文件，在主要制度内容方面均与《办法》保持高度一致。

---

① 侯猛. 不确定状况下的法官决策：从"3Q"案切入 [J]. 法学，2015 (12)：15-22.

根据《办法》，我国巡游出租车行业政府规制制度主要包括六项：经营主体市场准入规制、车辆市场准入规制、驾驶员市场准入规制、价格规制、安全规制、服务规制，其中车辆市场准入规制对承包制经营模式产生了决定性影响，获得准入的车辆将获得巡游出租车经营牌照。车辆市场准入规制的特点体现为规制机关基于对巡游出租车是公共交通的辅助手段的定位，实行严格的数量控制。例如，尽管北京的巡游出租车数量严重不足，但根据北京市出租车发展规划，将巡游出租车数量规定为 6 万台左右。巡游出租车经营牌照数量难以增加，还与《办法》规定出租汽车经营权有偿使用制度和运价规制制度具有内在关联性。因为规制机关一次性或者每年收取巡游出租车经营牌照使用费，实施严格的巡游出租车运价规制，所以规制机关考虑新增巡游出租车经营牌照数量时，就意味着巡游出租车公司拥有的巡游出租车经营牌照的利益受损[①]，对此，巡游出租车公司必然坚决反对。此外，为了管理方便，规制机关采取优先发展公司制经营形式的政策，巡游出租车经营牌照优先向巡游出租车公司发放。最终的结果是，巡游出租车经营牌照数量被严格控制，巡游出租车公司获得了垄断地位。例如，北京市出租汽车公司共有 200 多家，而其中 10 家大企业所占的市场份额达 69.3%。[②]《办法》对巡游出租车司机准入规制不设数量限制，造成巡游出租车司机市场供大于求，因此，巡游出租车公司与司机双方地位悬殊，根本无法进行对等谈判，司机只能接受高额承包费。

综上，承包制经营模式之所以被普遍采用的原因在于巡游出租车行业严格的规制制度制造了巡游出租车公司的垄断格局，而垄断格局必然衍生出使巡游出租车运营牌照拥有者利益最大化的承包制经营模式。而承包制经营模式导致巡游出租车司机为了工作，只能被动接受巡游出租车公司提出的高额承包费，并承担全部成本和市场风险，而巡游出租车公司获取高额利润。更为严重的问题是，承包制经营模式在现有规制制度中具有合法性。因为《办法》中没有任何条款规定巡游出租车经营牌照不得承包，反而要求巡游出租车公司制定规范的承包条款。《办法》也没有授权规制机关介入企业承包经营，没有合理确定承包费数额并对虚报成本行为进行处罚。

（二）巡游出租车规制制度的微调实际效果不佳

2015 年 1 月 1 日，《出租汽车经营服务管理规定》（以下简称《规定》）开

---

① 刘连泰. 网约车合法化构成对出租车牌照的管制性征收 [J]. 法商研究，2017 (6)：70-78.
② 李妍，苏琳. 北京 TAXI 陷死局 [J]. 中国经济周刊，2012 (18)：22-31.

始实施，《办法》同时废止。《规定》希望在如下几个方面解决巡游出租车行业发展中长期积累的矛盾，但是效果堪忧。

第一，为改变严格规制巡游出租车数量导致供求失衡的局面，《规定》指出："县级以上道路运输管理机构应当按照当地出租汽车发展规划，综合考虑市场实际供需状况、出租汽车运营效率等因素，科学确定出租汽车运力规模，合理配置出租汽车的车辆经营权。"但是，规制机关是否具备科学合理进行数量规制的专业能力存在疑问。规制机关是否能够打破固有的垄断格局，增加巡游出租车经营牌照数量，需要实践检验，但是截至目前，尚看不到明显的数量调整迹象。

第二，为引导巡游出租车行业重视发展服务质量，回归公益化方向，《规定》提出巡游出租车经营权无偿使用。《规定》明确"国家鼓励通过服务质量招投标方式配置出租汽车的车辆经营权"，并把服务质量考核与巡游出租车经营权延期挂钩。规制机关主动让利值得肯定，但决定承包制经营模式的关键因素是巡游出租车市场的垄断格局，因此关键还需要打破行业垄断。

第三，为解决巡游出租车公司收取过高承包费的顽疾，《规定》首次在法律层面确立巡游出租车公司应当履行的义务。《规定》提出："出租汽车经营者应当合理确定承包、管理费用，不得向驾驶员转嫁投资和经营风险。出租汽车经营者应当规范内部收费行为，按规定合理收取费用，向驾驶员公开收费项目、收费标准，提供收费票据。"但是，该条款并未否定承包制经营模式的合法性，并依然认为承包费的问题是企业内部的收费行为，寄希望于企业自我约束，因而未授权规制部门直接介入规制企业经营成本审核、承包费收取标准制定、承包合同内容约定，也缺乏相关法律责任的规定，其实践效果依然堪忧。在实践中，虽然有部分地方巡游出租车公司下调了承包费，但也是网约车积极竞争，巡游出租车公司顺应市场变化不得已的行为。

三、巡游出租车行业承包费困境解决途径

(一) 规制承包费的直接措施

在巡游出租车市场化推进过程中，有必要制定有针对性的规制措施，使承包费回归合理化水平，为市场化改革奠定基础。首先，应改变现行承包费的性质。承包费是巡游出租车司机完成每天合理的运输定额。考虑到巡游出租车工作高度的个体化，巡游出租车公司应当实行经营任务承包，巡游出租车公司规

定司机每天应完成的合理的运输定额，规制机关对劳动合同和运输定额合同进行备案，并监督执行；巡游出租车公司应保障司机的社会保障权利和休息权利，与司机共同承担经营风险。其次，应规定巡游出租车公司披露经营成本信息的义务。为防止企业虚增经营成本，规制机关有权强制公司披露真实完整的成本信息。再次，应赋予规制机关行政强制权。规制机关有权直接核算或委托审计机构核算企业的经营成本和利润，并有权通过公开听证制度，决定承包费的水平及浮动区间；承包费标准应当保证出租汽车司机在法定工作时间内能获得相当于最低工资标准的劳动报酬。[①] 最后，应完善法律责任规定。对企业违反强制披露义务、弄虚作假提高成本、拒不提供社会保障、拒不执行承包费标准的，应设置严格的法律责任。需要说明的是，政府直接规制的效果具有有限性。政府直接介入规制承包费，将耗费规制机关大量的规制成本，规制过程较为复杂，规制效果并非最佳，甚至容易诱发规制俘获问题。因此，根本解决之道在于实现巡游出租车行业市场化，打破垄断，通过市场竞争满足市场需求，同时实现巡游出租车承包费调整的市场化。

（二）网约车启示巡游出租车行业应走向市场化

网约车的技术、经济特征具有明显优势，符合市场需求。在技术特征方面，其借助移动互联网技术等技术手段精确、高效匹配车辆供给和打车需求信息，提高了打车的效率，且实现了价格信息的透明；在经济特征方面，其通过大量接入租赁车辆和私家车，提供充足的运力，体现了共享经济的理念，服务质量普遍高于巡游出租车。网约车的快速发展给巡游出租车司机提供了加入网约车的机会，许多城市巡游出租车公司为留住司机主动降低承包费数额。[②] 网约车之所以受到欢迎，根本原因在于其通过市场化的方式满足了市场需求。网约车的快速发展启示我们，城市客运市场既需要安全和秩序，又需要尊重市场规律和满足市场需要。巡游出租车行业数量和质量均难以满足市场需求，政府大量补贴，乘客抱怨，司机利益得不到保护，只有巡游出租车公司获得好处。

（三）解决承包费困境的根本途径

解决承包费困境的根本途径在于，巡游出租车行业市场化改革。巡游出租车行业改革应当遵循市场供求规律，满足市场需求，提供优质服务。巡游出租

---

① 李天国. 出租车：经营模式·司机权益·劳动关系 [J]. 中国劳动，2006（7）：10-12.
② 邹倜然. 杭州出租车牌价格大跳水凸显行业发展窘境 [N]. 工人日报，2017-08-08（4）.

车行业市场化改革方向，有着充分的历史和现实依据。[①] 巡游出租车市场化改革的核心任务是改革巡游出租车规制制度，创造巡游出租车行业的竞争环境，在巡游出租车行业内部形成服务质量竞争，对外与网约车展开差异化竞争，引发经营模式向市场化转型。真正的市场竞争环境一旦形成，各个巡游出租车公司为了生存发展，就会重视面向市场提供优质服务。而巡游出租车市场上经营主体多元化，给巡游出租车司机提供了用脚投票的机会，巡游出租车司机可以选择去开网约车，或者去其他公司，或者获得个体巡游出租车经营牌照。巡游出租车行业市场化，必然引起承包费的市场化调整。巡游出租车行业本身具有综合竞争优势，表现为管理规范、标识清晰、全天候运行、司机经过培训，如果能提高服务质量，价格合理，引进新技术手段，巡游出租车行业依然能够焕发生机，具有足够的竞争力。

为实现巡游出租车行业的市场化，创造竞争环境，需要在制度构建方面抓住如下要点：第一，放松巡游出租车准入数量和价格规制。在科学评估市场需求的基础上，适当放松数量控制，不仅有利于竞争，也不会造成严重的经济损失；价格规制具有激励性，巡游出租车价格在一定范围内接受市场调整，实行动态调整机制，形成与公共交通合理的比价关系，可以制定最高限额价格，鼓励各个巡游出租车公司在限额下制定各自的标准，并备案公示。第二，经营主体的形式方面多元化。巡游出租车公司可以获得巡游出租车经营牌照，长期提供优质服务的巡游出租车司机也可以获得个人牌照。如果只是放松数量规制，不着眼于构筑多元化竞争格局，增加的巡游出租车经营牌照很可能被在位的大公司获得，而巡游出租车司机合法权益依然得不到保障。第三，明确巡游出租车经营牌照依靠服务质量授予原则。巡游出租车的经营牌照只授予能够提供优质服务的经营主体，而巡游出租车经营牌照延期依然取决于服务质量的考核结果。第四，巡游出租车公司必须承担实际经营责任。巡游出租车公司应当与司机建立真实的劳动关系。为调动巡游出租车司机的积极性，可以制定任务定额，将实质上巡游出租车经营牌照的承包费变成任务定额性质。"除了关注分配关系，我们也要保障劳动权益，要从根本上解决问题，还是要对巡游出租车行业

---

① 徐天柱. 网约车崛起背景下出租车规制制度改革探讨 [J]. 新疆大学学报（哲学·人文社会科学版），2018（1）：16-23.

实行公司制改革"①。第五，放松巡游出租车标识规制。在具备基本标识的前提下，应鼓励各个巡游出租车公司设计体现其企业品牌特征的标识，以鼓励巡游出租车公司提供优质服务，通过品牌获得市场认可。国外改革实践证明，巡游出租车数量规制改革应当是数量规制与质量规制相结合的全面改革。②

巡游出租车行业承包费的问题看似是巡游出租车行业市场改革过程中的小问题，但是这个小问题却是巡游出租车行业规制改革症结和改革切入点。从巡游出租车行业承包费困境和获利机理可以看出，严格的巡游出租车行业规制制度衍生出扭曲的承包制经营模式，导致巡游出租车行业垄断、暴利和巡游出租车司机利益严重受损。巡游出租车规制制度进行市场化改革，通过良性竞争，倒逼扭曲的承包制经营模式向市场化转型，才能提高服务质量，保护司机的合法权益，而网约车的发展为巡游出租车市场化改革提供了启示和契机。

---

① 郑晋鸣，许琳. 下调"份子钱"能否为出租车行业改革"破冰"？［N］. 光明日报，2015-04-27 (5).

② 姚志刚. 爱尔兰出租车数量管制改革研究［J］. 经济体制改革，2016 (1)：172-175.

结　语

科技发展产生的经济新模式、新行业给经济社会带来了便利，也为政府规制制度带来了挑战并对现有法律体系产生影响，网约车行业非常典型地代表了这种新趋势。

网约车是信息技术、网络经济和共享经济的产物，展现出不同于传统巡游出租车的特征，改变了巡游出租车供需匹配不及时难题和运力缺乏弹性的运力控制难题，而巡游出租车行业必需的数量规制和价格规制对其也不再适用。网约车具有很强的效率优势、运力能力和共享道路资源的价值。也正是因为网约车是信息技术、网络经济和共享经济的产物，网约车也必然存在种种问题，尤其是网约车平台公司承袭了互联网平台经济所具有的垄断、不正当竞争、侵犯消费者权利的不良倾向，如为了获取市场支配地位而实施垄断和不正当竞争行为，以及大数据杀熟行为和侵犯个人信息权益的行为。

网约车的规制制度中的公共政策应当如何决策，法律规范体系应当如何设计才能为网约车的治理提供规范，并推动网约车行业的后续发展？理想的状态是网约车的规制制度能够充分发挥网约车的优势，克服其弊端，与巡游出租车良性竞争，满足公众需求，遵守良好的秩序。这种理想追求是新兴行业领域给政府规制提出的经典难题。

为了更好地实现行业领域的公共事务的治理，规制机关既要深入研究掌握新兴事物的特点和规律，又要面对不同利益群体的合理诉求进行调整。在此过程中，规制机关需要综合运用公共政策、法律规范体系和政府规制专业理论，因此，需要超越部门行政法学的研究范式，在规制制度的整合性的概念下，追求规制制度的实质合法性，构建多层次分析框架，增加理论解释力和分析力。

要实现三者的结合，需要完成三个方面的理论工作：（1）必须在宏观层面上，找到能够统领公共政策与法律规范的上位概念，即规制制度，以及规制制度应具备实质合法性；（2）必须在中观层次上，解决公共政策与法律规范体系的互动机制问题，考虑公共政策如何转化为法律规范，法律规范如何对公共政策起到约束作用；（3）必须在微观上，确立具体行业领域的政府规制的政策目标和政策措施，并通过行政法的法律规范赋予其法律效力，形成政府规制制度。

本书尝试性地构建了以规制制度及其实质合法性概念为核心的三层次分析框架：在宏观层面，构建规制制度实质合法性的分析框架，从科学性、民主性和法治化三个维度考察规制制度的实质合法性；在中观层面，建立公共政策与法律规范体系互动关系分析框架，分析行业领域中公共政策和法律规范的作用机制；在微观层面，建立行业领域的政府规制分析框架，对行业领域的规制原理和内容进行研究。这一分析框架有助于深化部门行政法中针对政府规制问题进行的研究，具有一定的解释力和普遍适用性。

虽然借助对网约车规制制度的分析框架的分析，本书提出了一些自己的见解，如应建立分类规制制度，增加兼营网约车的类别，提高城市稀缺道路资源的利用效率。但是，本书的根本目的在于探析包含着公共政策、法律规范体系和行业专业规制理论的规制制度如何实现实质合法性，更好地实现行业领域的公共行政任务的治理。

此项研究来源于笔者在研习行政法学过程中的困惑。行政法学的合法性判断范式虽然非常成功，但是部门行政法学解决公共行政问题缺乏足够的理论解释力，也缺乏比较成熟的分析框架。部门行政法学和行业领域的政府规制是一个事物的两个方面，具有本质的关联性。但是在行政法学的视野中，往往只重视法律规范的研究，对解决公共行政问题的研究不够重视，因而需要将法律规范研究与公共政策研究、政府规制专业理论研究结合起来，以开阔部门行政法学的理论视野和提高其理论解释力。

当行政法学者在掌握行政法学的合法性理论和规则之外，还能够比较深入地理解行业领域的政府规制专业理论，掌握公共政策分析工具时，相信行政法学的理论解释力和实践作用将会为公共行政治理和法治化做出更大的贡献。

参 考 文 献

一、著作类（中文）

1. 李昌麒. 经济法学 [M]. 北京：中国政法大学出版社，2002.

2. 杨紫烜. 经济法（第三版）[M]. 北京：北京大学出版社，高等教育出版社，2008.

3. 漆多俊. 经济法基础理论（第四版）[M]. 北京：法律出版社，2008.

4. 张守文. 经济法原理 [M]. 北京：北京大学出版社，2013.

5. 王俊豪. 市场结构与有效竞争 [M]. 北京：人民出版社，1995.

6. 王俊豪. 中国政府规制体制改革研究 [M]. 北京：经济科学出版社，1999.

7. 王俊豪. 政府规制经济学导论 [M]. 北京：商务印书馆，2010.

8. 王俊豪. 中国垄断性产业结构重组、分类管制与协调政策 [M]. 北京：商务印书馆，2005.

9. 王俊豪. 中国垄断性产业管制机构的设立与运行机制 [M]. 北京：商务印书馆，2008.

10. 王俊豪，肖兴志，唐要家. 中国垄断性产业管制机构的设立与运行机制 [M]. 北京：商务印书馆，2008.

11. 张国庆. 公共政策分析 [M]. 上海：复旦大学出版社，2004.

12. 宁骚. 公共政策学（第三版）[M]. 北京：高等教育出版社，2018.

13. 陈庆云. 公共政策分析（第 2 版）[M]. 北京：北京大学出版社，2011.

14. 韩彪，聂伟，何玲. 出租车市场体系研究：理论与实践 [M]. 北京：人民交通出版社，2010.

15. 王军. 为竞争而管制：出租车业管制改革国际比较 [M]. 北京：中国物资出版社，2009.

16. 荣朝和，孙光，帅晓姗，等. 出租车业的竞争、契约与组织 [M]. 北京：经济科学出版社，2012.

17. 张昕竹. 中国规制与竞争：理论和政策 ［M］. 北京：社会科学文献出版社，2000.

18. 张昕竹. 网络产业：规制与竞争理论 ［M］. 北京：社会科学文献出版社，2000.

19. 陈富良. 放松规制与强化规制 ［M］. 上海：上海三联书店，2001.

20. 周其仁. 竞争、垄断和监管 ［M］. 北京：中国财经出版社，2002.

21. 于良春. 自然垄断与政府规制 ［M］. 北京：经济科学出版社，2003.

22. 周汉华. 政府监管与行政法 ［M］. 北京：北京大学出版社，2007.

23. 马英娟. 政府监管机构研究 ［M］. 北京：北京大学出版社，2007.

24. 张江莉. 反垄断制度与政府管制 ［M］. 北京：北京师范大学出版社，2011.

25. 肖竹. 竞争政策与政府规制：关系、协调及竞争法的制度构建 ［M］. 北京：中国法制出版社，2009.

26. 谢地. 政府规制经济学 ［M］. 北京：高等教育出版社，2003.

27. 文学国，何辉. 政府规制：理论、政策与案例 ［M］. 北京：中国社会科学出版社，2102.

28. 吴浩，李向东. 国外规制影响分析制度 ［M］. 北京：中国法制出版社，2010.

29. 陈贵民. 现代行政法的基本理念 ［M］. 济南：山东人民出版社，2004.

30. 胡元聪. 外部性问题解决的经济法进路研究 ［M］. 北京：法律出版社2010.

31. 梅黎明：中国规制政策的影响评价制度研究 ［M］. 北京：中国发展出版社，2014.

32. G. J. 施蒂格勒. 产业组织和政府管制 ［M］. 潘振民，译. 上海：上海人民出版社，上海三联书店，1996.

33. 让-雅克·拉丰. 规制与发展 ［M］. 聂辉华，译. 北京：中国人民大学出版社，2008.

34. 丹尼尔·F. 史普博. 管制与市场 ［M］. 余晖，何帆，钱家骏，等，译. 上海：格致出版社，上海三联书店，上海人民出版社，1999.

35. 植草益. 微观规制经济学 ［M］. 朱绍文，等，译. 北京：中国发展出版社，1992.

36. 安东尼·奥格斯. 规制：法律形式与经济学理论［M］. 骆梅英，译. 中国人民大学出版社，2008.

37. 史蒂芬·布雷耶. 规制及其改革［M］. 李洪雷，宋华琳，苏苗罕，等，译. 北京：北京大学出版社，2008.

38. 曼昆. 经济学原理（第二版）［M］. 梁小民译. 北京：生活·读书·新知三联书店，北京大学出版社，2001.

39. 小贾尔斯·伯吉斯. 管制和反垄断经济学［M］. 冯金华，译. 上海：上海财经大学出版社，2003.

40. W. 吉帕·维斯库斯. 反垄断与管制经济学（第三版）［M］. 陈雨军，等，译. 北京：机械工业出版社，2004.

41. 罗宾·蔡斯. 共享经济：重构未来商业新模式［M］. 王芮，译. 杭州：浙江人民出版社，2015.

42. 曼昆. 经济学原理（微观经济学分册）［M］. 梁小民，译. 北京：北京大学出版社，2006.

43. 托马斯. R. 戴伊. 理解公共政策（第十二版）［M］. 谢明，译. 北京：中国人民大学出版社，2011.

44. 亚历克斯·莫塞德，尼古拉斯·L. 约翰逊. 平台垄断：主导 21 世纪经济的力量［M］. 杨菲，译. 北京：机械工业出版社，2018.

45. 叶明. 互联网经济对反垄断法的挑战及对策［M］. 北京：法律出版社，2019.

46. 张江莉. 反垄断法在互联网领域的实施［M］. 北京：中国法制出版社，2020.

二、论文类（中文）

47. 王源扩. 我国竞争法的政策目标［J］. 法学研究，1996（5）.

48. 王先林. 论反垄断法实施中的相关市场界定［J］. 法律科学，2008（1）.

49. 史际春.《反垄断法》与社会主义市场经济［J］. 法学家，2008（1）.

50. 史际春，肖竹. 反公用事业垄断若干问题研究—以电信业和电力业的改革为例［J］. 法商研究，2005（3）.

51. 史际春，肖竹.《反垄断法》与行业立法、反垄断机构与行业监管机构的关系之比较研究及立法建议［J］. 政法论丛，2005（4）.

52. 徐孟洲. 论我国反垄断法的价值与核心价值［J］. 法学家，2008（1）.

53. 约瑟夫·斯蒂格利茨，张昕竹，汪向东，等. 促进规制与竞争政策：以网络产业为例 [J]. 数量经济技术经济研究，1999 (10).

54. 唐清利. "专车"类共享经济的规制路径 [J]. 中国法学，2015 (4).

55. 曹炜. 行政规制视角下"应召专车"的性质、定位与前景 [J]. 行政法学研究，2015 (6).

56. 彭岳. 共享经济的法律规制问题 [J]. 行政法学研究，2016 (1).

57. 刘乃梁. 出租车行业特许经营的困境与变革 [J]. 行政法学研究，2015 (5).

58. 金自宁. 直面我国网络约租车的合法性问题 [J]. 宏观质量研究，2015 (4).

59. 傅蔚冈. 专车立法在促进创新吗？[J]. 财经法学，2016 (2).

60. 顾大松. 传统出租汽车需要与互联网专车联动改革 [J]. 交通与港航，2015 (4).

61. 黄新华. 政府规制研究：从经济学到政治学和法学 [J]. 福建行政学院学报，2013 (5).

62. 邓纲，周璨. 出租车市场的政府规制及其完善 [J]. 经济法论坛，2011 (1).

63. 陈明艺，熊红星. 出租车市场组织形式管制效果分析：上海市出租车市场调查 [J]. 城市问题，2012 (6).

64. 沈岿. 互联网经济的政府监管原则和方式创新 [J]. 国家行政学院学报，2016 (2).

65. 王晓晔. 我国《反垄断法》修订的几点思考 [J]. 法学评论，2020 (2).

66. 王晓晔. 市场界定在反垄断并购审查中的地位和作用 [J]. 中外法学，2018 (5).

67. 王晓晔. 论相关市场界定在滥用行为案件中的地位和作用 [J]. 现代法学，2018 (3).

68. 殷继国. 大数据经营者滥用市场支配地位的法律规制 [J]. 法商研究，2020 (4).

69. 王先林. 论滥用市场支配地位行为的法律规制 [J]. 法商研究，2007 (4).

70. 孙晋. 数字平台的反垄断监管 [J]. 中国社会科学，2021 (5).

博士论文：

71. 于良春. 自然垄断行业政府规制理论与政策研究 [D]. 长春：吉林大学，2004.

72. 帅晓姗. 契约视角的出租车产业组织研究 [D]. 北京：北京交通大学，2008.

73. 劳潮惠. 基于双重约束性的出租客运政府规制理论研究 [D]. 西安：长安大学，2013.

74. 胡承华. 我国城市出租车行业经济法规制研究 [D]. 合肥：安徽大学，2013.

75. 赵欣颖. 转型时期政府规制失灵与规制改革路径分析 [D]. 长春：吉林大学，2011.